CIENCIAS
interactivas™

Visita PearsonTexas.com para aprender Ciencias por medio de videos, actividades de laboratorio, actividades en línea, ¡y mucho más!

PEARSON Texas.com

Glenview, Illinois • Boston, Massachusetts • Chandler, Arizona • Hoboken, New Jersey

SIEMPRE APRENDIENDO

PEARSON

¡Eres un autor!

Tú eres uno de los autores de este libro. ¡Puedes escribir en este libro! ¡Puedes tomar notas en este libro! ¡También puedes dibujar en él! Este libro es para que tú lo guardes.

A continuación escribe tus datos. Luego escribe tu autobiografía. Una autobiografía trata de ti y de lo que te gusta hacer.

Mi foto

Nombre ....

Escuela ....

Ciudad o pueblo ....

Autobiografía ....

....

....

Acknowledgments appear on pages PF23–PF25, which constitute an extension of this copyright page.

PEARSON

Softcover: ISBN-13:   978-0-328-80756-7
              ISBN-10:   0-328-80756-7
              7 8 9 10 11 V011 18 17 16

Hardcover: ISBN-13:   978-0-328-80335-4
              ISBN-10:   0-328-80335-9
              1 2 3 4 5 6 7 8 9 10 V011 18 17 16 15 14

EN LA PORTADA
¿Carnívoro y herbívoro? ¡Sí! Las ranas arborícolas verdes adultas comen insectos, pero sus renacuajos se alimentan de algas.

Autores del programa

DON BUCKLEY, M.Sc.
Director of Technology & Innovation,
The School at Columbia University, New York, New York
Don Buckley has transformed learning spaces, textbooks, and media resources so that they work for students and teachers. He has advanced degrees from leading European universities, is a former industrial chemist, published photographer, and former consultant to MOMA's Education Department. He also teaches a graduate course at Columbia Teacher's College in Educational Technology and directs the Technology and Innovation program at the school. He is passionate about travel, architecture, design, change, the future, and innovation.

ZIPPORAH MILLER, M.A.Ed.
Associate Executive Director for Professional Development Programs and Conferences, National Science Teachers Association, Arlington, Virginia
Mrs. Miller is currently the associate executive director for professional development programs and conferences at NSTA. She provides professional development and e-learning opportunities to science educators nationwide. She is a former K–12 science supervisor and STEM coordinator for the Prince George's County Public School District in Maryland. During her tenure there, she served as teacher, STEM coordinator, principal, and administrator. Mrs. Miller is passionate about providing quality educational opportunities to all students.

MICHAEL J. PADILLA, Ph.D.
Eugene P. Moore School of Education, Clemson University, Clemson, South Carolina
A former middle school teacher and a leader in middle school science education, Dr. Michael Padilla has served as president of the National Science Teachers Association and as a writer of the 1996 National Science Education Standards. He is a professor of science education at Clemson University. As lead author of the *Science Explorer* series, Dr. Padilla has inspired the team in developing a program that promotes student inquiry and meets the needs of today's students.

KATHRYN THORNTON, Ph.D.
Professor, Mechanical & Aerospace Engineering,
University of Virginia,
Charlottesville, Virginia
Selected by NASA in May 1984, Dr. Kathryn Thornton is a veteran of four space flights. She has logged more than 975 hours in space, including more than 21 hours of extravehicular activity. As an author on the *Scott Foresman Science* series, Dr. Thornton's enthusiasm for science has inspired teachers around the globe.

MICHAEL E. WYSESSION, Ph.D.
Associate Professor of Earth and Planetary Science,
Washington University, St. Louis, Missouri
An author on more than 50 scientific publications, Dr. Wysession was awarded the prestigious Packard Foundation Fellowship and Presidential Faculty Fellowship for his research in geophysics. Dr. Wysession is an expert on Earth's inner structure and has mapped various regions of Earth using seismic tomography. He is known internationally for his work in geoscience education and research, and was an author of the Next Generation Science Standards.

Autor de Planet Diary

JACK HANKIN
Science/Mathematics Teacher,
The Hilldale School, Daly City, California
Founder, Planet Diary Web site
Mr. Hankin is the creator and writer of Planet Diary, a science current events Web site. Mr. Hankin is passionate about bringing science news and environmental awareness into classrooms.

Autora de las actividades

KAREN L. OSTLUND, Ph.D.
President-Elect, National Science Teachers Association, Arlington, Virginia
Dr. Ostlund has over 40 years of experience teaching at the elementary, middle school, and university levels. She was Director of WINGS Online (Welcoming Interns and Novices with Guidance and Support) and the Director of the UTeach/Dell Center for New Teacher Success with the UTeach program in the College of Natural Sciences at the University of Texas at Austin. She also served as Director of the Center for Science Education at the University of Texas at Arlington, as President of the Council of Elementary Science International, and as a member of the Board of Directors of the National Science Teachers Association. As an author of Scott Foresman Science, Dr. Ostlund was instrumental in developing inquiry activities.

Consultor de ELL

JIM CUMMINS, Ph.D.
Professor and Canada Research Chair, Curriculum, Teaching and Learning Department at the University of Toronto
Dr. Cummins's research focuses on literacy development in multilingual schools and the role technology plays in learning across the curriculum. *Interactive Science* incorporates research-based principles for integrating language with the teaching of academic content based on Dr. Cummins's work.

Asesores del programa

WILLIAM BROZO, Ph.D.
Professor of Literacy,
Graduate School of Education,
George Mason University,
Fairfax, Virginia
Dr. Brozo is the author of numerous articles and books on literacy development. He coauthors a column in *The Reading Teacher* and serves on the editorial review board of the *Journal of Adolescent & Adult Literacy.*

KRISTI ZENCHAK, M.S.
Biology Instructor,
Oakton Community College,
Des Plaines, Illinois
Kristi Zenchak helps elementary teachers incorporate science, technology, engineering, and math activities into the classroom. STEM activities that produce viable solutions to real-world problems not only motivate students but also prepare students for future STEM careers. Ms. Zenchak helps elementary teachers understand the basic science concepts and provides STEM activities that are easy to implement in the classroom.

Revisores del contenido

Brian Ancell, Assistant Professor
Department of Geosciences
Texas Tech University
Lubbock, Texas

D. Brent Burt, Professor
Department of Biology
Stephen F. Austin State University
Nacogdoches, Texas

Gerald B. Cleaver, Ph.D.
Department of Physics
Baylor University
Waco, Texas

David Lamp
Associate Professor of Physics/Education
Texas Tech University
Lubbock, Texas

Dr. Richard H. Langley
Department of Chemistry
Stephen F. Austin State University
Nacogdoches, Texas

Heidi Marcum
Department of Environmental Science
Baylor University
Waco, Texas

Emilia Morosan
Rice University
Houston, Texas

Aaron S. Yoshinobu, Ph.D
Associate Professor
Department of Geosciences
Texas Tech University
Lubbock, Texas

Hecho para Texas

Ciencias interactivas Texas cubre el 100% de los Conocimientos y destrezas esenciales en Texas (TEKS) para ciencias. A partir de los comentarios de educadores de Texas, *Ciencias interactivas Texas* se centra en lo que los maestros y estudiantes de Texas consideran importante, y permite crear una experiencia personal, relevante y motivadora en el salón de clases.

Pearson agradece de manera especial a los maestros del estado de Texas que ayudaron a guiar el desarrollo de este programa.

Unidad A
Ciencia, ingeniería y tecnología

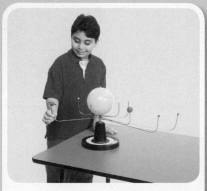

Este niño está usando un modelo para hacer observaciones acerca del sistema solar. Los modelos pueden ayudar a los científicos a comprender cómo funcionan las cosas.

Proyecto STEM

Busca en línea el proyecto para este capítulo. Vas a diseñar una represa.

Texas

Capítulo 1

La naturaleza de la ciencia

PEARSON Texas.com

Unidad B
Ciencias físicas

Indagación preliminar

Estos objetos son ambos sólidos, pero tienen propiedades diferentes. La pelota de voleibol es grande y blanda. El disco de hockey es pequeño y duro.

Proyecto S T E M

Busca en línea el proyecto para este capítulo. Vas a diseñar y construir un paracaídas.

Texas
Capítulo
2

Materia

PEARSON Texas.com

Unidad B
Ciencias físicas

La energía solar es un tipo de energía que proviene del Sol. Este tipo de energía se puede usar para producir electricidad.

Proyecto S T E M

Busca en línea el proyecto para este capítulo. Vas a construir una barrera de escritorio y a diseñar una forma de insonorizarla.

viii

Texas
Capítulo 3
Energía, fuerza y movimiento

PEARSON Texas.com

Unidad C
Ciencias de la Tierra

*Estas niñas están observando el
suelo de su jardín. En el suelo
se pueden encontrar restos de
plantas y animales que alguna
vez estuvieron vivos.*

Proyecto S T E M

Busca en línea el proyecto para
este capítulo. Vas a diseñar y
poner a prueba un pluviómetro.

Texas

Capítulo 4

La Tierra y el estado del tiempo

PEARSON Texas.com

Unidad C
Ciencias de la Tierra

*Cada noche, la forma de la
Luna parece cambiar levemente.
Estos cambios se deben a los
movimientos de la Tierra y de
la Luna.*

Proyecto STEM

Busca en línea el proyecto para
este capítulo. Vas a diseñar una
manera de dirigir más luz solar a
un modelo de un panel solar.

Texas

Capítulo 5

El espacio

PEARSON Texas.com

Unidad D
Ciencias de la vida

Los altramuces de Texas son plantas con semillas que producen flores. El altramuz de Texas es la flor del estado.

Proyecto STEM

Busca en línea el proyecto para este capítulo. Vas a diseñar una manera de producir brotes de semilla sin usar tierra.

Texas

Capítulo 6

Plantas

PEARSON Texas.com

Unidad D
Ciencias de la vida

Indagación preliminar
¿Qué características de las plantas comparten padres e hijos?. 350

Laboratorio rápido
¿Cómo se mueve una columna vertebral? 353

¿Qué comportamientos de los animales son aprendidos?. 363

¿Cuál es el ciclo de vida de una catarina?. 373

Investigación de laboratorio
¿Qué tienen en común las hojas? 382

El armadillo de nueve bandas es un ser vivo que se encuentra en todo Texas. Su duro caparazón óseo lo protege del peligro.

Proyecto STEM
Busca en línea el proyecto para este capítulo. Vas a encontrar una manera de limpiar las plumas de aves que han sido cubiertas por petróleo.

Texas

Capítulo 7

Seres vivos

PEARSON Texas.com

Unidad D
Ciencias de la vida

Se pueden encontrar cactus en los ecosistemas del desierto de Texas. Las hojas almacenan agua para ayudar a la planta a vivir en un medio ambiente árido.

Proyecto STEM

Busca en línea el proyecto para este capítulo. Vas a diseñar una manera de observar una pequeña parte de un hábitat. Vas a reunir información y usarla para estimar el tamaño de las poblaciones.

Texas

Capítulo

8
Ecosistemas

PEARSON Texas.com

¡Familiarízate con la página!

Aprender Ciencias es más divertido con los videos de *Ciencia indómita* que encontrarás al principio del capítulo.

Este libro es tuyo. Puedes escribir en él. Conéctate e interactúa con el *Libro del estudiante de Ciencias interactivas Texas* al leerlo y tomar notas en sus páginas.

¿Cómo pueden vivir los árboles en el lago Caddo?

Texas
Capítulo
6

Plantas

Lección 1 ¿Cómo se clasifican las plantas?

Lección 2 ¿Cómo usan las plantas sus hojas para producir alimento?

Lección 3 ¿Cómo usan las plantas sus raíces y tallos para crecer?

Lección 4 ¿Cuál es el ciclo de vida de algunas plantas?

10C

¿Cómo crecer... ambian las plantas?

El lago Caddo se encuentra en... cipreses pueden vivir y crecer en... de T... fluya... te.

¿Cómo hacen lo... cipreses para vivi... en el...

Conocimientos y destrezas es...

TEKS: 10A Examinar cómo las estructuras y las f...
permiten sobrevivir en un medio ambiente en partic...
TEKS de apoyo: 10C Investigar y comparar cómo a...
cambios ordenados en sus diversos ciclos de vida, ta...
las ranas y los escarabajos.
TEKS de proceso: 1A, 2A, 2B, 2C, 2F, 3D, 4A

PEARSON

¡Los *Videos de instrucción inversa para Ciencias de Pearson (Flipped Videos)* te muestran otra manera de aprender y repasar cada lección!

Cómo las hojas producen alimento

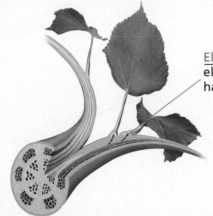

El azúcar se mueve por el tallo desde las hojas hasta el resto de la planta.

Actívate en Ciencias con las actividades para la pizarra interactiva.

Accede a todos los recursos impresos del programa, en español o en inglés, en PEARSONTexas.com.

Relaciona lo que haces con lo que lees y ves.

¡Conviértete en un científico!

¡Conéctate con las ciencias por medio de las actividades prácticas de cada lección! Estas actividades se pueden realizar en el salón de clases o en casa, gracias al uso de materiales de fácil acceso.

Comienza cada capítulo

Indagación preliminar

TEKS 10B, 2A, 2B, 2D

¿Qué características de las plantas comparten padres e hijos?

1. **Observa** las fotografías de las plantas en flor.
2. **Compara y contrasta** las características de las plantas. Observa características tales como la forma y cantidad de hojas y la forma, cantidad y color de las flores.
3. **Anota** tus observaciones.

Texas: Seguridad
EN EL LABORATORIO
Si es necesario, pregunta para aclarar los procedimientos.

Destreza de indagación
Cuando los científicos observan, usan sus sentidos para estudiar objetos o eventos.

Características iguales	Características diferentes

Explica los resultados

4. **Infiere** ¿Por qué las plantas padre e hijo comparten algunas características?

5. **Observa** otras plantas que sean del mismo tipo. ¿Qué características comparten estas plantas?

padre   hijo

350

Laboratorio rápido

TEKS 10A, 1A, 2B, 2D, 3C

¿Cómo se mueve una columna vertebral?

Materiales
limpiapipas
10 rueditas de pasta
9 caramelos de goma

1. **Haz un modelo** de una columna vertebral. Haz un nudo en uno de los extremos del limpiapipas.

2. **Pon** una ruedita de pasta y luego un caramelo de goma.

3. **Continúa** hasta usar todas las rueditas y los caramelos.

4. **Haz** un nudo en el otro extremo del limpiapipas.

Texas: Seguridad
EN EL LABORATORIO
Nunca comas ni bebas en el laboratorio.

Explica los resultados

5. **Observa** cómo se mueve el **modelo.** Comenta y explica cómo se mueve una columna vertebral.

333

Comienza cada lección

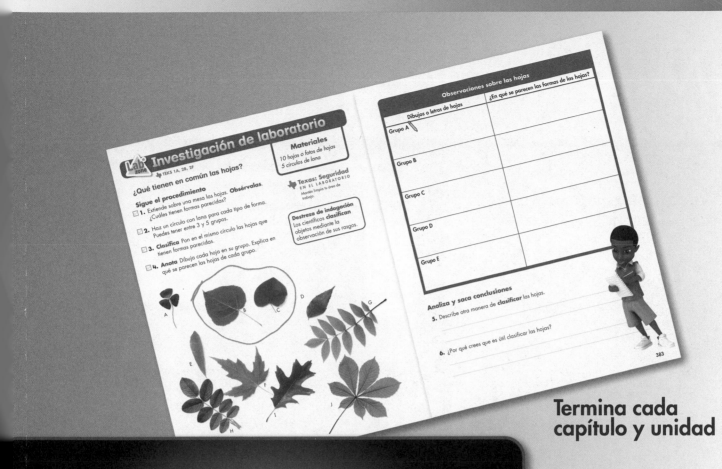

Termina cada capítulo y unidad

Visita PEARSONTexas.com y realiza laboratorios de manera virtual. ¡Sin lentes de seguridad y sin desorden!

¡Diviértete!

¡Muestra lo que sabes!

Comienza cada capítulo
Enfócate en los **TEKS** con preguntas importantes.

ENFOQUE TEKS

Comienza cada lección
¡Uno o más **TEKS** aparecen resaltados de una manera accesible y fácil de entender para los estudiantes!

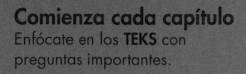

Después de leer fragmentos de información, detente a verificar que has comprendido los **TEKS**.

Aplica el contenido a nuevas situaciones de Texas y de otros lugares.

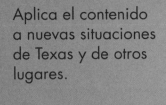

Termina cada capítulo
Repasa los **TEKS** con preguntas de práctica.

Mira lo que ya sabes.

Verifica lo que sabes al final de cada lección y cada capítulo.

Practica más destrezas y/o contenido, según tus resultados.

Predice tu nivel de preparación para exámenes con evaluaciones de referencia de la unidad.

¡Encuentra actividades de práctica adicionales en línea!

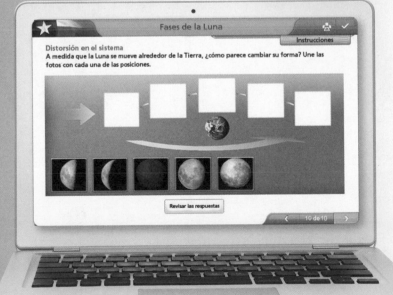

Verifica en línea el progreso de tu aprendizaje.

Ciencia, ingeniería y tecnología

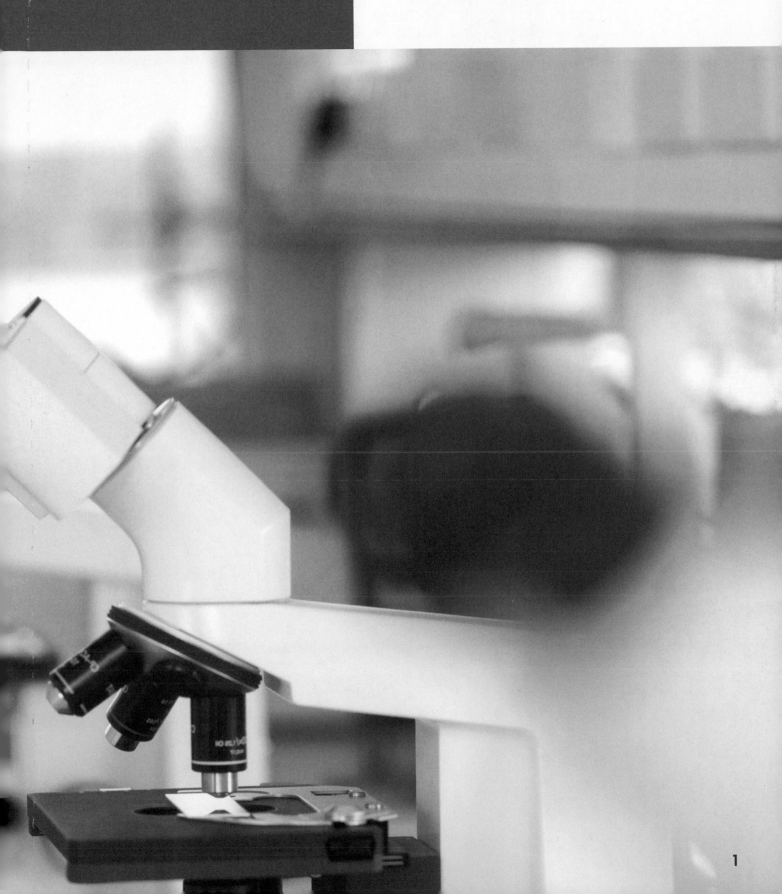

¿Qué se puede **preguntar** sobre el agua de un lago?

La naturaleza de la ciencia

Lección 1 ¿Qué preguntas formulan los científicos?

Lección 2 ¿Qué destrezas usan los científicos?

Lección 3 ¿Cómo contestan preguntas los científicos?

Lección 4 ¿Cómo se comunican los científicos?

Lección 5 ¿Para qué usan instrumentos los científicos y cómo se protegen?

ENFOQUE TEKS 3B

¿Cómo contestan preguntas y resuelven problemas los científicos?

Estos estudiantes de ciencias examinan la calidad del agua del lago. Usan instrumentos y anotan sus observaciones. Podrán analizar sus datos en el bote o en la escuela.

 ¿Qué tipo de observaciones acerca del agua crees que hacen?

....

....

🔷 **Conocimientos y destrezas esenciales en Texas**

TEKS de proceso: 2A Planificar e implementar investigaciones descriptivas, incluyendo formular y contestar preguntas, hacer inferencias, y seleccionar y usar el equipo y la tecnología que se necesite, para resolver un problema específico en la naturaleza. **3A** Analizar, evaluar y criticar las explicaciones científicas en todos los campos de las ciencias a través del uso de la evidencia empírica, el razonamiento lógico y las pruebas experimentales y de observación, incluyendo un examen desde todos los ángulos de la evidencia científica de esas explicaciones científicas, de tal manera que se fomente el razonamiento crítico en el estudiante. **3B** Hacer inferencias y evaluar la exactitud de la información que aparece en las etiquetas de los productos y materiales promocionales, tales como juguetes y alimentos.

TEKS de proceso adicionales: 1A, 2B, 2C, 2D, 2F, 3C, 3D, 4A, 4B

PEARSONTexas.c⏻m

TEKS 2A

¿Por qué es importante comunicarse con claridad?

☑ **1.** Trabaja con un compañero. A cada uno le tocarán 6 cubos. Coloquen una carpeta de tal manera que no puedan ver el trabajo del otro.

☑ **2. Diseña** y construye una estructura sencilla.

Materiales

cubos de gramo
carpeta

 Texas: Seguridad
EN EL LABORATORIO
Siempre presta atención a lo que hace tu compañero.

Destreza de indagación
Los científicos se **comunican** cuando explican cómo hacer algo.

☑ **3. Comunica ideas** Explica a tu compañero cómo construir la misma estructura.

☑ **4.** Quiten la carpeta. Comparen las estructuras.

☑ **5.** Intercambien roles y repitan la actividad.

Explica los resultados

6. Piensa en las palabras que usaste al **comunicar** tu **diseño** a tu compañero. Haz una lista de las palabras que resultaron más útiles para comunicarte con claridad.

....

7. ¿Por qué fue importante comunicarte claramente con tu compañero? **Infiere** por qué es importante que los científicos se comuniquen con claridad entre sí.

....

Enfoque en Elementos del texto

En este capítulo practicarás el uso de los **elementos del texto** como estrategia de lectura. Los elementos del texto, tales como los encabezados, las ilustraciones y los rótulos, te dan pistas acerca de lo que leerás. Los elementos del texto pueden proveer información adicional, como por ejemplo definiciones, que te ayudarán a entender el texto principal.

Las palabras **resaltadas** en amarillo son palabras importantes.

El **encabezado** indica de qué trata el contenido que se presenta a continuación.

La **ilustración** o la **foto** muestran algo sobre lo que leerás.

Instrumentos científicos

Se usan diferentes instrumentos para reunir, anotar y analizar información. Un **instrumento** es un objeto que se usa para trabajar. Los científicos usan distintos instrumentos para diferentes tipos de observaciones y mediciones. La mayoría de los instrumentos de medición tienen unidades de medida. Una **unidad de medida** es una cantidad que se usa para medir. Los científicos usan unidades del sistema métrico para hacer mediciones.

Puedes usar una **regla métrica** o una **regla de un metro** si quieres medir longitud y distancia. Ambos instrumentos tienen marcas que muestran centímetros. Para medir longitud, pon un extremo del objeto sobre la marca cero en la regla. Después lee el número en la regla que está debajo del otro extremo del objeto.

1. Analiza ¿Qué instrumento usarías para medir un pedazo de papel de cuaderno? ¿Por qué?

Si quieres saber el volumen de un líquido, vierte el volumen en un cilindro graduado. Un **cilindro graduado** tiene marcas que indican el volumen en unidades tales como litros (L) o mililitros (mL). Mira la parte más baja de la curva del líquido para encontrar el volumen.

regla de un metro

regla métrica

cilindro graduado

Puedes usar una **balanza de platillos** para averiguar la masa de un objeto. Para usar una balanza de platillos, coloca un objeto en un platillo. Después añade cubos de gramo en el otro platillo hasta que los dos platillos estén equilibrados. La masa total de los cubos de gramo iguala la masa del objeto.

balanza de platillos

La **báscula** se usa para medir el peso de un objeto. Coloca el objeto a medir en el gancho. Lee el número en la balanza para averiguar el peso del objeto en kilogramos (kg).

2. Compara Comenta cómo medirías el peso de un juguete. Después comenta cómo encontrarías su masa.

báscula

A menudo se usan instrumentos para medir el tiempo cuando se reúnen datos. Para usar un **cronómetro**, aprieta un botón para marcar exactamente cuándo comienzas y cuándo dejas de medir el tiempo de un proceso. Un cronómetro puede dar el tiempo en minutos, segundos y milisegundos (ms). Un **reloj** es otro instrumento para medir el tiempo. Debes anotar el momento exacto en que comienzas para medir con exactitud. Un reloj podría mostrar solo las horas y los minutos.

3. Aplica (Encierra en un círculo) el instrumento que usarías para calcular cuánto tiempo le toma a tu amigo correr una carrera corta.

cronómetro

reloj

36

37

El **dibujo de un lápiz** indica dónde escribirás algo.

Un **rótulo** aparece cerca de una imagen y te dice qué muestra la imagen.

¡Practícalo!

Lee los elementos del texto en la siguiente tabla. Escribe la pista que te da cada elemento sobre el contenido del texto.

Elementos del texto	Pista
ilustración	
rótulo	
encabezado	

¿Qué preguntas formulan los científicos?

Voy a aprender TEKS 2A
Voy a aprender a formular preguntas para resolver problemas científicos. Voy a aprender a anotar mis resultados en un cuaderno. (También **1A**, **2B**, **4A**, **4B**)

Vocabulario
científico
investigar
indagación

Necesito organizar toda la información que reuní sobre las plantas.

Podrías escribirla en un cuaderno.

Podría usar una tabla para mostrar mi información.

¿Nos ayudas a llenar la tabla en nuestro cuaderno?

Conexión con

Matemáticas

TEKS de Matemáticas 1E

La planta A medía 5 cm de altura. La planta B medía 7 cm de altura. La planta C medía 4 cm de altura. Usa los datos para llenar la tabla.

Datos acerca de las plantas	
Planta	Altura

TEKS 1A, 2A, 2B, 4A, 4B

¿El suelo afecta el crecimiento de las plantas?

Materiales

guantes de seguridad
cuaderno
tierra de jardinería
arcilla
2 plántulas de frijol pinto
taza de medir
agua
regla métrica

☑ **1. Predice** ¿Piensas que las plantas crecen de una manera diferente en diferentes tipos de suelo? Anota tus predicciones en tu cuaderno.

☑ **2.** Planta una plántula en tierra de jardinería. Planta la otra en arcilla. Ambas plántulas deben ser del mismo tipo. Coloca las dos bajo la luz solar. Dales la misma cantidad de agua.

☑ **3. Mide** su altura. Describe las plantas en tu cuaderno. Escribe acerca de su color.

☑ **4. Observa** las plantas cada día por dos semanas. Riega las plantas al menos tres veces más. Dales la misma cantidad de agua.

☑ **5.** Mide las plantas de nuevo. **Anota** tus observaciones y mediciones en tu cuaderno.

Texas: Seguridad
EN EL LABORATORIO
Usa el equipo de seguridad, incluyendo guantes, al manejar las plantas.

Explica los resultados

6. Comunica ideas ¿Fue correcta tu predicción? Usa los resultados para explicar tu respuesta.

....

....

....

7. Infiere ¿Por qué crees que los científicos anotan en cuadernos sus observaciones y resultados?

....

....

....

Científicos

¿Qué tipo de suelo es mejor para cultivar maíz, pepinos y pimientos? Esta pregunta la podría formular, o hacer, un científico. Un **científico** es una persona cuyo trabajo implica formular preguntas sobre el mundo y la naturaleza. Los científicos hacen observaciones para contestar sus preguntas. Usan sus sentidos para observar. Los cinco sentidos son la vista, el oído, el tacto, el gusto y el olfato. Tú también puedes usar tus sentidos para averiguar más sobre la naturaleza.

Los científicos reúnen observaciones de una manera organizada. Podrían escribir observaciones en un cuaderno. Tú también puedes reunir y anotar observaciones en un cuaderno. Los científicos usan observaciones para investigar sus preguntas. **Investigar** significa buscar respuestas a las preguntas. Luego los científicos explican sus respuestas.

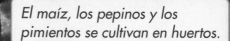

El maíz, los pepinos y los pimientos se cultivan en huertos.

1. **Aplica** ¿Qué sentidos podrías usar para hacer observaciones sobre un pepino sacado de una huerta?

_____

_____

_____

Todos podemos ser científicos. Eres científico cuando haces preguntas e investigas cosas. Por ejemplo, imagina que ves un insecto colorido como el que se muestra aquí. El insecto tiene alas verdes y delgadas y un cuerpo verde y largo. Tiene ojos dorados y brillantes y vuela de una planta a otra.

¿Qué preguntas tendrías sobre el insecto? Tal vez quieras saber su nombre. ¿Ayuda a las plantas a crecer o daña a las plantas comiéndose sus hojas? ¿Se encuentra en todas partes o solo en ciertos lugares?

Podrías realizar una investigación en la biblioteca o en Internet para encontrar respuestas a algunas de tus preguntas. Podrías observar al insecto para ver cómo se comporta. Los científicos siguen algunos de estos pasos cuando hacen investigaciones.

Este insecto es una crisopa. Se encuentra en Texas y otras partes de los Estados Unidos.

2. Elementos del texto Observa los elementos del texto que aparecen en esta página. Identifica dos elementos del texto y las pistas que te dan.

Elementos del texto	Pista

Este científico estudia fertilizantes de cultivos. El científico podría hacer preguntas sobre el tipo de fertilizante que ayudará a las plantas a crecer más.

9

Preguntas

La ciencia comienza con la indagación. La **indagación** es el proceso de formular preguntas. Los científicos hacen preguntas que pueden investigar. Las preguntas pueden surgir de algo que los científicos observan o de algún problema que conocen. ¿Qué tipo de suelo es mejor para cultivar maíz o soya? ¿Cómo puedo obtener cultivos más grandes? ¿Cómo puedo evitar que los insectos se coman los cultivos? Estas son algunas de las preguntas que podrían hacer los científicos.

Preguntas que la ciencia no puede contestar

Algunas preguntas no se pueden contestar mediante la investigación. ¿Cuál es la flor más hermosa? ¿Qué jugo tiene mejor sabor? Las respuestas a estas preguntas son opiniones. Quizá pienses que el jugo de manzana es el más sabroso. Otro estudiante puede pensar que el de naranja sabe mejor. Reunir observaciones no ayudaría a un científico a decidir cuál de los dos tiene la razón. La ciencia no puede contestar las preguntas sobre gustos u opiniones personales.

3. **Identifica Subraya** la pregunta que la ciencia no puede contestar.

   ¿Las plantas necesitan agua para crecer?

   ¿Es mejor el béisbol que el básquetbol?

4. **Genera ideas** ¿Qué otra pregunta podría hacer el niño de la foto?

¿Qué tipo de suelo es mejor?

¿Cuánta agua necesitan estas plantas?

Solos o en equipos

A veces los científicos trabajan solos, pero otras veces pueden aprender más trabajando en equipo. Cuando trabajan juntos, pueden compartir la información y los descubrimientos que hacen. Los científicos que investigan cómo evitar que los insectos se coman los cultivos pueden probar un método diferente cada uno y luego comparar sus resultados. Los científicos pueden turnarse para cuidar sus cultivos.

Estos estudiantes usan lupas para hacer observaciones.

5. Describe ¿De qué otra manera pueden trabajar juntos los científicos?

....

....

¿Entiendes?

6. Saca conclusiones Si en clase te comportaras como científico, ¿qué harías? Escribe tres cosas.

....

....

7. Un estudiante pregunta: "¿Cuál es el mejor color para una bicicleta?". ¿Puede la ciencia contestar esta pregunta? Explica tu respuesta.

....

....

⬛ **¡Para!** Necesito ayuda ....

⏸ **¡Espera!** Tengo una pregunta ....

▶ **¡Sigue!** Ahora sé ....

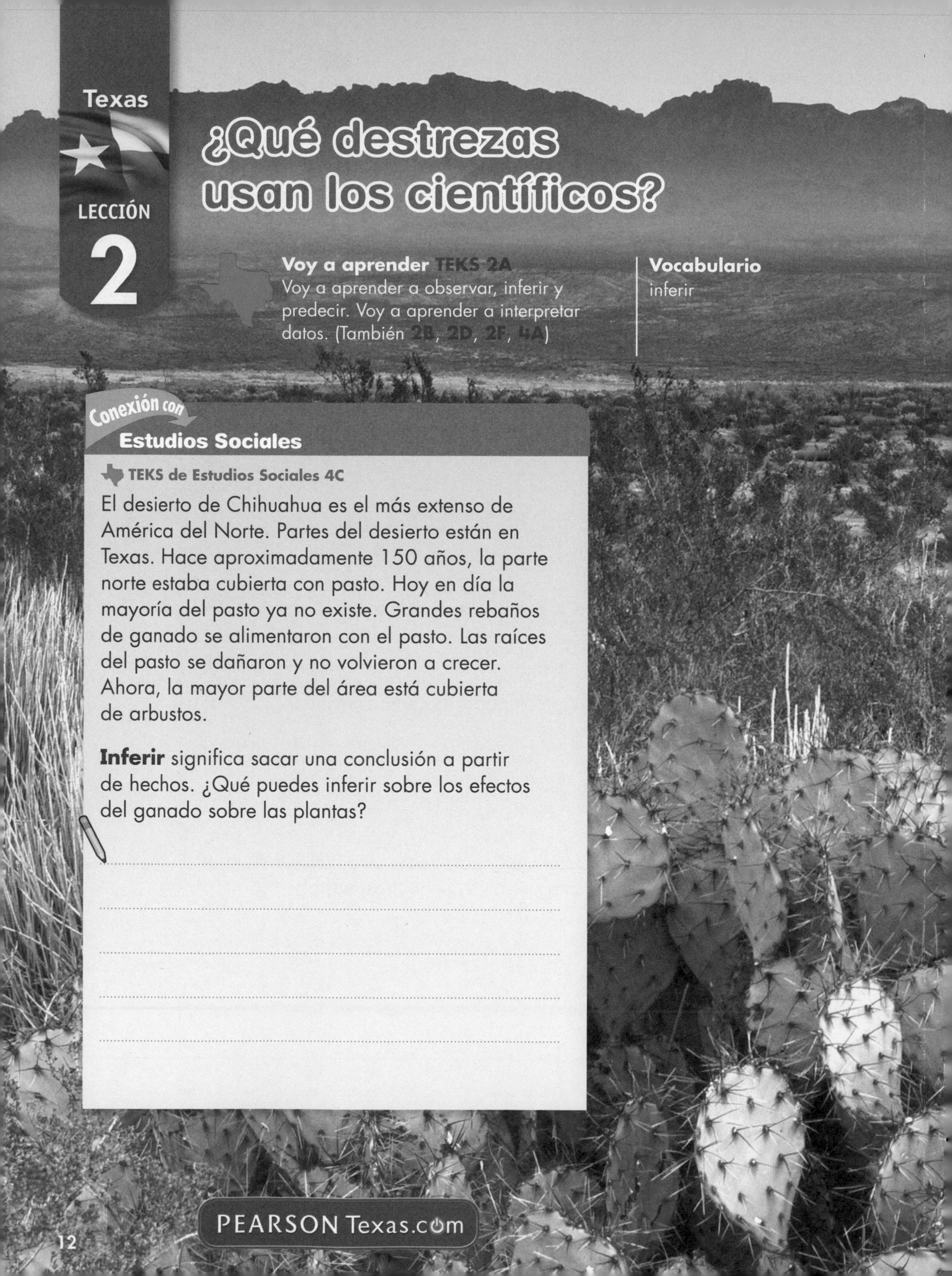

¿Qué destrezas usan los científicos?

Voy a aprender TEKS 2A
Voy a aprender a observar, inferir y predecir. Voy a aprender a interpretar datos. (También 2B, 2D, 2F, 4A)

Vocabulario
inferir

Conexión con
Estudios Sociales

🔖 **TEKS de Estudios Sociales 4C**

El desierto de Chihuahua es el más extenso de América del Norte. Partes del desierto están en Texas. Hace aproximadamente 150 años, la parte norte estaba cubierta con pasto. Hoy en día la mayoría del pasto ya no existe. Grandes rebaños de ganado se alimentaron con el pasto. Las raíces del pasto se dañaron y no volvieron a crecer. Ahora, la mayor parte del área está cubierta de arbustos.

Inferir significa sacar una conclusión a partir de hechos. ¿Qué puedes inferir sobre los efectos del ganado sobre las plantas?

PEARSON Texas.com

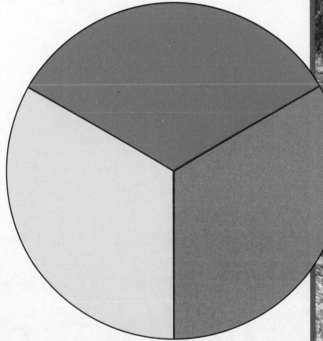

Laboratorio rápido

TEKS 2A, 2B, 2D

¿Cómo te pueden ayudar las observaciones a hacer una inferencia?

Materiales

hoja azul
hoja roja
hoja amarilla

☑ **1.** Coloca la hoja transparente azul sobre la rueda de colores. **Observa.**

☑ **2.** Repite el Paso 1 con la hoja transparente roja y después con la hoja transparente amarilla.

☑ **3.** Comenta los cambios que observas.

Explica los resultados

4. Infiere Después de realizar la investigación, infiere en qué se diferencian los colores azul, rojo y amarillo de los colores morado, anaranjado y verde.

....

....

....

5. Comenta cómo te ayudaron las **observaciones** a hacer tu inferencia.

1. **Observa** Mira la imagen de abajo. ¿Qué observación puedes hacer?

....

....

....

....

2. **DESAFÍO** ¿Cuál es una manera en la que puedes usar el mapa para medir cuántos huracanes están sucediendo?

....

....

....

Destrezas de ciencias

Los científicos usan las destrezas de proceso para aprender sobre objetos, lugares o eventos. La observación es una destreza de proceso. Cuando usas los cinco sentidos para averiguar algo, observas.

Los científicos suelen usar instrumentos para hacer observaciones. Un satélite es un instrumento que ayuda a los científicos a observar el estado del tiempo en la Tierra en mapas meteorológicos. En el mapa meteorológico de abajo se muestran huracanes, que son tormentas fuertes.

anemómetro

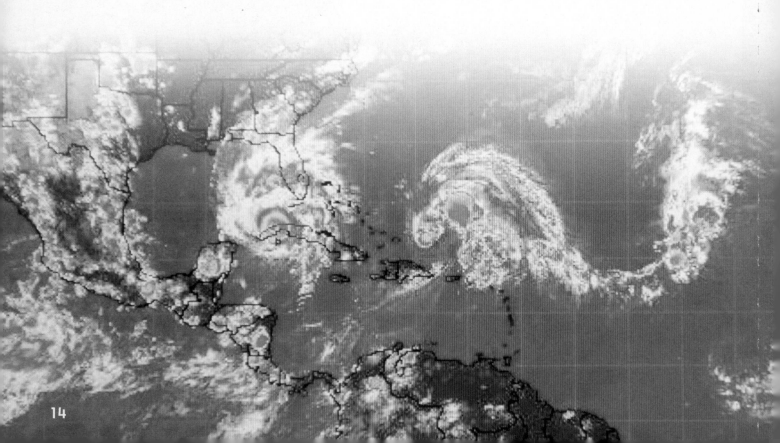

Estimar y medir

Los científicos a veces hacen estimaciones, o cálculos aproximados, cuando observan. Un científico que observe una tormenta fuerte podría estimar que los vientos soplan a 80 kilómetros por hora.

Para averiguar la información exacta, el científico tendría que hacer una medición, a menudo usando instrumentos. Una medición es un número que indica la cantidad de algo. Un anemómetro es un instrumento que mide la velocidad del viento.

Inferir y predecir

Algunos datos y observaciones son hechos. Por ejemplo, el enunciado "La ola chocó contra la orilla" es un hecho. Puedes usar los hechos para **inferir,** o sacar una conclusión. Los científicos se basan en sus observaciones o en los conocimientos previos para inferir lo que creen que ocurre. Por ejemplo, un científico que observe las olas en la playa podría inferir que un huracán está por llegar a la costa.

Las observaciones también pueden ayudar a predecir. Predecir es decir lo que crees que pasará en el futuro. Por ejemplo, un científico podría predecir que las olas crecerán mientras más se acerque el huracán a la costa.

Laboratorio rápido

Estimar y medir
Observa dos objetos de diferente longitud. Estima la longitud de cada objeto en centímetros, basándote en tus observaciones y comparaciones. Usa una regla métrica para medir cada objeto. Reconoce las diferencias entre los datos observados y los medidos. ¿Tus mediciones igualaron tu estimación?

⬆ TEKS 2B, 4A

3. Predice ¿Qué otra predicción podrías hacer basándote en la observación de olas grandes?

....

....

....

....

🔺 TEKS 2D, 2F; TEKS de Matemáticas 1A

Clasificar

Clasificar significa agrupar objetos, eventos o seres vivos según sus propiedades. Al clasificar, se colocan las cosas que son similares en grupos o categorías. Los científicos usan la Escala de huracanes de Saffir-Simpson para clasificar y comparar los huracanes. La escala agrupa los huracanes en categorías según la velocidad del viento.

Escala de huracanes de Saffir-Simpson		
	Velocidad del viento	
Categoría	**millas por hora**	**kilómetros por hora**
5	más de 155	más de 249
4	131—155	210—249
3	111—130	178—209
2	96—110	154—177
1	74—95	119—153

1. Clasifica La velocidad del viento de un huracán es de 158 kilómetros por hora. ¿Cuál es la categoría del huracán?

....

....

2. Compara La velocidad del viento del Huracán A es de 137 kilómetros por hora. La velocidad del viento del Huracán B es de 135 millas por hora. ¿Están los dos huracanes en la misma categoría? Explica tu respuesta.

....

....

....

3. Analiza La siguiente gráfica muestra la velocidad del viento del Huracán C en millas por hora (m.p.h.). ¿Cómo cambió el huracán del Día 3 al Día 4? Usa la palabra categoría en tu respuesta.

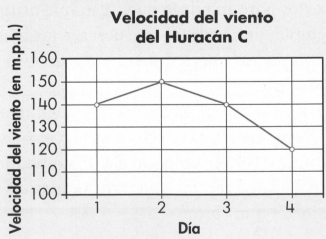

Velocidad del viento del Huracán C

....

....

....

Interpretar y explicar los datos

Los científicos trabajan en equipo para interpretar sus datos y formar explicaciones científicas. Una buena explicación se basa en observaciones, inferencias, conocimientos previos, mediciones y datos de una investigación. Los científicos usan toda esta información para explicar cómo ocurren las cosas en la naturaleza.

Por ejemplo, los científicos están tratando de desarrollar la capacidad de pronosticar cuándo se formarán los huracanes. Usan observaciones, datos del estado del tiempo y sus conocimientos sobre tormentas pasadas para predecir dónde golpeará el huracán y con qué fuerza. Esta información puede ayudar a las personas a mantenerse a salvo.

4. **Subraya** cinco cosas en las que se basa una buena explicación.

¿Entiendes?

5. **Aplica** Nombra una destreza de proceso. ¿Cómo ayuda esta destreza a que los científicos aprendan sobre los huracanes?

....

....

6. **Predice** ¿Qué podría pasar si una persona que está construyendo una casa estimara pero no midiera la longitud de un pedazo de madera?

....

....

⬛ **¡Para!** Necesito ayuda ....

⏸ **¡Espera!** Tengo una pregunta ....

▶ **¡Sigue!** Ahora sé ....

¿Cómo contestan preguntas los científicos?

Voy a aprender TEKS 2A, 3C
Voy a aprender cómo los científicos usan experimentos y otros tipos de investigaciones para contestar preguntas. Voy a aprender a hacer modelos. (También **2F, 4A**)

Vocabulario
experimento
modelo

Me pregunto cómo puedo ver a la vez todas las partes de la Tierra.

Puedes usar un modelo que muestre algo que sea muy grande.

Un globo terráqueo es un modelo de la Tierra.

¿Qué tipo de cosas puedes ver en un globo terráqueo?

Conexión con
Estudios Sociales

 TEKS de Estudios Sociales 4A

Observa un globo terráqueo. Dibuja en el espacio de abajo las cosas que puedes ver en la Tierra.

TEKS 3C, 4A

¿Cómo puede ayudar un modelo a contestar preguntas?

☑ **1.** Coloca la mano con los dedos extendidos sobre una hoja de papel. **Mide** la longitud del dedo más largo. Mide su altura. **Anota** tus mediciones.

☑ **2.** **Haz un modelo** de la mano trazando su contorno. Mide la longitud del dedo más largo de tu modelo. Mide su altura. Anota tus mediciones.

Explica los resultados

3. Saca conclusiones ¿Cómo te puede ayudar tu modelo a contestar preguntas sobre longitud?

....

....

....

....

Mediciones		
	Longitud (mm)	Altura (mm)
Dedo		
Modelo de un dedo		

4. Los científicos usan modelos para contestar preguntas, pero los modelos tienen limitaciones. ¿El **modelo** tiene en cuenta todas las **observaciones** que hiciste sobre tu dedo real? Explica tu respuesta.

....

....

....

....

....

Tipos de investigaciones

Los científicos son como detectives. Investigan, o buscan respuestas, usando pasos organizados. Eso significa que planifican cada paso.

Diferentes preguntas necesitan diferentes tipos de investigaciones. Hay investigaciones que consisten en observar y describir las cosas o los eventos. Por ejemplo, podrías observar cómo la forma de la Luna parece cambiar cada noche. Podrías salir durante la noche acompañado de un familiar y dibujar la Luna como se ve. Podrías hacer esto varias veces a la semana durante un mes. Al final del mes podrías ver patrones en la apariencia de la Luna.

1. **Elementos del texto** ¿Qué indica el encabezado acerca del texto de esta página?

....

....

....

Este estudiante está observando cómo la forma de la Luna parece cambiar con el paso del tiempo. Sus observaciones le ayudarán a entender mejor los patrones en la apariencia de la Luna.

2. Analiza Estos estudiantes están observando y describiendo flores. Escribe la pregunta que crees que están investigando.

....

....

....

Otras investigaciones implican reunir muestras o construir modelos. Una investigación puede ser cualquier manera organizada de buscar respuestas. Un **experimento** es un tipo de investigación que se lleva a cabo bajo condiciones cuidadosamente controladas. Un científico podría hacer un experimento para descubrir si un medicamento nuevo es mejor que un medicamento anterior.

Conexión con
Matemáticas

🐾 **TEKS de Matemáticas 1A, 1B, 4H, 4K**

Multiplica

Un granjero planta una huerta en un campo. La huerta tiene varias hileras de plantas. Una científica quiere saber cuántas plantas plantó el granjero en el campo. Esto es lo que puede hacer:

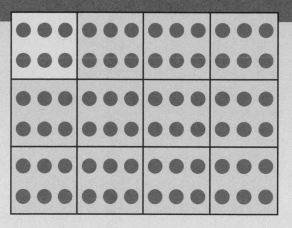

- Dividir el campo en cuadrados pequeños.

- Contar el número de plantas en un cuadrado.

- Multiplicar este número por el número total de cuadrados en el campo.

El diagrama muestra el campo dividido en cuadrados. Cada punto verde representa una planta. La científica contó el número de plantas en el cuadrado resaltado. Encontró que había 6 plantas en el cuadrado. ¿Cuántas plantas hay en el campo?

....

....

Investigación y razonamiento científicos

Imagina que debes clasificar animales según el modo en que conservan el calor. Podrías hacer un experimento para poner a prueba la capacidad que tiene el pelaje de los animales para conservar el calor del agua. Cuando los científicos hacen experimentos, usan la investigación y el razonamiento científicos. La investigación y el razonamiento científicos incluyen los siguientes pasos:

3. Plantea una hipótesis Escribe otra hipótesis para la pregunta de la derecha.

....

....

....

....

....

4. [DESAFÍO] ¿Cómo sabes que tu respuesta a la pregunta 3 es una buena hipótesis?

....

....

....

Formula una pregunta

Puedes tener una pregunta sobre algo que observas.

¿Qué material es mejor para conservar el calor del agua?

Plantea tu hipótesis

Una hipótesis es una respuesta posible a tu pregunta. Las hipótesis se pueden poner a prueba.

Si envuelvo el frasco con pelaje artificial, entonces el agua se mantendrá caliente durante más tiempo porque el pelaje conservará el calor.

Identifica y controla las variables

Las variables son las cosas de un experimento que pueden cambiar. Para que la prueba sea imparcial, cambia una sola variable. Mantén todas las demás variables iguales.

Pon a prueba otros materiales. Pon la misma cantidad de agua caliente en otros frascos que tengan igual forma y tamaño.

Pon a prueba tu hipótesis

Haz un plan para poner a prueba tu hipótesis. Repite tus pruebas varias veces. Así, si una medición es incorrecta, los datos que reúnas seguirán siendo útiles. Reúne los materiales e instrumentos necesarios. Luego sigue tu plan.

Reúne y anota tus datos

Lleva un registro de lo que haces y de lo que descubres. Los registros pueden ser notas, dibujos, tablas o gráficas.

Interpreta tus datos

Organiza tus notas y registros.

Saca una conclusión

La conclusión es una decisión que tomas basándote en tus datos. Comunica lo que descubriste. Comenta si tus datos apoyaron tu hipótesis.

El pelaje artificial mantuvo caliente el agua durante más tiempo porque conservó el calor. Los datos apoyaron mi hipótesis.

Explora más

Usa lo que aprendiste en tu experimento para hacer más experimentos. Piensa en nuevas preguntas para ponerlas a prueba.

5. **Compara y contrasta** ¿Qué es igual en los tres frascos?

....

....

¿En qué se diferencian?

....

....

6. **Identifica** Encierra en un círculo el instrumento que se usa en este experimento.

7. **Aplica** Usa los resultados de este experimento para hacer otra pregunta que se pueda poner a prueba.

....

....

....

....

23

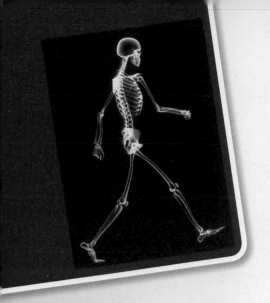

Este modelo por computadora muestra cómo se mueve el esqueleto cuando el cuerpo humano camina.

8. Infiere ¿Cómo crees que podría ayudar a los científicos este modelo del cuerpo?

....

....

....

....

9. Explica ¿Cómo puede este modelo ayudarte a comprender el sistema solar real?

....

....

....

....

Modelos

Otro modo de hacer investigaciones es usando modelos. Un **modelo** es una copia de algo. Los modelos les permiten a los científicos comprender cómo funcionan las cosas. También ayudan a los científicos a estudiar cosas que son muy pequeñas, muy grandes o difíciles de comprender.

Algunos modelos se construyen con materiales como el papel y el plástico. Otros modelos se hacen con programas de computadora. Por ejemplo, los científicos han usado computadoras para construir modelos del cuerpo humano. Estos modelos por computadora ayudan a los científicos a comprender mejor cómo funcionan diferentes partes del cuerpo, como el corazón y el sistema esquelético. Los modelos también se pueden usar para adiestrar a los doctores.

Los modelos son útiles, pero no son iguales a las cosas reales. Por ejemplo, un modelo por computadora podría mostrar cómo encajan las partes del cuerpo de una persona. Pero quizás no pueda mostrar cómo funcionará el cuerpo. Entre otras limitaciones de los modelos se incluye el hecho de que el tamaño, las propiedades y los materiales del modelo no son los mismos que los de las cosas reales.

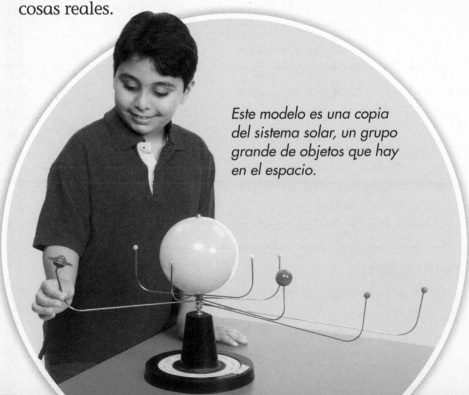

Este modelo es una copia del sistema solar, un grupo grande de objetos que hay en el espacio.

Encuestas

Los científicos también usan encuestas en sus investigaciones. Una encuesta es una lista de preguntas o de opciones. Los científicos les dan la lista a muchas personas para aprender de sus respuestas. Por ejemplo, los científicos les dan encuestas a los pacientes para aprender acerca de sus síntomas. Después, los científicos interpretan los datos y hacen inferencias. Las encuestas y los datos pueden ayudar a los científicos a crear nuevos medicamentos.

10. **Infiere** ¿Por qué las encuestas son un tipo de investigación?

....

....

Laboratorio rápido

Encuesta de reciclaje
Escribe una encuesta para averiguar qué materiales reciclan las personas en sus hogares. Pregunta acerca de materiales tales como papel, plástico, vidrio y latas. Haz las preguntas de la encuesta a diez personas. Anota los resultados. ¿Ves algún patrón en los datos? Comenta tus resultados con un compañero.

🔺 **TEKS 2F**

¿Entiendes? 🔺 TEKS 2A

11. **Resume** Menciona tres tipos de investigación que usan los científicos.

....

12. **Investiga** El pasto no crece bien debajo de un árbol. Escribe una hipótesis que explique por qué esto podría ser verdadero. ¿Cómo puedes poner a prueba tu hipótesis?

....

....

....

⬛ **¡Para!** Necesito ayuda ....

⏸ **¡Espera!** Tengo una pregunta ....

▶ **¡Sigue!** Ahora sé ....

¿Cómo se comunican los científicos?

Voy a aprender TEKS 2C, 2F
Voy a aprender a hacer gráficas de barras y tablas. Voy a aprender cómo se comunican los científicos. (También 1A, 2D)

Vocabulario
comunicación
procedimiento
tabla
gráfica de barras

Conexión con
Estudios Sociales

 TEKS de Estudios Sociales 16B

Una vacuna es un medicamento que evita que una persona contraiga una enfermedad. En 1955, se introdujo en los Estados Unidos una vacuna para la polio. La polio puede causar parálisis y la muerte. En 1961, se introdujo un tipo diferente de vacuna para la polio. La vacuna anterior no se usó más. La tabla muestra el número de casos de polio en los Estados Unidos de 1952 a 1965. Hoy en día no hay casos de polio en los Estados Unidos.

Polio en los Estados Unidos

Año	Número de casos
1952	21,000
1960	2,525
1965	61

1. ¿Crees que las vacunas funcionaron? Explica.

_____

_____

_____

_____

2. Compara la eficacia de las dos vacunas.

_____

_____

_____

_____

PEARSON Texas.com

Laboratorio rápido

¿Cómo pueden los científicos comunicar lo que descubren?

☑ **1.** Haz una encuesta. Piensa en una pregunta que te gustaría hacer, como "¿Cuál es tu color preferido?".

☑ **2.** Escribe la pregunta en la tabla.

☑ **3.** **Anota** los datos. Usa marcas de conteo.

☑ **4.** **Comunica ideas** Haz una gráfica de barras usando tus datos. Comparte la gráfica con tu clase.

Explica los resultados

5. ¿Cómo te ayudó la gráfica de barras a **comunicar** lo que aprendiste?

....

....

....

....

Gráfica de barras			

Comunicación

Cuando comentas una investigación con un compañero de laboratorio, te estás comunicando. La **comunicación** es un intercambio de información. Es una parte importante en las investigaciones científicas. Los científicos se comunican entre sí para compartir lo que saben. De esta manera, el conocimiento científico se acumula. Un científico puede usar el trabajo de otro científico para descubrir algo nuevo. Por ejemplo, en el siglo XVI, un científico llamado Copérnico propuso que los planetas giraban en círculos alrededor del Sol. Copérnico tenía razón en parte: los planetas sí giraban alrededor del Sol, pero no en círculos. Aproximadamente 60 años después, otro científico llamado Johannes Kepler se basó en el trabajo de Copérnico para comprender que los planetas giran en trayectorias ovaladas alrededor del Sol. Kepler pudo hacer este descubrimiento porque usó ideas que Copérnico compartió.

Descubrimientos importantes sobre los planetas se han hecho por científicos que compartieron conocimientos entre sí.

1. **Comunica ideas** Forma una fila con otros estudiantes. Copia un enunciado de esta página. Mantenlo en secreto. Susurra el enunciado al estudiante a tu lado. Ese estudiante debe susurrar las palabras al siguiente estudiante, y así sucesivamente. ¿Qué escuchó el último estudiante? ¿Cómo se compara con lo que estaba escrito?

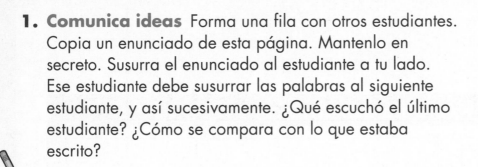

2. **Decide** ¿Cuál crees que es la mejor manera de comunicar resultados científicos? Explica tu respuesta.

Los científicos también se comunican para cuestionar, evaluar y comprobar el trabajo de otros. Los científicos pueden compartir su trabajo en reuniones científicas. También hablan entre sí directamente o usan la Internet. Cuando los científicos comparten la información de este modo, sus explicaciones son más completas y mejor informadas. Hay menos oportunidades de error cuando los resultados se comprueban de nuevo. Tal vez tú mismo lo has notado al comprobar tu tarea dos veces.

Una de las maneras en que los científicos comprueban el trabajo de otros es duplicando, o repitiendo, un experimento. Un buen experimento se puede repetir. Por esta razón, los científicos deben llevar notas precisas de sus experimentos. Anotan lo que hicieron en cada paso. Otros científicos pueden repetir el mismo experimento si saben exactamente cómo se hizo antes. Pueden evaluar el trabajo del otro y decidir si el experimento estuvo bien hecho o si las conclusiones tienen sentido.

3. Infiere Los científicos de la fotografía de abajo están investigando algas, un grupo de seres vivos que generalmente viven en el agua. El científico en la fotografía de la derecha está observando una tortuga marina. ¿Qué tipo de notas crees que están llevando los científicos?

....

....

....

....

4. Aplica ¿Por qué los científicos evalúan su trabajo entre sí?

....

....

....

....

....

....

5. Identifica Observa el procedimiento. (Encierra en un círculo) las unidades que se usaron al medir.

6. Analiza La persona que escribió este procedimiento sabía que el agua caliente pierde calor con el tiempo. ¿Qué estaba tratando de averiguar?

....

....

....

....

7. Describe ¿Qué más se podría agregar para ayudar a describir el procedimiento?

....

....

....

Planificar un experimento

Cuando planificas un experimento, escribes un procedimiento. Un **procedimiento** es el plan que se usa para poner a prueba una hipótesis. En él se describen los materiales que usarás y los pasos que seguirás en el experimento. Escribe el procedimiento claramente para que cualquier otra persona pueda seguir tus pasos y obtener los mismos resultados. Comenta qué unidades usarás en tus mediciones.

Al planificar un experimento, piensa cuidadosamente en la pregunta que quieres contestar. Ten presente lo que ya sabes y lo que quieres averiguar.

Un procedimiento describe exactamente cómo se lleva a cabo un experimento.

Pregunta: ¿Qué material es mejor para conservar el calor del agua?

Hipótesis: Si envuelvo un frasco con pelaje artificial, entonces el agua se mantendrá caliente durante más tiempo.

Materiales: 1 frasco envuelto en pelaje artificial, 1 frasco envuelto en papel de estraza, 1 frasco envuelto en papel azul, agua caliente, 3 termómetros, plástico de envolver, 3 ligas, reloj.

Procedimiento:
1. Rotula los frascos: A, B y C.
2. Coloca un termómetro en cada frasco.
3. Llena cada frasco con la misma cantidad de agua caliente.
4. Cubre rápidamente los frascos con plástico de envolver y una liga.
5. Mide la temperatura inicial en grados Celsius.
6. Mide y anota cuántos minutos demora en cambiar la temperatura en cada frasco.
7. Vacía los frascos. Repite los pasos del 2 al 6.

Llevar registros

Cuando los científicos investigan, repiten varias veces el mismo experimento. Cada repetición se llama prueba. Los científicos llevan notas o registros detallados de los resultados de cada prueba.

Se puede llevar registros de varias maneras. Puedes usar números o palabras. Se puede hacer un dibujo o construir un mapa. Las tablas y las gráficas de barras son dos maneras de organizar lo registrado. Una **tabla** es un tipo de lista. Una **gráfica de barras** es una gráfica que ayuda a comparar datos y a ver patrones. Se pueden organizar los datos usando tablas con hileras y columnas. Puedes usar otros organizadores gráficos, tales como líneas cronológicas, diagramas y diagramas de flujo.

8. Explica ¿Por qué hay dos filas para cada tipo de material en la tabla de abajo?

....
....
....
....

9. Expresa los datos Usa tu cuaderno de ciencias para escribir y hacer dibujos acerca del experimento.

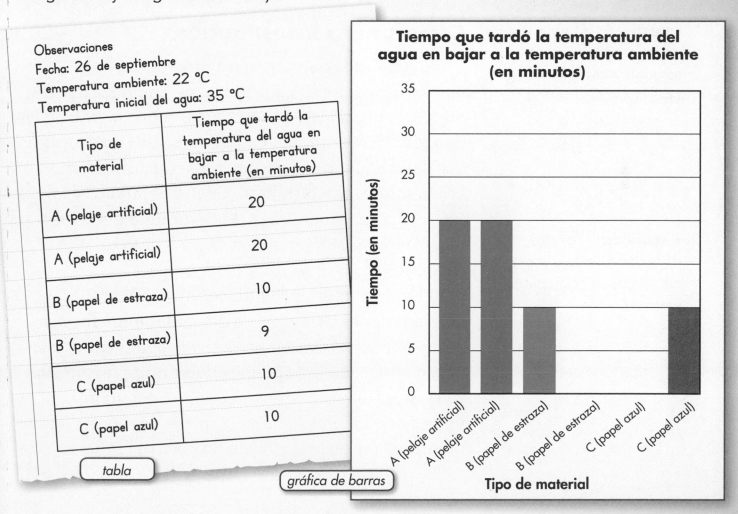

Observaciones
Fecha: 26 de septiembre
Temperatura ambiente: 22 °C
Temperatura inicial del agua: 35 °C

Tipo de material	Tiempo que tardó la temperatura del agua en bajar a la temperatura ambiente (en minutos)
A (pelaje artificial)	20
A (pelaje artificial)	20
B (papel de estraza)	10
B (papel de estraza)	9
C (papel azul)	10
C (papel azul)	10

tabla

Tiempo que tardó la temperatura del agua en bajar a la temperatura ambiente (en minutos)

gráfica de barras

10. Comunica los datos Completa las barras que faltan en la gráfica de arriba.

11. Interpreta El niño de la fotografía se está comunicando. ¿Qué podría estar diciendo?

....

....

12. Recuerda ¿Por qué es importante que los científicos se comuniquen entre sí?

....

....

....

....

Compartir la investigación

Los científicos comparten los procedimientos, datos y conclusiones unos con otros. Lo hacen de diferentes maneras. Podrían hablar sobre su trabajo en una reunión científica. O podrían escribir un artículo que describa la investigación y sus conclusiones. Los científicos también usan las computadoras y la Internet para comunicarse. Al llevar un registro en una computadora, pueden enviar los datos a otros científicos fácilmente.

Tú también puedes comunicar tus propias investigaciones científicas de diferentes maneras. Por ejemplo, podrías escribir un informe o una entrada en tu cuaderno. También podrías hacer una presentación en clase. O tal vez podrías crear un cartel, montar una exposición o hacer una carpeta con dibujos para mostrar el procedimiento y lo que has aprendido.

Repetir la investigación

Los científicos comprueban sus trabajos entre sí. Un científico repetirá el experimento de otro científico para poder comparar la evidencia y las explicaciones. Una explicación se considera verdadera solo si otra persona puede seguir el procedimiento y obtener resultados similares.

Los científicos analizan, evalúan y critican sus trabajos entre sí. Si dos científicos siguen el mismo procedimiento pero obtienen resultados diferentes, pueden usar el razonamiento lógico y comentar las razones. Pueden usar la información de esta comunicación para desarrollar explicaciones científicas. También pueden ayudar a mejorar el procedimiento para otros científicos.

13. Analiza ¿Por qué querrían los científicos que otros científicos repitieran sus experimentos?

....

....

Laboratorio rápido

Construir una tabla
Observa algunas plantas al aire libre. Para demostrar las prácticas de seguridad, no toques ninguna planta sin el permiso de tu maestro. Clasifica las plantas de dos maneras. Construye una tabla usando la computadora para organizar y anotar los datos. Incluye dibujos. Examina y evalúa tu tabla con un compañero. Comunica a tu compañero una conclusión válida basada en cómo clasificaste las plantas.

TEKS 1A, 2C, 2F

¿Entiendes?

14. Resume Menciona cuatro maneras en que los científicos llevan notas o registros.

....

15. Describe ¿Qué información debe incluir un procedimiento?

....

....

⬤ **¡Para!** Necesito ayuda ....

⏸ **¡Espera!** Tengo una pregunta ....

▶ **¡Sigue!** Ahora sé ....

¿Para qué usan instrumentos los científicos y cómo se protegen?

Voy a aprender TEKS 4A
Voy a aprender para qué usan instrumentos los científicos y cómo se protegen. Voy a aprender a protegerme y a usar instrumentos cuando haga investigaciones científicas. (También **1A, 2B, 2C, 2F, 4B, 5A**)

Vocabulario
instrumento
unidad de medida

¡Esta plántula ha crecido mucho esta semana!

¿Cuánto mide?

Necesito una regla métrica para medirla.

¿Nos puedes decir cuánto mide la planta?

Conexión con
Matemáticas

TEKS de Matemáticas 1C
Alinea la base de la regla métrica con la base de la parte visible de la planta (o la superficie de la tierra). Mira el lado de los centímetros en la regla junto a la parte más alta de la planta.

La plántula mide .... de altura.

TEKS 1A, 4A

¿Cómo puede un instrumento ayudar a los científicos a observar?

1. Averigua cuánta agua hay en un vaso. Primero, **mide** con un cilindro graduado 50 mL de agua del vaso. Puedes usar un vaso de precipitados en lugar de un cilindro graduado. **Anota** la medida.

   Luego, vacía el cilindro graduado en el segundo vaso. Repite el procedimiento hasta que hayas medido toda el agua del primer vaso.

2. Calcula la cantidad total de agua que había en el primer vaso al principio.

Explica los resultados

3. Compara el total que obtuviste con la cantidad que **midieron** otros grupos. ¿Los totales son iguales? Comenta tu respuesta.

....

....

....

....

4. ¿Cómo te ayudó el cilindro graduado a hacer las comparaciones?

....

....

....

....

Materiales

vaso plástico con agua
embudo
cilindro graduado
vaso plástico

Texas: Seguridad
EN EL LABORATORIO
Nunca comas ni bebas en el laboratorio.

Volumen en el vaso (mL)	
Medición	**Volumen** (mL)
1.°	
2.°	
3.°	
Total	

Instrumentos científicos

Se usan diferentes instrumentos para reunir, anotar y analizar información. Un **instrumento** es un objeto que se usa para trabajar. Los científicos usan distintos instrumentos para diferentes tipos de observaciones y mediciones. La mayoría de los instrumentos de medición tienen unidades de medida. Una **unidad de medida** es una cantidad que se usa para medir. Los científicos usan unidades del sistema métrico para hacer mediciones.

regla de un metro

regla métrica

Puedes usar una **regla métrica** o una **regla de un metro** si quieres medir longitud y distancia. Ambos instrumentos tienen marcas que muestran centímetros. Para medir longitud, pon un extremo del objeto sobre la marca cero en la regla. Después lee el número en la regla que está debajo del otro extremo del objeto.

1. **Analiza** ¿Qué instrumento usarías para medir un pedazo de papel de cuaderno? ¿Por qué?

....

....

....

cilindro graduado

Si quieres saber el volumen de un líquido, vierte el volumen en un cilindro graduado. Un **cilindro graduado** tiene marcas que indican el volumen en unidades tales como litros (L) o mililitros (mL). Mira la parte más baja de la curva del líquido para encontrar el volumen.

Puedes usar una **balanza de platillos** para averiguar la masa de un objeto. Para usar una balanza de platillos, coloca un objeto en un platillo. Después añade cubos de gramo en el otro platillo hasta que los dos platillos estén equilibrados. La masa total de los cubos de gramo iguala la masa del objeto.

balanza de platillos

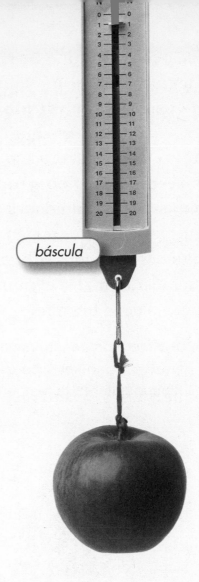

báscula

La **báscula** se usa para medir el peso de un objeto. Coloca el objeto a medir en el gancho. Lee el número en la balanza para averiguar el peso del objeto en kilogramos (kg).

2. **Compara** Comenta cómo medirías el peso de un juguete. Después comenta cómo encontrarías su masa.

....

....

....

....

cronómetro

reloj

A menudo se usan instrumentos para medir el tiempo cuando se reúnen datos. Para usar un **cronómetro**, aprieta un botón para marcar exactamente cuándo comienzas y cuándo dejas de medir el tiempo de un proceso. Un cronómetro puede dar el tiempo en minutos, segundos y milisegundos (ms). Un **reloj** es otro instrumento para medir el tiempo. Debes anotar el momento exacto en que comienzas para medir con exactitud. Un reloj podría mostrar solo las horas y los minutos.

3. **Aplica** (Encierra en un círculo) el instrumento que usarías para calcular cuánto tiempo le toma a tu amigo correr una carrera corta.

Se puede usar una **hornilla** para aumentar la temperatura de un líquido. Pon el líquido en un **vaso de precipitados**. Después, mientras tu maestro observa, enchufa y prende la hornilla para comenzar el proceso de calentamiento. Un **termómetro en grados Celsius** mide la temperatura en unidades de grados Celsius (°C). Otros termómetros miden la temperatura en unidades de grados Fahrenheit. Para encontrar la temperatura, lee el número más cerca al extremo de la línea roja.

termómetro en grados Celsius

vaso de precipitados

4. Aplica Pon un termómetro en un vaso de agua. Usa un cronómetro para averiguar en cuánto tiempo cambia la temperatura.

lupa

Una **lupa** hace que los objetos se vean más grandes. La lupa ayuda a ver los detalles pequeños del objeto. Para observar un objeto con la lupa, sostén la lupa cerca de tu ojo. Después acerca el objeto a la lupa hasta que puedas ver los detalles claramente.

Un **microscopio** se usa para observar objetos que son demasiado pequeños para verlos usando solamente los ojos. Para usar un microscopio, pon un pedacito delgado del objeto en el portaobjetos de vidrio. Pon el portaobjetos sobre la platina. Después mueve el **espejo** de manera que la luz de la lámpara se refleje en la parte inferior de la platina. Mira a través del lente superior mientras mueves lentamente el tornillo hasta que veas la imagen claramente.

5. Aplica Quieres magnificar la letra pequeña en una página de revista. ¿Qué instrumento usarías?

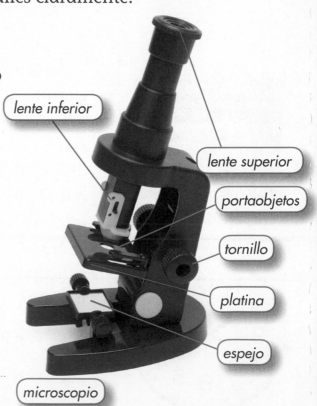

lente inferior

lente superior

portaobjetos

tornillo

platina

espejo

microscopio

Una **cámara** te puede ayudar a hacer observaciones científicas. Puedes usar ciertas cámaras para capturar una imagen clara de un objeto que se mueve demasiado rápido para verlo claramente, como por ejemplo las alas de un colibrí. También puedes usar una cámara para tomar muchas imágenes a través del tiempo para observar un proceso lento, como por ejemplo el crecimiento de una planta.

cámara

6. **Aplica** ¿Cómo podrías usar una cámara para estudiar el crecimiento de una planta?

....

....

Puedes usar una **grabadora de sonido** para grabar diferentes sonidos producidos por organismos u objetos. Coloca la grabadora cerca de la fuente de sonido. Oprime el botón para GRABAR. Oprime el botón para PARAR cuando hayas terminado de grabar.

7. **Infiere** ¿Cómo podrías usar una grabadora de sonido para grabar datos para actividades científicas?

....

grabadora de sonido

....

Una **veleta** muestra la dirección del viento. Para usarla, mira en qué dirección apunta la veleta. La dirección a la que apunta la flecha muestra la dirección desde donde sopla el viento.

8. **Interpreta** Si la flecha apunta hacia el norte, ¿en qué dirección está soplando el viento?

....

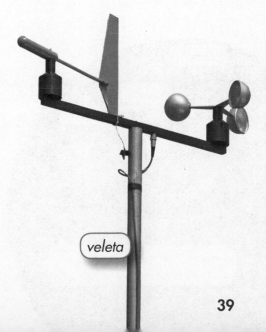

veleta

Un **pluviómetro** mide la cantidad de lluvia que ha caído. La escala muestra la cantidad en milímetros o pulgadas. Para usar un pluviómetro, colócalo en el suelo lejos de árboles y edificios.

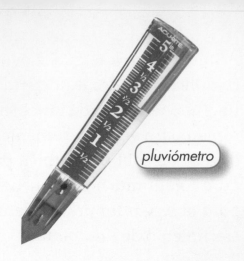

pluviómetro

9. **Aplica** ¿Dónde está el mejor lugar alrededor de la escuela para colocar un pluviómetro?

imán

Los **imanes** atraen objetos hechos de ciertos materiales tales como el hierro. Para averiguar si un objeto contiene tal metal, acércale un imán. Si el objeto contiene el metal, se moverá hacia el imán, o el imán se moverá hacia el objeto.

Una **brújula** tiene una aguja, la cual es un imán que gira. Un extremo de la aguja siempre apunta hacia el Polo Norte de la Tierra. Si giras la brújula de manera que la aguja apunte hacia la N (norte), entonces puedes determinar dónde están el sur, el oeste y el este.

brújula

10. **Aplica** ¿Por qué podrías necesitar una brújula cuando exploras un lugar nuevo?

modelo del sistema del Sol, la Luna y la Tierra

Un científico puede usar un **modelo del sistema del Sol, la Luna y la Tierra** para mostrar que la Tierra gira alrededor del Sol y que la Luna gira alrededor de la Tierra.

11. **Describe** ¿Cómo usarías el modelo para mostrar cómo la Tierra viaja durante un año?

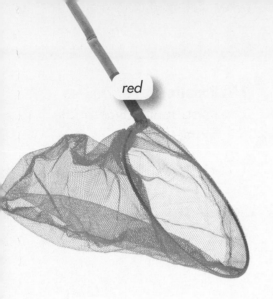
red

Podrías usar una **red** para recoger insectos u otros organismos pequeños y poder observarlos. Las redes son útiles porque pueden capturar a un animal sin hacerle daño. Para recolectar pequeños organismos de un estanque, mueve la red por debajo del agua. Inmediatamente deposita en una cubeta con agua cualquier organismo que atrapes.

12. Comenta Explica cómo usarías una red para recoger pequeños organismos en un estanque.

Los **acuarios** y los **terrarios** proveen hábitats a organismos para que puedas observarlos. Un acuario es un recipiente lleno de agua. Animales y plantas de agua dulce o salada pueden vivir en él. Un terrario no está lleno de agua. Los terrarios pueden contener plantas y pequeños animales terrestres, como insectos, reptiles o anfibios.

13. Aplica ¿Dónde es más posible que encuentres un lagarto, en un acuario o en un terrario? Explica.

acuario

terrario

Puedes usar una **computadora** para reunir información. Una computadora puede también ayudarte a encontrar patrones en tus datos. Después puedes mostrar esos patrones en diagramas, tablas y gráficas que haces en la computadora.

Usar un **cuaderno** te ayuda a registrar tus observaciones y mediciones. Tus notas pueden incluir observaciones, procesos experimentales y datos.

Laboratorio rápido

¿Qué instrumento es este?
Describe un instrumento de esta lección a un compañero. No nombres el instrumento sino explica cómo se puede usar en una investigación. Pídele que adivine el instrumento. Después cambien de rol.

👉 **TEKS 2A**

Seguridad

Debes tener cuidado al usar instrumentos o al hacer actividades científicas al aire libre o en el salón de clases. Algunos instrumentos, como los lentes de seguridad, ayudan a protegerte. Comprende, recuerda y sigue las siguientes prácticas o normas de seguridad.

14. Explica ¿Por qué es importante lavarse las manos?

....

....

....

- Trabaja en actividades aprobadas por tu maestro y escucha las instrucciones de tu maestro.

- Lee cada actividad atentamente y haz preguntas para aclarar procedimientos.

- Nunca pruebes ni huelas sustancias, a menos que tu maestro te lo indique. Informa a tu maestro si eres alérgico a alguno de los materiales que se usarán.

- Usa equipo personal de seguridad, como lentes y guantes de seguridad; sujétate el cabello hacia atrás cuando sea necesario; usa zapatos cerrados.

- Mantén tu área de trabajo limpia y ordenada.

- Si se derrama un químico, repórtalo de inmediato.

- Desecha los desperdicios químicos y biológicos debidamente y de acuerdo con las instrucciones de tu maestro.

- Avisa a tu maestro de inmediato sobre cualquier accidente o si ves algo que no parece seguro.

- Asegúrate de saber la ubicación del equipo de seguridad, el uso correcto del equipo, la ubicación de las salidas y los procedimientos de salida en caso de una emergencia.

- Lávate bien las manos después de cada actividad.

- Regresa el equipo y los materiales a su lugar.

- No te acerques a los animales salvajes.

- Quédate en el área que indique tu maestro.

15. Amplía Escribe una nueva norma de seguridad para agregar a la lista.

....

....

....

....

....

Investigar con seguridad

Cuando los científicos hacen exploraciones submarinas, necesitan ciertos instrumentos para estar protegidos. Los buzos necesitan tanques de oxígeno para respirar y trajes de buceo para protegerse la piel.

16. Sugiere ¿Qué equipo usas para protegerte cuando juegas al aire libre?

....

....

....

¿Entiendes?

17. Infiere ¿Por qué crees que es importante avisarle de inmediato a tu maestro sobre cualquier accidente?

....

....

18. Explica Escoge un instrumento de esta lección y explica por qué es importante para los científicos.

....

....

⬛ **¡Para!** Necesito ayuda ....

⏸ **¡Espera!** Tengo una pregunta ....

▶ **¡Sigue!** Ahora sé ....

43

Investigación de laboratorio

TEKS 2B, 2D, 2F, 4A

¿Cómo te ayuda un microscopio a hacer observaciones?

Sigue el procedimiento

☑ **1. Observa** una hebra de lana y una foto de un periódico ilustrado. **Anota** tus observaciones.

☑ **2.** Observa la lana y la foto con una lupa. Anota tus observaciones.

Materiales

periódico ilustrado
lupa
microscopio
lana

Texas: Seguridad
EN EL LABORATORIO

Mantén limpia tu área de trabajo. Asegúrate de regresar el equipo de laboratorio a su lugar.

Destreza de indagación
Los científicos usan instrumentos para hacer **observaciones.**

Observaciones

Objeto	Sin instrumento	Lupa	Microscopio
Lana			
Foto			

3. Observa la lana con un microscopio. Primero, coloca la lana en la platina del microscopio. Luego, observa a través del lente superior. Reúne información usando el microscopio. Anota tus observaciones.

4. Repite el Paso 3 con la foto.

Analiza y saca conclusiones

5. Comunica ideas ¿En qué se diferenciaron tus **observaciones** al usar distintos instrumentos?

....

....

....

6. Saca una conclusión Analiza la información que reuniste usando el microscopio. ¿Cómo te ayuda un microscopio a hacer observaciones?

....

....

....

7. Infiere ¿En qué situación una lupa podría ser más útil que un microscopio?

....

....

....

....

8. Investiga Haz una lista de otros dos objetos que un científico podría observar con un microscopio.

....

....

¿Es importante la biodiversidad?

La biodiversidad existe en todo el mundo, ¡hasta en Texas! La biodiversidad es cuántos tipos diferentes de seres vivos se encuentran en una zona. Los científicos piensan que los organismos que viven en zonas de baja biodiversidad probablemente no puedan sobrevivir los cambios en el medio ambiente. Una inundación podría matar a casi todos los organismos en una zona de baja biodiversidad. Las especies no nativas pueden también desplazarse a zonas de baja biodiversidad y quitarles recursos a las especies nativas.

Los científicos dicen que los lugares de alta biodiversidad pueden sobrevivir mejor a los cambios. Por ejemplo, si un tipo de planta desaparece, hay muchas otras plantas para que los animales coman. Si ocurre un desastre natural, algunos organismos morirán, pero muchos sobrevivirán.

ocelote

águila americana

Analiza Las fotos en esta página muestran algunos de los seres vivos en peligro de extinción en Texas. ¿Crees que es importante asegurarse de que las especies en peligro no se extingan? ¿Y si la especie en peligro de extinción es dañina para las personas?

cacto estrella

tortuga carey

Cary Fowler ayudó a dirigir el proyecto Bóveda Global de Semillas.

Cary Fowler

TEKS 3D

Cary Fowler nació en Tennessee y pasaba sus veranos en una granja. Después se convirtió en científico de plantas. Fowler comenzó a preocuparse por las plantas que cultivamos. A lo largo de la historia, las personas han usado más de 10,000 tipos diferentes de plantas como alimento. En la actualidad quedan solo 150 tipos. Las enfermedades, los desastres naturales y las guerras pueden exterminar las plantas.

Fowler se mudó a Italia para ayudar a dirigir un proyecto llamado Bóveda Global de Semillas. La Bóveda Global de Semillas es un instrumento que usan los científicos de plantas. Es un congelador gigante enterrado en el suelo cerca del Polo Norte, en Noruega. La bóveda se utiliza para conservar diferentes tipos de semillas de plantas de todo el mundo. Puede contener más de 2 mil millones de semillas. El objetivo de la bóveda es conservar las semillas durante miles de años. Entonces, si perdiéramos un tipo de planta, ¡podríamos usar las semillas para plantar más!

¿Qué infirió Cary Fowler sobre los cultivos que nos quedan?

_____

¿Cuál es un instrumento que usan los científicos de plantas?

_____

APLICACIÓN
TEKS
3B

Lee las etiquetas siempre

Muchos de los productos que compramos vienen con etiquetas y materiales promocionales. Las etiquetas y los materiales promocionales nos dicen cosas, como por ejemplo para qué se usa el producto o de qué está hecho el producto. Debes leer las etiquetas cuidadosamente antes de comprar un producto. Haz inferencias sobre la información que aparece en el material promocional del carro de juguete. Haz más inferencias sobre la etiqueta de la barra de granola.

Evalúa la exactitud de la información en la etiqueta y en el material promocional. ¿Comprarías estos productos? ¿Por qué?

¡VROOM!
¿Quieres el carro de juguete más rápido? Irá más rápido y más lejos que ningún otro carro. ¡Sus pilas duran para siempre!

¿CANSADO?
¿Necesitas energía? Esta barra de granola te dará energía para todo el día. Tiene todas las vitaminas y nutrientes que necesitas.

Tarjetas de vocabulario

cientifíco
comunicación
experimento
gráfica de barras
indagación
inferir
instrumento
investigar
modelo
procedimiento
tabla
unidad de medida

¡Vamos a jugar!

Recorta las Tarjetas de vocabulario.

Cubre con notas adhesivas las palabras que aparecen en el frente de cada tarjeta.

Usa la lista de palabras de arriba para adivinar qué palabra corresponde a cada imagen. Escribe la palabra en la nota adhesiva.

Luego quita la nota adhesiva para ver si tenías razón.

infer

inferir

scientist

científico

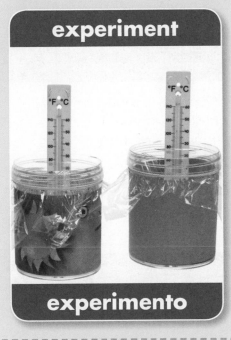

experiment

experimento

investigate

investigar

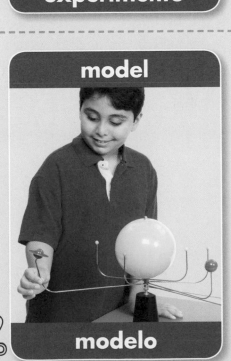

model

modelo

inquiry

indagación

person who asks questions about the natural world	to draw a conclusion
Escribe una oración con esta palabra.	Escribe el sustantivo de esta palabra.
....	....
....	....
....	....
	....
persona cuyo trabajo implica formular preguntas sobre el mundo y la naturaleza	sacar una conclusión

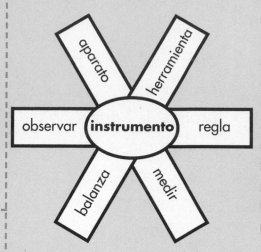

observar **instrumento** regla
aparato herramienta
balanza medir

¡Haz una rueda de palabras!

Elige una palabra de vocabulario y escríbela en el centro del organizador gráfico "Rueda de palabras". Escribe sinónimos o palabras relacionadas en los rayos de la rueda.

to look for answers	a kind of investigation carried out under carefully controlled conditions
Escribe el sustantivo de esta palabra.	Escribe una oración con esta palabra.
....	....
....	....
....	....
....	
buscar respuestas	tipo de investigación que se lleva a cabo bajo condiciones cuidadosamente controladas

the process of asking questions	a copy of something
Escribe una oración con el verbo de esta palabra.	Dibuja un ejemplo.
....	
....	
....	
....	
proceso de formular preguntas	copia de algo

bar graph

Tiempo que tardó la temperatura del agua en bajar a la temperatura ambiente (en minutos)

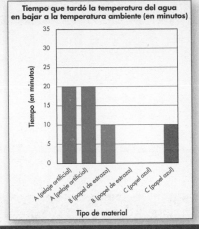

gráfica de barras

communication

comunicación

tool

instrumento

procedure

Pregunta: ¿Qué material es mejor para conservar el calor del agua?

Hipótesis: Si envuelvo un frasco con pelaje artificial, entonces el agua se mantendrá caliente durante más tiempo.

Materiales: 1 frasco envuelto en pelaje artificial, 1 frasco envuelto en papel de estraza, 1 frasco envuelto en papel azul, agua caliente, 3 termómetros, plástico de envolver, 3 ligas, reloj.

Procedimiento:
1. Rotula los frascos: A, B y C.
2. Coloca un termómetro en cada frasco.
3. Llena cada frasco con la misma cantidad de agua caliente.
4. Cubre rápidamente los frascos con plástico de envolver y una liga.
5. Mide la temperatura inicial en grados Celsius.
6. Mide y anota cuántos minutos demora en cambiar la temperatura en cada frasco.
7. Vacía los frascos. Repite los pasos del 2 al 6.

procedimiento

unit of measure

unidad de medida

chart

Observaciones
Fecha: 26 de septiembre
Temperatura ambiente: 22 °C
Temperatura inicial del agua: 35 °C

Tipo de material	Tiempo que tardó la temperatura del agua en bajar a la temperatura ambiente (en minutos)
A (pelaje artificial)	20
A (pelaje artificial)	20
B (papel de estraza)	10
B (papel de estraza)	9
C (papel azul)	10
C (papel azul)	10

tabla

sharing information

Escribe el verbo de esta palabra.

....

....

....

....

intercambio de información

a graph that helps you compare data and see patterns

Dibuja un ejemplo.

gráfica que ayuda a comparar datos y ver patrones

a plan for testing a hypothesis

Usa un diccionario. Escribe el verbo de esta palabra.

....

....

....

plan que se usa para poner a prueba una hipótesis

object used to do work

Escribe tres ejemplos.

....

....

....

....

objeto que se usa para trabajar

a kind of list

Escribe una oración con esta palabra.

....

....

....

....

tipo de lista

quantity you use to measure

Escribe tres ejemplos.

....

....

....

....

cantidad que se usa para medir

Lección 1 TEKS 2A

¿Qué preguntas formulan los científicos?

1. **Vocabulario** Alguien cuyo trabajo implica formular preguntas sobre el mundo y la naturaleza es un _____.

   A. ingeniero
   B. modelo
   C. científico
   D. maestro

2. **Aplica** ¿Qué pregunta se puede contestar mediante una investigación?

3. **Reúne** ¿Qué tipo de información escribirías en un cuaderno de ciencias?

Lección 2 TEKS 2A

¿Qué destrezas usan los científicos?

4. **Observa** ¿Cuáles son los cinco sentidos que usan los científicos cuando hacen observaciones?

5. **Nombra** Haz una lista de tres cosas que debe tener una buena investigación.

6. **Infiere** Escuchas truenos afuera. ¿Qué puedes inferir acerca del estado del tiempo?

Práctica de TEKS

Lección 3 🔺 TEKS 2A, 3C

¿Cómo contestan preguntas los científicos?

7. Escríbelo Sugiere dos maneras en que un modelo podría ayudarte a comprender mejor el sistema solar.

8. Haz una lista ¿Qué tres pasos debe incluir un buen experimento?

9. Saca conlusiones Mides que tu ritmo cardíaco es de 70 latidos por minuto después de estar en reposo y de 100 latidos por minuto después de hacer ejercicio físico. A lo largo de varios días tomas más mediciones y obtienes resultados similares. ¿Qué puedes concluir?

Lección 4 🔺 TEKS 2C, 2F

¿Cómo se comunican los científicos?

10. Elementos del texto ¿Cómo ayudan las gráficas a comunicar los resultados de un experimento?

11. Comunica ideas ¿Cuáles son algunas maneras en las que los científicos se comunican entre sí?

Práctica de TEKS

Lección 5 ⬇ TEKS 4A

¿Para qué usan instrumentos los científicos y cómo se protegen?

12. Determina Nombra este instrumento. Explica cómo podrías usarlo.

....

....

....

....

13. Aplica Piensa en los científicos. ¿Cómo trabajan? Usa las palabras de vocabulario *instrumento*, *investigar* y *modelo* en tu explicación.

....

....

....

....

....

....

....

Lección 1 ¿Qué preguntas formulan los científicos?

En la Lección 1 aprendiste sobre los tipos de preguntas que los científicos formulan y contestan para resolver problemas.

⬇ **TEKS de proceso 2A**

Lección 2 ¿Qué destrezas usan los científicos?

En la Lección 2 aprendiste a observar, inferir, predecir, interpretar datos y usar resultados para formar explicaciones.

⬇ **TEKS de proceso 2A**

Lección 3 ¿Cómo contestan preguntas los científicos?

En la Lección 3 aprendiste cómo los científicos usan experimentos e investigaciones para contestar preguntas.

⬇ **TEKS de proceso 2A, 3C**

Lección 4 ¿Cómo se comunican los científicos?

En la Lección 4 aprendiste a usar gráficas y tablas para comunicarte.

⬇ **TEKS de proceso 2C, 2F**

Lección 5 ¿Para qué usan instrumentos los científicos y cómo se protegen?

En la Lección 5 aprendiste acerca de los instrumentos científicos y cómo usarlos de manera segura durante investigaciones científicas.

⬇ **TEKS de proceso 4A**

★ Práctica de TEKS: Repaso del capítulo

Lee cada pregunta y encierra en un círculo la mejor respuesta o rellena la plantilla.

1 Brandon condujo una encuesta entre los estudiantes de su clase. Les pidió que nombraran qué tipo de animales tenían como mascotas. Anotó los datos en la tabla.

Mascotas de los estudiantes en la clase de Brandon

Animal	Número de dueños
Gato	9
Perro	7
Pez	3
Caballo	0
Ratón	1

Según los datos de la encuesta, ¿cuál afirmación es verdadera?

A Ningún estudiante tiene ratones como mascotas.

B El mayor número de los estudiantes en la clase tienen gatos.

C Los peces son más fáciles de cuidar que los perros.

D A la mayoría de los estudiantes les gustan más los perros que los gatos.

2 Juana recogió dos tipos diferentes de rocas cerca de su casa. Quiere saber cuál roca tiene la mayor masa. ¿Qué instrumento debería usar?

F regla métrica

G cronómetro

H cilindro graduado

J balanza de platillos

3 Keisha quiere saber el volumen de una pelota. Primero, encuentra el volumen del agua en un cilindro graduado. Después, deja caer la pelota en el agua. Luego, encuentra el volumen total del agua y la pelota, como se muestra.

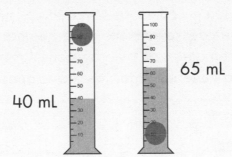

40 mL

65 mL

¿Cuál es el volumen de la pelota en milímetros (mL)? Anota y rellena la plantilla con tu respuesta.

⓪	⓪
①	①
②	②
③	③
④	④
⑤	⑤
⑥	⑥
⑦	⑦
⑧	⑧
⑨	⑨

4 El dibujo muestra objetos que se usan para protegerte durante una actividad de ciencias.

¿En qué actividad debes usar estos objetos?

F al revolver una mezcla de aceite y vinagre

G al mezclar un polvo con un líquido

H al agarrar una olla de agua caliente

J al inflar un globo con aire

Si tienes dificultades con...				
Pregunta	1	2	3	4
Ve el capítulo (lección)	1 (5)	1 (3)	1 (5)	1 (5)
TEKS	2D	5A	2C	4B

TEKS 1A, 2A, 2B, 2D, 2E, 2F, 4A, 4B

¿Qué diseño de paracaídas funciona mejor?

En una pequeña isla, un grupo de personas necesita que le hagan llegar provisiones por aire. Un avión no puede aterrizar en la isla. Las provisiones son frágiles y deben dejarse caer lentamente para que no se rompan al llegar a tierra. El área donde deben aterrizar las provisiones es muy pequeña. Debes diseñar un paracaídas para hacerles llegar las provisiones a las personas que las necesitan.

Identifica el problema

1. Identifica los problemas que debe resolver tu **diseño.**

....

....

....

....

....

2. Planifica tu investigación antes de llevarla a cabo. ¿Qué pregunta puedes formular para ayudar a resolver el problema? Escribe la pregunta seguida de su respuesta.

....

....

....

....

....

Haz una investigación

3. Piensa en los problemas que has identificado. Investiga sobre las soluciones de **diseño** que otros hayan usado. Haz una lluvia de ideas con algunos compañeros. Haz una lista de tres soluciones que otros hayan usado.

....

....

....

....

....

....

....

Materiales posibles

lentes de
  seguridad
papel de
  aluminio
alambres de
  felpilla
tela [blanca]
vasos
papel
bolsa plástica
pelota de goma

ligas
cordel
reloj o
  cronómetro
cinta adhesiva
  de papel
regla de un
  metro
papel
  parafinado

Texas: Seguridad
EN EL LABORATORIO
Usa lentes de seguridad cuando construyas y pruebes el paracaídas.

Desarrolla soluciones posibles

☑ **4.** Piensa en los problemas que tu **diseño** debe resolver. Piensa en las soluciones que investigaste. Usa esta información para dibujar tres posibles diseños de paracaídas que podrían resolver los problemas.

Cuando pongas a prueba tu prototipo:

- Prepara un blanco circular de 50 cm de diámetro.
- Deja caer el paracaídas a una distancia de 2 metros del círculo y 2 metros del suelo.
- Pide a tu maestro que haga las tres pruebas.

Diseño A	Diseño B

Escoge una solución

☑ **5.** Escoge un diseño para ponerlo a prueba. Di qué diseño escogiste. Explica por qué escogiste ese diseño.

....

....

....

....

....

Diseña y construye un prototipo

☑ **6.** Planifica y pon a prueba tu investigación seleccionando los materiales y otros equipos para tu prototipo. Dibuja el **diseño** que usarás para hacer un prototipo. Rotula cada parte. Di de qué está hecha cada parte.

Muestra cómo tu diseño de paracaídas transportará la pelota.

☑ **7.** Haz una lista de los materiales que usaste en tu prototipo.

....

....

....

Pon a prueba el prototipo

☑ **8.** Con la ayuda de tu maestro, pon a prueba y repite tu **diseño** tres veces para aumentar la confiabilidad de los resultados.

☑ **9. Anota** el tiempo que tu paracaídas tarda en aterrizar.

☑ **10.** Reúne información usando la regla de un metro. **Mide** a qué distancia del centro del círculo cayó la carga. Anota y analiza esta información.

Resultados de las pruebas del prototipo		
Prueba	**Tiempo en aterrizar** (s)	**Distancia al centro del círculo** (cm)
1		
2		
3		
Promedio		

Comunica los resultados

11. ¿Qué partes de tu **diseño** funcionaron bien en tu prototipo? Usa los resultados de tus pruebas y tus **observaciones** para apoyar tus conclusiones.

....

....

....

....

12. ¿Qué partes de tu diseño se podrían mejorar? Explica tu respuesta.

....

....

....

....

Evalúa y rediseña

13. ¿De qué manera ayudaron las tres pruebas a evaluar los resultados?

....

....

....

....

14. Piensa en qué funcionó y qué no funcionó en tu prototipo. Saca una conclusión infiriendo qué tamaños, formas y materiales funcionarían mejor en un paracaídas para que deje caer provisiones en la isla.

....

....

....

....

....

15. Usa lo que aprendiste en tus pruebas para **rediseñar** tu prototipo. Escribe o dibuja los cambios de tu diseño.

....

....

....

....

....

Ciencias físicas

TEXAS

 Conocimientos y destrezas esenciales en Texas

TEKS de contenido
Materia y energía: 5A, 5B, 5C, 5D
Fuerza, movimiento y energía: 6A, 6B, 6C

TEKS de proceso
1A, 2A, 2B, 2C, 2D, 2E, 2F, 3A, 3D, 4A, 4B

TEXAS

¿Cuándo puedes sostenerte del agua?

Materia

Lección 1 ¿Qué es la materia?

Lección 2 ¿Cuáles son los estados de la materia?

Lección 3 ¿Cómo se mide la materia?

Lección 4 ¿Qué son las mezclas?

¿Cómo se describe la materia?

5A

Escalar en hielo vertical es un desafío. Escalar en hielo vertical requiere mucho equipo de seguridad. La escalada en hielo se practica en las regiones montañosas de todo el mundo, incluidas las Montañas Rocosas.

¿Qué propiedades crees que permiten escalar en hielo? ¿Por qué?

....

....

....

Conocimientos y destrezas esenciales en Texas

TEKS: 5A Medir, probar y anotar las propiedades físicas de la materia, incluyendo la temperatura, la masa, el magnetismo y la habilidad para hundirse o flotar. **5B** Describir y clasificar ejemplos de materia, tales como sólidos, líquidos y gases, y demostrar que los sólidos tienen una forma definida, y que los líquidos y los gases toman la forma de su recipiente. **5D** Explorar y reconocer que una mezcla se crea cuando dos materiales son combinados, tales como grava y arena, y clips de metal y de plástico.

TEKS de apoyo: 5C Pronosticar, observar y anotar los cambios en el estado de la materia causados por el calentamiento o el enfriamiento.

TEKS de proceso: 1A, 2A, 2B, 2C, 2D, 2F, 3A, 3D, 4A, 4B

PEARSON Texas.com

TEKS 5A, 1A, 2D, 2F, 3A

¿Cómo puedes clasificar objetos?

Los objetos se pueden clasificar según el sonido que hacen al caer.

☑ **1. Observa** Deja caer cada uno de los objetos. Escucha el sonido.

☑ **2.** Pide a un miembro de tu grupo que sostenga una carpeta. Deja caer un objeto detrás de la carpeta de modo que los demás miembros del grupo no puedan verlo.

☑ **3.** Pídeles que identifiquen el objeto que hizo el sonido. Repite la acción con cada objeto.

☑ **4. Clasifica** Agrupa los objetos con sonidos parecidos.

Explica los resultados

5. Clasifica Algunos objetos hacen sonidos parecidos. ¿En qué se parecen los objetos?

6. Comunica ideas ¿Cómo puedes usar el sonido para clasificar objetos?

Materiales

carpeta
2 sobres
2 papeles doblados
2 depresores de lengua
2 lápices sin punta
2 arandelas
2 clips

Texas: Seguridad
EN EL LABORATORIO

No lances ningún objeto durante el laboratorio. Asegúrate de dejar caer los objetos detrás de la carpeta.

Destreza de indagación
Observar objetos con atención te puede ayudar a **clasificarlos.**

Enfoque en Comparar y contrastar

En este capítulo practicarás **comparar y contrastar** como estrategia de lectura. Cuando comparas cosas, dices en qué se parecen. Cuando contrastas cosas, dices en qué se diferencian.

Coleccionistas de rocas

Ben y Misha coleccionan rocas. A Ben le gustan las rocas de colores brillantes. Es miembro de un club de cazadores de rocas. Este club hace excursiones de recolección. Misha tiene una manera diferente de reunir sus rocas preferidas: las rocas que tienen fósiles. El tío de Misha le envía rocas que tienen fósiles de todo el mundo. Misha hace una excursión solo hasta su buzón para sumar rocas a su colección.

¡Practícalo!

Completa el organizador gráfico para comparar y contrastar las rocas preferidas de Ben y de Misha y la manera en que reúnen rocas.

Ben   Misha

¿Qué es la materia?

Voy a aprender TEKS 5A
Voy a aprender a medir, probar y anotar las propiedades físicas de la materia.
Voy a aprender a usar experimentos para comprender las explicaciones científicas.
(También **1A, 2D, 2F**)

Vocabulario
materia
propiedad
textura
dureza

Nuestra clase acaba de visitar el Capitolio de Texas, en Austin.

El edificio está construido con una piedra dura llamada granito y una piedra más blanda llamada caliza.

Es más alto que el Capitolio de los Estados Unidos en Washington, D.C.

¿Puedes ayudarme a calcular cuánto más alto?

Conexión con
Matemáticas

TEKS de Matemáticas 4A

Muestra tu trabajo El Capitolio de Texas mide más de 310 pies desde el suelo hasta la parte superior de la estatua sobre su cúpula. La parte más alta de la estatua sobre el Capitolio de los Estados Unidos está a 288 pies del suelo. ¿Cuál es la diferencia?

Laboratorio rápido

¿Cómo puedes comprobar la dureza de los objetos?

☑ **1.** Examina un conjunto de objetos. **Predice** su orden de dureza, de más blando a más duro.

☑ **2.** Comprueba la dureza. Usa el segundo conjunto de objetos para rayar cada objeto del primer conjunto. Comienza usando la plastilina para rayar la otra tira de plastilina, el borrador, el depresor de lengua, la regla y la moneda de 1¢.

☑ **3.** **Anota** tus **observaciones** en la tabla de datos.

Materiales

2 tiras de plastilina
2 borradores
2 depresores de lengua
2 reglas de plástico
2 monedas de 1¢

¿Qué objetos puede rayar cada objeto?					
	Plastilina	Borrador	Depresor de lengua	Regla	Moneda de 1¢
Objeto usado para rayar					
Plastilina					
Borrador					
Depresor de lengua					
Regla					
Moneda de 1¢					

Explica los resultados

4. Comunica ideas Compara los rayados que hizo cada objeto.

....

....

5. Analiza e interpreta Explica qué te indican tus resultados acerca de la dureza de los objetos.

....

....

Hay materia en todos lados

Todo lo que puedes ver, oler o tocar es materia. Muchas cosas que no puedes ver, oler ni tocar también son materia. El aire es un ejemplo de materia que a veces no puedes ver, oler ni tocar. La **materia** es todo lo que ocupa espacio y tiene masa. Masa es la cantidad de materia que tiene algo. Cuando levantas un objeto, puedes sentir su masa como peso. Cuando inflas un globo, ves que incluso el aire ocupa espacio.

Mira el disco de *hockey* y la pelota de voleibol. El disco es pequeño y duro. La pelota de voleibol es grande y blanda. El disco y la pelota se ven diferentes, pero ambos son materia.

1. Compara y contrasta
¿En qué se parecen y en qué se diferencian el disco de *hockey* y la pelota de voleibol?

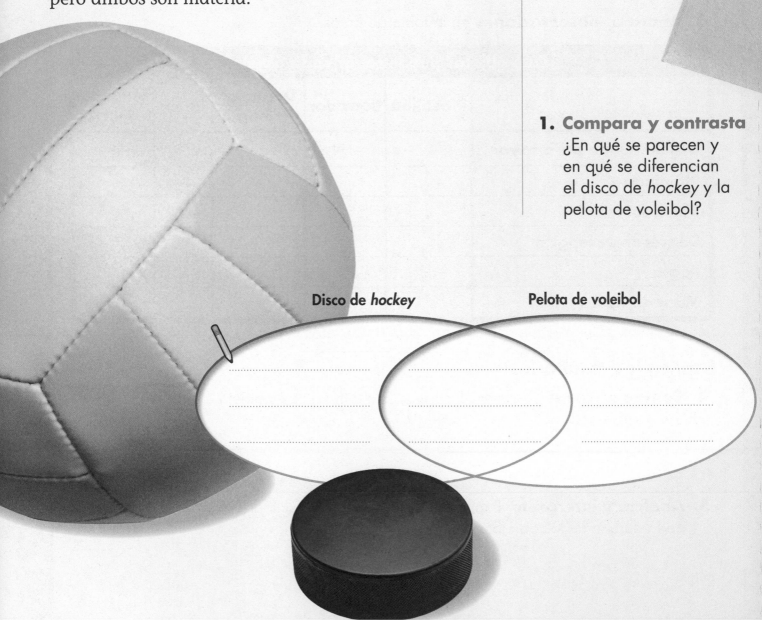

Disco de *hockey*   Pelota de voleibol

La masa no es lo mismo que la forma. Este pedazo de papel tiene una cierta masa.

Puedes doblar el pedazo de papel y hacer un barco. Sigue teniendo la misma masa aunque su forma sea diferente.

2. Explica ¿Qué sucede con la masa cuando arrugas el papel hasta convertirlo en una pelota?

....

....

Propiedades de la materia

Una **propiedad** es algo en la materia que puedes percibir con uno o más de tus sentidos. Algunas propiedades de la materia son el tamaño, la forma, el color, la textura, la dureza y si tiene la habilidad de hundirse o flotar. Una pelota de básquetbol puede ser grande, redonda, anaranjada, rugosa y dura. *Rugosa* y *lisa* describen la textura de un objeto. La **textura** es cómo se siente un objeto al tocarlo. La **dureza** es la descripción de la firmeza de un objeto, por ejemplo una pelota de básquetbol inflada.

Las propiedades de un objeto dependen en parte de los materiales de los que está hecho. La madera, el plástico, la goma y los metales son ejemplos de materiales. Una pelota de tenis y una pelota de básquetbol hacen diferentes sonidos cuando rebotan. Esto se debe en cierta medida a que están hechas de materiales diferentes con propiedades diferentes. Tu sentido del olfato te informa sobre otra propiedad: el olor.

3. Identifica Nombra dos materiales de los que están hechos tus zapatos. Compara la textura de los materiales.

....

....

....

4. Observa ¿Qué propiedades de la materia describen mejor esta flor?

Laboratorio rápido

Flota o se hunde
Mide y prueba la habilidad que tienen diez objetos pequeños de hundirse o de flotar. Pon los objetos uno por uno en un tazón con agua. Usa un reloj o un cronómetro para medir si cada objeto puede flotar por 30 segundos. Anota tus resultados en una lista de dos columnas, una para los objetos que se hunden y otra para los que flotan. 🔹 TEKS 5A

5. Observa Mira a tu alrededor en el salón de clases. Escribe los nombres de cuatro objetos más. Usa una propiedad de la materia diferente para describir cada objeto.

Objeto	Propiedad	Descripción
globo terráqueo	forma	redondo
	tamaño	
	color	
	textura	
	dureza	

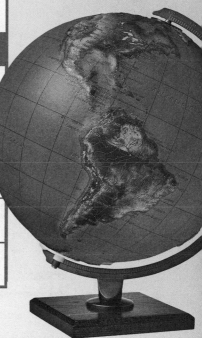

¿Entiendes?

6. Define ¿Qué es la materia?

....

....

7. Compara Nombra dos objetos comunes e identifica de qué están hechos. Usa sus propiedades para decir en qué se parecen.

....

....

⬜ **¡Para!** Necesito ayuda ....

⏸ **¡Espera!** Tengo una pregunta ....

▶ **¡Sigue!** Ahora sé ....

¿Cuáles son los estados de la materia?

Voy a aprender TEKS 5B, 5C

Voy a aprender a clasificar los materiales en sólidos, líquidos y gases y a describir cómo actúan los diferentes estados de la materia. Voy a aprender cómo el calentamiento y el enfriamiento hacen que la materia cambie de estado.
(También **2A**, **2B**, **2C**, **2D**, **2F**)

Vocabulario

estados de la materia
congelarse
derretirse
hervir
evaporación
condensación

Conexión con Matemáticas

TEKS de Matemáticas 1A, 5A

En Austin, Texas, a veces las temperaturas varían mucho durante el invierno. Eso fue lo que sucedió en 2011. El 30 de enero hacía 81 °F. Luego entró un frente frío y el 2 de febrero la temperatura bajó a 17 °F. El 4 de febrero la lluvia se convirtió en aguanieve y nieve.

Escribe y resuelve una ecuación que muestre la diferencia entre la máxima del 30 de enero y la mínima del 2 de febrero.

....

El agua se congela a 32 °F. Escribe y resuelve una ecuación que muestre cuántos grados es necesario que baje la temperatura desde una máxima de 81 °F para que el agua se congele en un tazón colocado afuera.

....

PEARSON Texas.com

🔻 TEKS 5C, 2A, 2B, 2C, 2D, 2F

¿Qué hace que el agua cambie de estado?

☑ **1.** Coloca un cubo de hielo en el vaso. Coloca el vaso dentro de la bolsa. Cierra la bolsa.

☑ **2.** Pega con cinta adhesiva la bolsa a una ventana soleada. **Predice** Pronostica qué le pasará al cubo de hielo al calentarse.

☑ **3.** **Observa** y **anota** los cambios en el estado de la materia al calentarse el cubo de hielo.

Materiales

cubo de hielo
vaso
bolsa plástica
cinta adhesiva

🔻 **Texas: Seguridad**
EN EL LABORATORIO
Entiende los procedimientos del experimento o la investigación. Formula preguntas para aclarar procedimientos.

Tabla de datos

Tiempo	Predicción	Observación
Después de 2 horas		
Después de 24 horas		

Explica los resultados

4. Comunica ideas Describe el cambio de estado que observaste.

....

....

5. Infiere Piensa en el experimento y los datos que reuniste. ¿Qué crees que causó que el hielo cambiara de estado?

....

....

Estados de la materia

Toda la materia está formada por partículas pequeñas. Estas partículas son tan pequeñas que no puedes verlas, ni siquiera con una lupa. Las partículas siempre se están moviendo. En algunos tipos de materia, las partículas se mantienen muy juntas. En otros tipos de materia, no están tan juntas.

Los **estados de la materia** son las formas que la materia puede tener. Tres estados de la materia son sólido, líquido y gas. En los sólidos, las partículas están muy juntas. En los líquidos, las partículas están menos juntas. En los gases, las partículas se mueven libremente.

1. (**Encierra en un círculo**) las palabras que nombran tres estados de la materia.

2. **Explica** ¿Qué objetos de tu mochila son sólidos? Describe cómo sabes que son sólidos.

....

....

....

....

Sólidos

Los sólidos están hechos de partículas muy juntas. Los sólidos tienen su propia forma. Puedes medir con facilidad la masa y el volumen de los sólidos. Tu libro de ciencias es un sólido. No cambia de forma. Puedes medir su masa y su volumen. Sus partículas están muy juntas. Observa la ilustración que está en el círculo. En ella se muestran las partículas muy juntas de un sólido.

Líquidos

Las partículas de los líquidos están menos juntas. Las partículas de un líquido fluyen unas entre otras. Los líquidos toman la forma de sus recipientes. Si pasas un líquido de un recipiente a otro, el líquido tomará la forma del nuevo recipiente. Puedes medir con facilidad la masa y el volumen de los líquidos.

3. **Clasifica** Observa los ejemplos de materia que se muestran en la imagen de abajo. Clasifica dos sólidos y dos líquidos. Describe cómo sabes que son sólidos y líquidos.

....

....

....

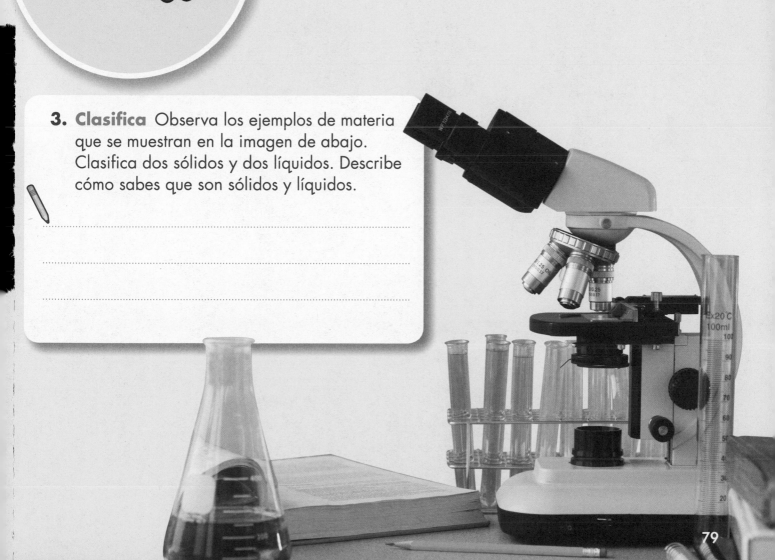

Cambio de estados

Llena dos vasos plásticos con la misma cantidad de agua. Marca el nivel del agua. Coloca un vaso en el congelador y el otro en un estante. Pronostica cómo el enfriamiento cambiará al agua. Después de tres horas, observa y anota el cambio debido al enfriamiento. **TEKS 5C**

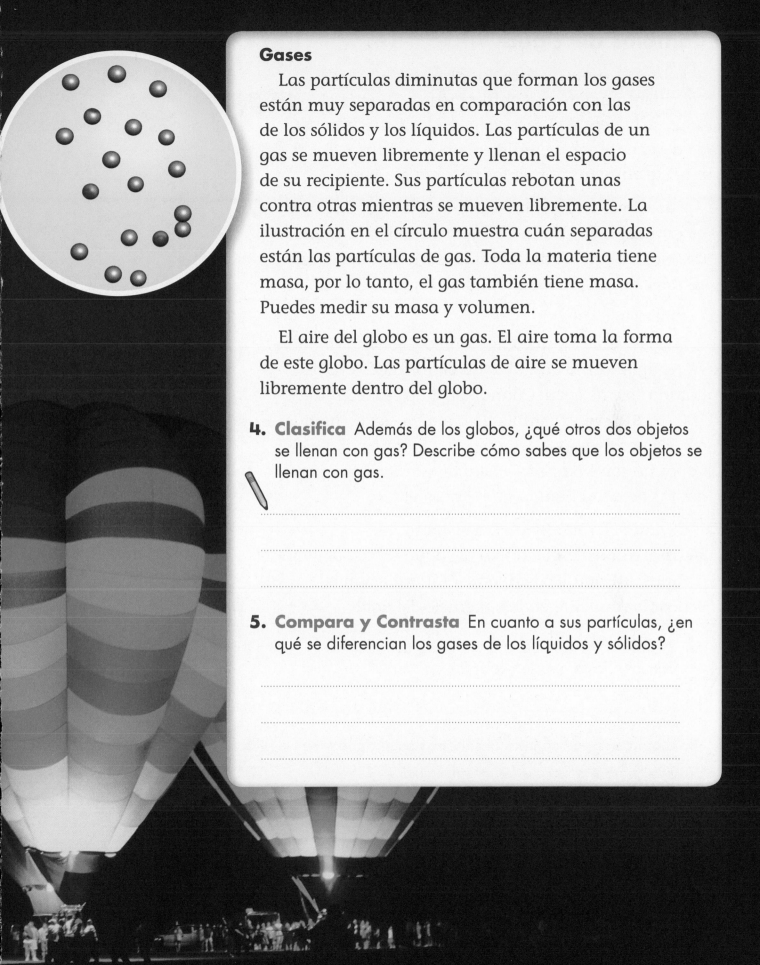

Gases

Las partículas diminutas que forman los gases están muy separadas en comparación con las de los sólidos y los líquidos. Las partículas de un gas se mueven libremente y llenan el espacio de su recipiente. Sus partículas rebotan unas contra otras mientras se mueven libremente. La ilustración en el círculo muestra cuán separadas están las partículas de gas. Toda la materia tiene masa, por lo tanto, el gas también tiene masa. Puedes medir su masa y volumen.

El aire del globo es un gas. El aire toma la forma de este globo. Las partículas de aire se mueven libremente dentro del globo.

4. **Clasifica** Además de los globos, ¿qué otros dos objetos se llenan con gas? Describe cómo sabes que los objetos se llenan con gas.

....

....

....

5. **Compara y Contrasta** En cuanto a sus partículas, ¿en qué se diferencian los gases de los líquidos y sólidos?

....

....

....

Cambios del agua

La materia puede cambiar de estado a través del calentamiento o el enfriamiento. Cuando el agua se calienta, el espacio entre las partículas de agua es mayor. Cuando el agua se enfría, el espacio entre las partículas de agua es menor.

Cuando el agua líquida se enfría a 0 °C (32 °F), **se congela**, o cambia de líquido a sólido. Cambia a hielo, o agua sólida. Cuando el hielo se calienta, **se derrite**, o cambia de sólido a líquido. El hielo se derrite a 0 °C (32 °F).

Puedes ver el agua como líquido y sólido. No puedes ver el agua como gas. El agua en forma de gas se llama *vapor de agua*. Cuando el agua se calienta a 100 °C, **hierve**, o cambia de agua en estado líquido a burbujas de vapor de agua. El vapor de agua y el vapor no son lo mismo. El vapor está formado por gotitas de agua líquida que hay en el aire.

Cuando el agua hierve, se evapora. La **evaporación** es el cambio del agua en estado líquido a vapor de agua. La evaporación también puede ocurrir lentamente en la superficie del agua.

6. **Predice** ¿Qué le pasará al estado del agua si se calienta hasta que se evapore?

condensación

. **Explica** ¿Qué cambio observarás en el agua si se enfría a 0 °C o 32 °F?

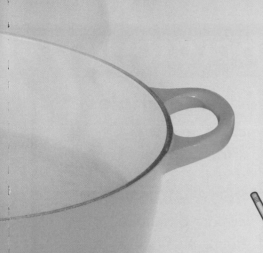

Observa las gotitas de agua en el exterior de la olla de agua. ¿De dónde viene esa agua? Cuando el vapor de agua del aire se enfría, puede cambiar otra vez a líquido. El vapor de agua se condensa. La **condensación** es el cambio de un gas a líquido.

8. Explica ¿Qué sucede cuando el vapor de agua del aire se enfría?

....

9. Infiere ¿Cómo sabes que el agua que está hirviendo en la olla está cambiando de estado?

....

....

¿Entiendes? TEKS 5B, 5C

10. Explica Describe los cambios que ocurren en el agua cuando se enfría o se calienta. Usa *se congela* y *se derrite*.

....

....

11. Piensa en lo que aprendiste sobre los estados de la materia. ¿Cómo se puede describir la materia?

....

....

....

⏹ **¡Para!** Necesito ayuda ....

⏸ **¡Espera!** Tengo una pregunta ....

▶ **¡Sigue!** Ahora sé ....

TEKS 5B, 2A, 2B, 2D, 2F, 3A, 4A

Materiales

cubos de gramo
2 frascos plásticos
agua
recipiente para verter
cilindro graduado
bolsas reutilizables para
   sándwich y de un
   litro de capacidad
popotes

¿Qué forma toma la materia?

Los sólidos, los líquidos y los gases tienen diferentes propiedades. Los sólidos tienen una forma y un volumen definidos. Los líquidos tienen un volumen definido pero no tienen una forma definida. Los gases no tienen ni forma ni volumen definidos. Mediante una prueba de observación, demuestra la forma que toman los sólidos, los líquidos y los gases cuando se los coloca en un recipiente.

Sigue el procedimiento

☑ **1. Observa** la forma de los cubos de gramo. **Anota** lo que ves.

☑ **2.** Coloca los cubos en un frasco plástico. Observa si la forma de los cubos cambia. Anota lo que ves.

☑ **3.** Observa la forma del agua en el recipiente para verter. Anota lo que ves.

☑ **4.** Vierte parte del agua en el frasco plástico y otra parte en un cilindro graduado. Observa si la forma del agua cambia. Anota lo que ves.

☑ **5.** Observa la forma de las bolsas de plástico. Anota lo que ves.

☑ **6.** Inserta un popote en la abertura de la bolsa para sándwich. Cierra la bolsa alrededor del popote. Sopla en el popote para llenar la bolsa con aire. Quita el popote y termina de cerrar la bolsa. Repite el procedimiento con la bolsa de un litro.

☑ **7.** Observa si la forma de las bolsas cambia. Anota lo que ves. (Si quieres, usa dos globos de diferentes formas en lugar de las bolsas y los popotes.)

Texas: Seguridad
EN EL LABORATORIO
Si se derrama agua, avisa inmediatamente a tu maestro.

Destreza de indagación
Puedes usar **observaciones** para analizar y evaluar las explicaciones científicas sobre las propiedades de la materia.

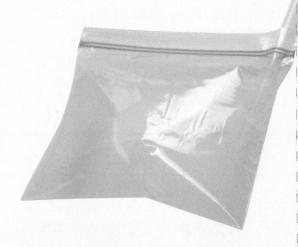

Tabla de observaciones

	Primera observación	Segunda observación
Cubos de gramo		
Agua		
Bolsas de plástico		

Analiza y saca conclusiones

8. Comunica ideas Explica qué cambios **observaste.**

....

....

....

....

9. ¿Qué propiedades de los sólidos, los líquidos y los gases demuestra esta prueba de observación?

....

....

....

....

....

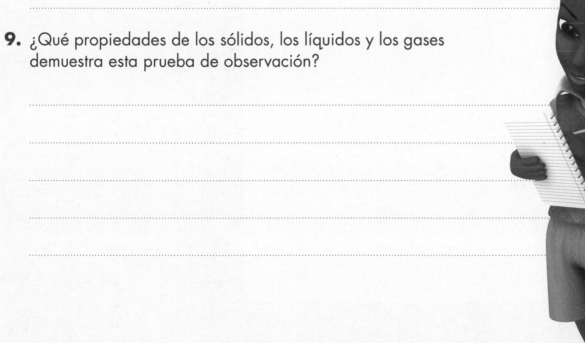

¿Cómo se mide la materia?

Voy a aprender TEKS 5A

Voy a aprender a usar instrumentos para medir, probar y anotar las propiedades físicas de la materia. (También 1A, 2B, 2F, 4A)

Vocabulario

masa
volumen
densidad

Conexión con
Matemáticas

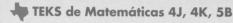

TEKS de Matemáticas 4J, 4K, 5B

Los gramos (g) y los kilogramos (kg) son unidades métricas que se usan para medir la masa. Un kilogramo es igual a 1,000 gramos. Usa oraciones numéricas para resolver los siguientes problemas verbales sobre la masa.

Una moneda de 10¢ tiene una masa de 2 gramos. Un lápiz tiene una masa de 5 gramos. ¿Cuántas monedas de 10¢ se necesitan para igualar 6 lápices?

....

....

Una orca tiene una masa de aproximadamente 4,500 kg. Un diccionario tiene una masa de 1 kg. ¿Cuántos diccionarios se necesitan para igualar la masa de una orca?

....

....

PEARSON Texas.com

Laboratorio rápido

🔻 TEKS 5A, 1A, 2B, 2F, 4A

¿Cómo se pueden medir la masa y el volumen?

☑ **1.** Sujeta un borrador y un crayón. **Predice** cuál crees que tiene más masa.

☑ **2.** Reúne información usando una balanza de platillos para **medir,** probar y anotar las propiedades físicas de la masa. Coloca el borrador en un platillo de la balanza. Coloca cubos de gramo en el otro platillo hasta que los dos platillos estén balanceados. Repite con el crayón. (También puedes usar una báscula para reunir y analizar información sobre la masa). **Anota.**

.... g .... g

☑ **3.** Observa el líquido en cada vaso. **Predice** cuál tendrá mayor volumen.

....

☑ **4.** Mide el volumen de cada líquido. Reúne información usando el cilindro graduado. Anota.

.... mL .... mL

Explica los resultados

5. Comunica ideas Analiza la información que reuniste usando la balanza de platillos y el cilindro graduado. Comenta cómo mediste la masa y el volumen.

....

....

....

Materiales

borrador y crayón
balanza y cubos de gramo
vaso plástico con líquido azul
vaso plástico con líquido rojo
cilindro graduado

 **Texas: Seguridad**
EN EL LABORATORIO
Nunca comas ni bebas nada en el laboratorio.

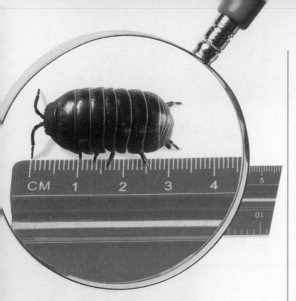

Medir la longitud

La longitud es una propiedad de la materia que se puede medir. La longitud es la distancia desde un extremo de un objeto hasta el otro extremo. Puedes medir la longitud con reglas métricas y reglas de un metro.

La unidad métrica básica de longitud es el metro (m). Las longitudes más cortas se miden en centímetros (cm) o milímetros (mm). En un metro hay 100 cm. En un metro hay 1,000 mm. Las distancias más largas se miden en kilómetros (km). En un kilómetro hay 1,000 metros.

Medir la masa

También puedes medir la masa de un objeto. La **masa** es la cantidad de materia que un objeto tiene. Los sólidos, los líquidos y los gases tienen masa. La balanza es un instrumento con el que se mide la masa.

Una unidad métrica para la masa es el gramo (g). La materia de más tamaño se mide en kilogramos (kg). Hay 1,000 gramos en un kilogramo.

1. **Resuelve** Algunos objetos son demasiado pequeños para verlos con facilidad. Una lupa o un lente de aumento hace más fácil medir esta cochinilla. Mide el largo aproximado de esta cochinilla en centímetros.

2. **Resuelve** Los platillos de la balanza de abajo, que contienen el robot y los cubos de gramo, están nivelados. Hay 52 cubos en un platillo. ¿Cuál es la masa del robot?

Cada cubo tiene una masa de 1 g.

Medir el volumen

Los líquidos y los sólidos también tienen volumen. El **volumen** es el espacio que ocupa un objeto. Puedes medir el volumen de un líquido con un cilindro graduado. Las unidades métricas básicas para medir el volumen líquido son el litro (L) y el mililitro (mL). Hay 1,000 mililitros en un litro.

Puedes medir el volumen de un sólido, como una roca, usando agua. Una roca tiene más densidad que el agua, por lo tanto se hunde. La **densidad** es la propiedad de la materia que compara la masa de un objeto con su volumen. El volumen de la roca es la cantidad de agua que desplaza cuando se hunde.

3. Resuelve Compara el volumen del juguete con el volumen de la roca.

¿Cuál es el volumen del juguete?

¿Cuál es el volumen de la roca?

¿Qué objeto tiene más volumen?

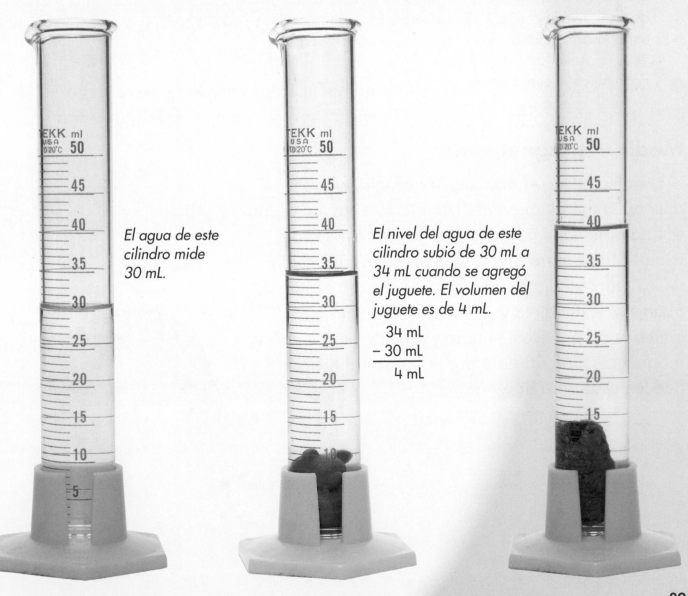

El agua de este cilindro mide 30 mL.

El nivel del agua de este cilindro subió de 30 mL a 34 mL cuando se agregó el juguete. El volumen del juguete es de 4 mL.

$$34 \text{ mL}$$
$$- 30 \text{ mL}$$
$$\overline{4 \text{ mL}}$$

89

Medir la temperatura

Puedes usar diferentes escalas para medir la temperatura. La escala Celsius suele usarse en ciencias. Los grados Celsius se escriben como °C. En los Estados Unidos suele usarse la escala Fahrenheit en la vida diaria. Por ejemplo, la temperatura exterior se informa en grados Fahrenheit. Los grados Fahrenheit se escriben como °F. A veces se usan las dos escalas.

4. Mide ¿Cuál es la temperatura en grados Celsius del agua helada del vaso de arriba? Anota la temperatura.

....

....

5. Calcula La temperatura del hielo en el vaso de abajo es de 0 °C (32 °F). ¿Cuál es la diferencia de temperatura entre el agua de los dos vasos? Muestra tu trabajo.

....

....

Medir el magnetismo

El magnetismo es una fuerza que jala, o atrae, objetos de metal que contienen hierro. El magnetismo es una propiedad de cierto tipo de materia. Puedes usar un imán para probar si el magnetismo es una de las propiedades de un objeto o no. Acerca el imán al objeto. Si el objeto se mueve hacia el imán, el objeto es magnético. El hierro y el níquel son metales magnéticos. Son atraídos por imanes. También se pueden usar para hacer imanes.

Las propiedades de la materia influyen en cómo se usa esa materia. Debido a sus propiedades magnéticas, el hierro se usa para fabricar imanes. El hierro también se usa para fabricar acero. El acero es muy resistente. El acero se usa para fabricar puentes y carros.

6. Identifica ¿Qué propiedad hace que el níquel sea una buena opción para fabricar imanes? ¿Qué propiedad hace que el acero sea una buena opción para fabricar puentes y carros?

....

....

Laboratorio rápido

Propiedades magnéticas

Coloca un plato de cartón en una superficie plana. Marca un punto en el borde de la parte superior del plato. Coloca un clip sobre el punto. Luego reúne información usando un imán. Coloca un imán en el borde opuesto del plato. Mueve el imán lentamente hacia el clip. Marca con un punto la posición del imán cuando el clip comience a moverse. Reúne y analiza la información usando una regla métrica para medir la distancia entre los dos puntos.

TEKS 5A, 4A

¿Entiendes?

7. Selecciona ¿Qué unidad métrica usarías para medir longitud y ancho, temperatura, volumen y masa?

....

....

8. Analiza ¿Qué mides cuando usas instrumentos para hallar la masa de un objeto? ¿Qué instrumentos puedes usar para medir la masa?

....

....

⬛ **¡Para!** Necesito ayuda ....

⏸ **¡Espera!** Tengo una pregunta ....

▶ **¡Sigue!** Ahora sé ....

Carreras científicas
STEM

Físico [TEKS 3D]

Ali Aliev es físico e investigador científico. En 2011 trabajó con un equipo en la Universidad de Texas, en Dallas. Uno de sus intereses era hacer que los objetos parecieran invisibles fabricando un manto de invisibilidad real. Su trabajo implicaba aprovechar las propiedades térmicas de ciertos tipos de materia.

¿Has viajado en carro por una autopista en un día caluroso y soleado? A la distancia puedes ver lo que parece ser un gran charco sobre la carretera. Pero cuando llegas allí, ¡el charco ha desaparecido! Has experimentado un espejismo. Cuando algunos materiales se calientan hasta alcanzar una alta temperatura, hacen que la luz se doble. Lo que creíste que era un charco en realidad era el cielo que está sobre la carretera. Ese es el principio detrás de un manto de invisibilidad.

El Dr. Aliev y su equipo han intentado tejer una tela liviana y resistente con hilos muy delgados de materia. La tela podría cubrir un objeto. Cuando la tela se caliente, ¡parecerá que el objeto ha desaparecido!

Cuando el manto no se calienta, la pelota es visible. Cuando el manto se calienta, el espejismo oculta la pelota.

Infiere ¿Qué propiedad de la materia crees que el Dr. Aliev tiene que medir en sus experimentos? ¿Por qué?

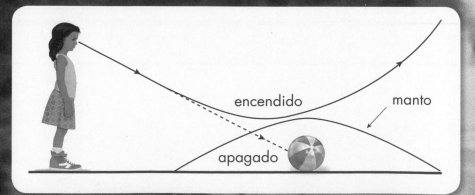

encendido

manto

apagado

Olimpiadas de Ciencias de Texas

¿Eres un científico en potencia? Las Olimpiadas de Ciencias de Texas son una buena manera de explorar diferentes áreas de las ciencias. Las Olimpiadas de Ciencias de Texas patrocinan Días de Diversión (*Fun Days*) para los estudiantes de escuela primaria. Durante este evento, los estudiantes participan en una variedad de actividades científicas prácticas.

En el salto largo del *gummi bear*, los equipos de estudiantes usan un lanzador hecho en casa para ver qué distancia puede recorrer un *gummi bear* cuando lo lanzan hacia un blanco. Durante la práctica, los equipos ajustan el brazo de su lanzador y miden y anotan las distancias recorridas para hallar el mejor ángulo para su lanzamiento final. Otros eventos de Ciencias físicas son los recipientes de peso, las latas de sonido, la construcción de puentes, salvemos el hielo y aerodinámica en lo alto. En salvemos el hielo, los estudiantes intentan evitar que se derrita un cubo de hielo. En aerodinámica en lo alto, trabajan para fabricar un avión de papel que pueda volar lo más lejos posible al lanzarlo hacia una meta.

Cuando estés en la escuela intermedia y en la secundaria, puedes participar en las competencias de las Olimpiadas de Ciencias. Los estudiantes compiten en eventos que abarcan las Ciencias físicas, las Ciencias de la Tierra, las Ciencias de la vida y actividades de ingeniería. Los equipos ganadores de una región compiten en la competencia estatal. Los dos equipos que salen primeros en la competencia estatal representan a Texas en las Olimpiadas Nacionales de Ciencias.

Saca conclusiones Piensa en el salto largo del *gummi bear*. ¿Por qué crees que los equipos miden y anotan las distancias de sus lanzamientos de práctica?

¿Qué son las mezclas?

 Voy a aprender TEKS 5D
Aprenderé cómo se crean las mezclas.
(También **1A, 2A, 2B, 2F, 3A**)

Vocabulario
mezcla

En mi mochila encontré 1 borrador morado con forma de caballito y 3 borradores verdes con forma de gatito.

¡Encontré 3 borradores morados con forma de caballito y 5 borradores verdes con forma de gatito!

Podemos juntarlos para crear una mezcla.

¿Puedes ayudarnos a calcular qué fracción de la mezcla está compuesta por borradores morados con forma de caballito?

Conexión con
Matemáticas

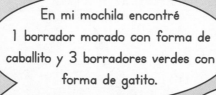 **TEKS de Matemáticas 3A, 3C**

Muestra tu trabajo ¿Qué parte de la mezcla está compuesta por borradores morados con forma de caballito? Rellena cuadrados para mostrar tu respuesta.

Escribe el nombre de la fracción y su símbolo.

Laboratorio rápido

TEKS 5D, 1A, 2A, 2B, 2F, 3A

¿Cómo puedes crear y separar mezclas?

Cuando dos sustancias se combinan, a veces se forma una mezcla. Una manera de determinar si algo es una mezcla es probar si las sustancias combinadas se pueden separar.

Materiales

lentes de seguridad
arena
grava (o guijarros)
frasco de plástico con tapa
tamiz
recipiente

1. Vierte partes iguales de arena y grava en un frasco y ajusta bien la tapa. Agita el frasco para mezclar la arena y la grava.

2. Usa tus sentidos para reconocer y explorar que una mezcla se crea cuando estos dos materiales se combinan. **Describe** las propiedades de la mezcla.

 Texas: Seguridad
EN EL LABORATORIO
Usa lentes de seguridad y cualquier otro equipo de seguridad personal que se requiera.

3. Vacía la mezcla en el tamiz. Agita con cuidado el tamiz para que la arena caiga en el recipiente.

Explica los resultados

4. **Comunica ideas** Explica qué le sucedió a la mezcla cuando usaste el tamiz.

5. **Analiza e interpreta** ¿De qué manera el tamiz te ayudó a **reconocer** que la arena y la grava eran una mezcla?

Crear mezclas

Puedes revolver la materia para hacer una mezcla. Una **mezcla** es una combinación de dos o más sustancias. La materia de una mezcla no cambia al mezclarse.

Puedes crear una mezcla de arroz y frijoles. El arroz no cambia de forma. Los frijoles no cambian de forma. Puedes reconocer ambos tipos de materia cuando exploras la mezcla.

Lo mismo sucede con una mezcla de frambuesas y arándanos azules. Puedes ver fácilmente las frambuesas y los arándanos azules. Esta es una manera de reconocer una mezcla.

1. **Reconoce** Observa la imagen de frambuesas y arándanos azules. ¿Cómo sabes que la imagen muestra una mezcla?

....

....

....

Separar mezclas

Puedes separar una mezcla para ver sus partes. Imagina que quieres separar la mezcla de pimientos que se muestra en la fotografía de esta página. Puedes clasificarlos en diferentes pilas. Después de separar la mezcla, puedes ver que cada pimiento ha permanecido igual. Poder separar los objetos es otra manera de reconocer las mezclas.

2. **Observa** Explora la imagen de los pimientos. ¿Cómo sabes que muestra una mezcla?

....

....

3. **Saca conclusiones** ¿Cómo podrías separar la mezcla de pimientos?

....

¿Entiendes? ◆ TEKS 5D

4. **Explica** ¿Cuáles son dos maneras que te permiten saber que se ha creado una mezcla cuando revuelves arena y grava juntas?

....

....

....

5. **Analiza** Si mezclas agua de color rojo y agua de color azul, ¿se formaría una mezcla? Explica tu respuesta.

....

....

⬜ **¡Para!** Necesito ayuda ....

⏸ **¡Espera!** Tengo una pregunta ....

▶ **¡Sigue!** Ahora sé ....

TEKS 5A, 1A, 2A, 2B, 2D, 2F, 3A, 4A, 4B

¿Cómo puedes medir la temperatura de la materia?

La temperatura es una propiedad física de la materia. Puedes usar un termómetro para medir la temperatura de los sólidos, los líquidos y los gases. La temperatura se puede medir en grados Celsius (°C) y en grados Fahrenheit (°F).

Sigue el procedimiento

☑ **1.** Trabaja con tu maestro para usar una hornilla y hervir agua en un vaso de precipitados resistente al calor. Reúne información usando la hornilla y el vaso de precipitados. **Observa** cómo tu maestro usa guantes cuando vierte el agua del vaso de precipitados caliente en un vaso plástico.

☑ **2.** Ayuda a tu maestro a usar un termómetro para **medir** la temperatura del agua en grados Celsius y en grados Fahrenheit. **Anota** las mediciones en la tabla de datos.

☑ **3.** Vierte el agua que ha permanecido a temperatura ambiente en un vaso plástico. Reúne información usando un termómetro para probar, medir y anotar la propiedad física de la temperatura del agua. Anota las mediciones.

☑ **4.** Vierte agua en un vaso plástico que contenga cubos de hielo. Espera tres minutos para que el agua se enfríe. Usa un termómetro para medir la temperatura del agua. Anota las mediciones.

☑ **5.** Coloca arena en dos vasos. Coloca un vaso bajo la luz solar directa y el otro en la sombra. Después de diez minutos, usa un termómetro para medir la temperatura de la arena en ambos vasos. Anota las mediciones.

Materiales

guantes de seguridad

hornilla

agua

vaso de precipitados

vasos plásticos transparentes

termómetro

cubos de hielo

arena

Texas: Seguridad
EN EL LABORATORIO

Usa guantes de seguridad y cualquier otro equipo de seguridad personal que se requiera.

Destreza de indagación
Los científicos **miden** cuidadosamente y anotan los datos con precisión.

Fahrenheit   Celsius

Medir la temperatura usando un termómetro		
	°C	°F
Agua hirviendo		
Agua a temperatura ambiente		
Agua helada		
Arena bajo luz solar		
Arena en la sombra		
Aire del salón de clases		

6. Usa un termómetro para medir la temperatura del aire del salón de clases. Anota las mediciones.

Analiza y saca conclusiones

7. Interpreta Analiza la información que reuniste usando la hornilla, el vaso de precipitados y el termómetro en grados Celsius. Busca patrones en las mediciones de tu tabla de datos para comunicar una conclusión válida por escrito. ¿Qué efecto tuvieron el calentamiento y el enfriamiento sobre la temperatura de los objetos?

....

....

....

....

8. Predice Piensa en los tres vasos con agua que examinaste. ¿Qué crees que le sucedería a la temperatura del agua de cada vaso si dejaras los vasos en el salón de clases durante toda la noche?

....

....

....

La búsqueda de las PARTÍCULAS DE HIGGS

La materia tiene masa. La masa es muy importante. Sin masa, los planetas y las estrellas no existirían. Sin masa, el libro que estás leyendo no existiría. Sin masa, ¡las partículas pasarían como un rayo por el espacio a la velocidad de la luz!

Las partículas deben disminuir su velocidad para tener masa. La materia tiene masa, así que algo hace que las partículas disminuyan su velocidad. ¿Pero qué es? En la década de 1960, un científico llamado Peter Higgs planteó la hipótesis de que existen partículas de materia especiales que obligan a las demás partículas a disminuir su velocidad. Actualmente las llamamos partículas de Higgs.

Sin embargo, la explicación científica de Higgs necesitaba comprobación. Científicos de todo el mundo se propusieron hallar evidencia sobre las partículas de Higgs. Construyeron una máquina enorme en Europa para hacer colisionar las partículas de materia en un intento de hallar una partícula de Higgs. En julio de 2012, los científicos anunciaron que habían descubierto evidencia de lo que creían que era una partícula de Higgs. Futuras investigaciones demostrarán si la partícula es verdaderamente una de Higgs. Si lo es, ¡los científicos habrán hecho un descubrimiento importante!

Explica Relaciona los conceptos científicos con las contribuciones de estos científicos. ¿De qué manera los científicos usaron la experimentación para intentar confirmar la hipótesis de Peter Higgs?

....

....

El Gran Colisionador de Hadrones que se muestra en la foto es una máquina enorme que hace chocar las partículas de materia. Los científicos usan esta máquina en su búsqueda de las partículas de Higgs.

Tarjetas de vocabulario

condensación

congelarse

densidad

derretirse

dureza

estados de la
  materia

evaporación

hervir

masa

materia

mezcla

propiedad

textura

volumen

¡Vamos a jugar!

Escoge una Tarjeta de vocabulario.

Trabaja con un compañero. Escribe varias oraciones con la palabra de vocabulario.

Pide a tu compañero que repita la actividad con otra Tarjeta de vocabulario.

hardness

dureza

matter

materia

states of matter

estados de la materia

property

propiedad

freeze

congelarse

texture

textura

anything that takes up space and has mass

Escribe una oración con esta palabra.

....

....

....

todo lo que ocupa espacio y tiene masa

a description of how firm an object is

Escribe el adjetivo de esta palabra. Úsalo en una oración.

....

....

....

descripción de la firmeza de un objeto

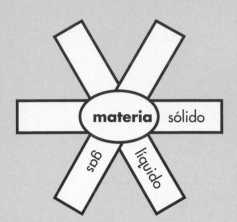

¡Haz una rueda de palabras!

Escoge una palabra de vocabulario y escríbela en el centro del organizador gráfico "Rueda de palabras". Escribe sinónimos o palabras relacionadas en los rayos de la rueda.

something about matter that you can observe with one or more of your senses

¿Cuál es otro significado de esta palabra?

....

....

....

algo en la materia que puedes percibir con uno o más de tus sentidos

forms that matter can take

Dibuja un ejemplo.

formas que la materia puede tener

how an object feels to the touch

Escribe una oración con esta palabra.

....

....

....

....

cómo se siente un objeto al tocarlo

to change from a liquid to a solid

Escribe una oración con esta palabra.

....

....

....

....

cambiar de líquido a sólido

density
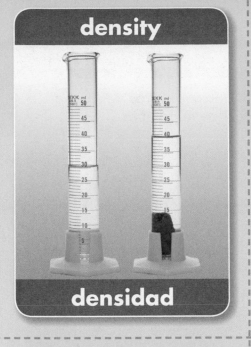
densidad

condensation

condensación

melt

derretirse

mixture

mezcla

mass

masa

boil
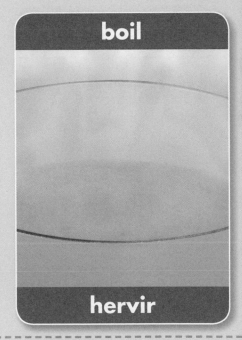
hervir

volume
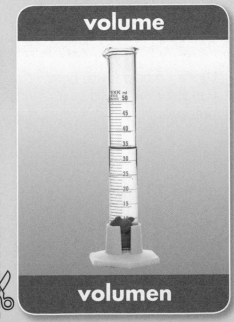
volumen

evaporation
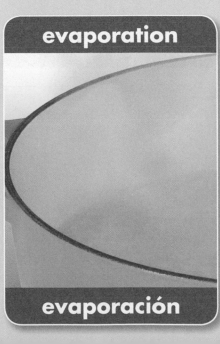
evaporación

to change from a solid to a liquid

Dibuja un ejemplo.

cambiar de sólido a líquido

the change from a gas into a liquid

Escribe una oración con esta palabra.

....

....

....

....

cambio de un gas a líquido

the property of matter that compares an object's mass to its volume

Escribe otras tres formas de la palabra.

....

....

....

propiedad de la materia que compara la masa de un objeto con su volumen

to change from liquid water into bubbles of water vapor

Dibuja un ejemplo.

cambiar de agua en estado líquido a burbujas de vapor

the amount of matter an object has

Escribe una oración con esta palabra.

....

....

....

....

cantidad de materia que un objeto tiene

a combination of two or more substances

Escribe un ejemplo de esta palabra.

....

....

....

combinación de dos o más sustancias

the change from liquid water to water vapor

Usa el verbo de esta palabra en una oración.

....

....

....

cambio del agua en estado líquido a vapor de agua

the amount of space an object takes up

Usa un diccionario. Busca varios sinónimos de esta palabra.

....

....

....

espacio que ocupa un objeto

Práctica de TEKS

Lección 1 ⬥ TEKS 5A
¿Qué es la materia?

1. **Vocabulario** Todo lo que ocupa espacio y tiene masa se llama

   _____.

   A. agua
   B. aire
   C. sólido
   D. materia

2. **Contrasta** La pieza de un rompecabezas y las fichas de un juego de damas tienen propiedades diferentes. Usa algunas propiedades de la materia para contrastarlas.

   ....

   ....

   ....

3. **Determina** Te dan varios objetos pequeños. ¿Cómo puedes clasificarlos según su capacidad para flotar?

   ....

   ....

Lección 2 ⬥ TEKS 5B, 5C
¿Cuáles son los estados de la materia?

4. **Resume** ¿Qué términos aprendiste que describen los cambios por los que pasa el agua cuando cambia de estado debido al calentamiento?

   ....

   ....

5. **Clasifica** Piensa en una botella con agua, un globo que flota, una pelota de básquetbol y un frasco lleno de grava. Clasifica los materiales que están adentro de cada objeto de acuerdo con el estado de la materia. Describe los gases que están en el interior de los objetos.

   ....

   ....

   ....

   ....

   ....

   ....

   ....

Práctica de TEKS

Lección 3 ⬩ TEKS 5A

¿Cómo se mide la materia?

6. **Analiza** Tienes un vaso con agua helada. ¿Qué instrumento y unidades de medida usarías para medir la temperatura del agua?

....

....

....

....

Matemáticas

7. Una bebida viene en una botella con un volumen de 473 mL. El tamaño de cada ración es de 240 mL. ¿Son 473 mL suficientes para que tu amigo y tú se sirvan una ración completa cada uno? Si no, ¿cuántos mililitros le faltan a la botella para completar dos raciones?

....

....

....

Conexión con
Matemáticas

8. Usa los dos cilindros para contestar la pregunta. ¿Cuál es el volumen del tornillo en mililitros?

....

....

9. **Comunica ideas** Tienes un clip de metal pequeño. ¿Cómo lo describirías y lo medirías? Usa los términos *estado de la materia, longitud, masa, densidad* y *magnetismo.*

....

....

....

....

....

....

....

....

Práctica de TEKS

Lección 4 TEKS 5D

¿Qué son las mezclas?

10. Describe ¿Cómo se forma una mezcla?

....

....

....

11. Determina Colocas arena y grava en un frasco y agitas el frasco. ¿Qué has creado?

....

12. Escríbelo Formas una mezcla combinando una caja de clips de metal y una caja de clips de plástico en un tazón. Indica cómo sabes que es una mezcla.

....

....

....

....

....

....

....

REPASO TEKS Capítulo 2

Lección 1   ¿Qué es la materia?

En la Lección 1 aprendiste que la materia es todo lo que ocupa espacio. También aprendiste que el tamaño, la forma, el color, la textura, la dureza y la habilidad de un objeto para hundirse o flotar son propiedades de la materia.

 TEKS 5A

Lección 2   ¿Cuáles son los estados de la materia?

En la Lección 2 aprendiste que los sólidos, los líquidos y los gases son estados de la materia. También aprendiste que el calentamiento y el enfriamiento hacen que el agua cambie de estado al derretirse, congelarse, hervir, evaporarse o condensarse.

TEKS 5B, TEKS de apoyo 5C

Lección 3   ¿Cómo se mide la materia?

En la Lección 3 aprendiste cómo usar instrumentos para medir, probar y anotar las propiedades de la materia, tales como la longitud, la masa, el volumen, la temperatura y el magnetismo.

TEKS 5A

Lección 4   ¿Qué son las mezclas?

En la Lección 4 aprendiste cómo se crean y se separan las mezclas. También aprendiste que la grava con la arena y los clips de plástico con los de metal son ejemplos de mezclas.

TEKS 5D

Lee cada pregunta y encierra en un círculo la mejor respuesta o rellena la plantilla.

---

1 Max llena cada uno de los dos cilindros graduados con un líquido diferente. Luego coloca los cilindros graduados en una balanza de platillos, tal como se muestra en la ilustración.

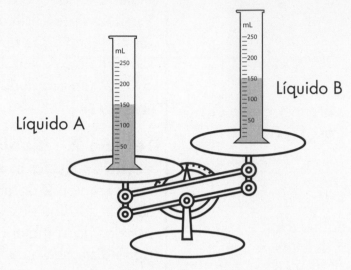

Líquido A

Líquido B

¿Qué es verdadero acerca de los líquidos que están en los cilindros graduados?

A El líquido B tiene menos volumen que el líquido A.

B El líquido B tiene menos masa que el líquido A.

C Los dos líquidos tienen la misma cantidad de materia.

D El líquido A ocupa más espacio que el líquido B.

---

2 ¿Qué sucede cuando la temperatura del agua cambia de 90 °C (Celsius) a 100 °C?

F El agua cambia de gas a líquido.

G El agua cambia de sólido a gas.

H El agua cambia de líquido a gas.

J El agua cambia de líquido a sólido.

3 Beth midió la longitud de dos lápices. La siguiente ilustración muestra qué descubrió.

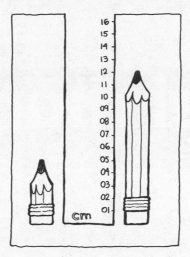

¿Cuál es la diferencia en centímetros entre la longitud del lápiz más largo y la longitud del lápiz más corto? Anota y rellena la plantilla con tu respuesta.

⓪	⓪
①	①
②	②
③	③
④	④
⑤	⑤
⑥	⑥
⑦	⑦
⑧	⑧
⑨	⑨

4 Una maestra usa un corazón de plástico para representar un corazón de vaca. ¿Cuál es una limitación de este modelo?

F El modelo no muestra cómo funciona el corazón cuando bombea sangre.

G Un modelo es mejor para mostrar cómo funcionan las cosas inertes.

H El modelo no puede mostrar el tamaño correcto de las partes del corazón.

J Un modelo solamente puede mostrar cosas muy simples.

Si tienes dificultades con...				
Pregunta	1	2	3	4
Ve el capítulo (lección)	2 (3)	2 (2)	1 (5)	1 (3)
TEKS	5A	5B	2B	3C

¿Está el mundo en movimiento o te mueves tú?

Energía, fuerza y movimiento

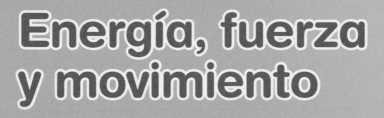

Lección 1 ¿Cuáles son algunas formas de energía?

Lección 2 ¿Qué son la energía térmica y la luminosa?

Lección 3 ¿Qué es la energía del sonido?

Lección 4 ¿Cómo influye la fuerza en el movimiento?

Lección 5 ¿Qué son la gravedad y el magnetismo?

Lección 6 ¿Qué es una máquina?

ENFOQUE TEKS
6A

¿Cómo se describen la energía y el movimiento?

El niño pedalea con fuerza por el camino. El mundo que lo rodea se vuelve borroso. Los árboles pasan rápidamente.

¿Cómo sabes que es el ciclista el que se mueve y no los árboles? ¿Cómo sabes que usa energía?

....

....

Conocimientos y destrezas esenciales en Texas

TEKS: 5A Medir, probar y anotar las propiedades físicas de la materia, incluyendo la temperatura, la masa, el magnetismo y la habilidad para hundirse o flotar. **6A** Explorar diferentes formas de energía, incluyendo la energía mecánica, luminosa, del sonido y térmica, en la vida diaria. **6C** Observar fuerzas, tales como el magnetismo y la gravedad, actuando sobre los objetos.

TEKS de apoyo: 5C Pronosticar, observar y anotar los cambios en el estado de la materia causados por el calentamiento o el enfriamiento. **6B** Demostrar y observar cómo la posición y el movimiento pueden cambiar al empujar y jalar objetos para mostrar el trabajo realizado, tales como los que se ven en columpios, pelotas, poleas y carritos.

TEKS de proceso: 1A, 2A, 2B, 2D, 2F, 3A, 4A, 4B

Indagación preliminar

TEKS 5A, 6C, 2A, 2D, 2F, 3A

¿Qué cosas puede mover la fuerza magnética?

La fuerza magnética puede hacer que los objetos se muevan.

☑ **1.** Coloca los objetos en el círculo.

☑ **2.** Acerca el imán al borde del círculo para medir y probar la propiedad física del magnetismo de los objetos. **Observa** qué objetos se mueven.

☑ **3.** **Anota** el magnetismo de los objetos haciendo una lista de los objetos que movió el imán.

☑ **4.** Haz una lista de los objetos que no movió el imán.

Materiales

imán
liga
canica de metal
moneda de 1¢
clip
clips de plástico

Destreza de indagación
Usas lo que observas para **inferir.**

Objetos que no se movieron

Objetos que se movieron

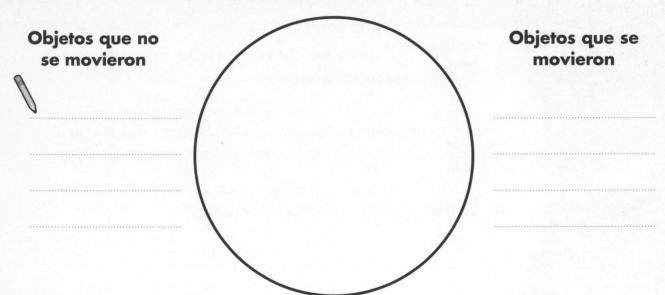

Explica los resultados

5. Infiere Analiza la información que reuniste usando el imán. Usa lo que **observaste** para describir la fuerza magnética.

Enfoque en Sacar conclusiones

En este capítulo practicarás **sacar conclusiones** como estrategia de lectura. Un buen lector junta los hechos para construir una idea nueva, o una conclusión. Aprender a sacar conclusiones te permite evaluar lo que lees y observas.

Regresar a casa

Jamal y Eric caminan a casa desde la escuela. Deciden hacer un experimento para comprobar cuál de los dos llega más rápido. Ambos niños salen de la escuela al mismo tiempo. Jamal camina más rápido que Eric. Eric vive más lejos de la escuela que Jamal. Jamal debe subir menos colinas.

¡Aplícalo!

Completa el organizador gráfico. Haz una lista de los hechos que aparecen en el párrafo y saca una conclusión.

Hecho

Hecho

Hecho

Conclusión

¿Cuáles son algunas formas de energía?

Voy a aprender TEKS 6A
Voy a aprender que la energía existe de muchas formas. Investigaré el efecto de diferentes cantidades de energía térmica y luminosa sobre un objeto. (También **5C, 2A, 2F, 4A**)

Vocabulario
energía
trabajo
energía del sonido
energía potencial
energía cinética

En Texas hace calor en verano, especialmente en las ciudades donde hay muchos edificios juntos.

Por eso, algunos edificios de Houston y Dallas tienen techos frescos.

Muchos techos frescos son blancos, y los colores claros reflejan más la energía del Sol, por eso los edificios se mantienen frescos.

Los techos frescos ayudan a ahorrar dinero y a conservar la energía.

Conexión con

Estudios Sociales

TEKS de Estudios Sociales 4D, 6A

¿Cómo podría ayudar un techo fresco a ahorrar dinero y conservar la energía?

....

....

....

TEKS 2A, 2F, 4A, 5C, 6A

¿Afecta el color la manera en que los objetos absorben el calor?

☑ **1.** Extiende una hoja de papel de periódico sobre el piso, en un área soleada. Alinea 4 cajas coloreadas una junto a la otra sobre el periódico.

☑ **2.** Coloca 1 cubo de hielo en cada caja. El lado abierto de cada caja debe quedar opuesto al Sol.

☑ **3. Observa** Usa un reloj o un cronómetro para comprobar el estado de los cubos cada 3 minutos.

☑ **4. Anota** en tu cuaderno el orden en el cual se derrite cada cubo.

Explica los resultados

5. Comunica ideas Comenta tus resultados con tus compañeros de clase. Di qué observaste. Escribe tus observaciones.

....

....

6. Analiza e interpreta Explica por qué los cubos de hielo se derritieron en un cierto orden. ¿De qué manera el color de la caja influyó en el orden en que se derritió el cubo de hielo que estaba en su interior?

....

....

....

....

....

Materiales

cajas de papel blanco, negro, amarillo y anaranjado

4 cubos de hielo

reloj o cronómetro

cuaderno

Texas: Seguridad
EN EL LABORATORIO

Ten cuidado con el agua que podría haber quedado en el piso después de derretirse el hielo. Seca el área inmediatamente al terminar la actividad de laboratorio.

Energía

¿Qué piensas cuando alguien dice la palabra *energía*? Podrías pensar en estar activo. Existe también un significado científico de la palabra. **Energía** es la capacidad de hacer trabajo o causar cambios.

El Sol es la fuente principal de energía de la superficie de la Tierra. La energía del Sol causa muchos cambios en la Tierra. Tiene muchos efectos. La energía del Sol ayuda a las plantas a crecer. Causa que sople el viento y que el agua se mueva a través del ciclo del agua. La energía del Sol hace de la Tierra un lugar donde podemos vivir.

1. Saca conclusiones
Completa el organizador gráfico de abajo. Escribe tres hechos sobre la energía del Sol. Después saca una conclusión sobre la energía del Sol.

Hecho

Hecho

Hecho

Conclusión

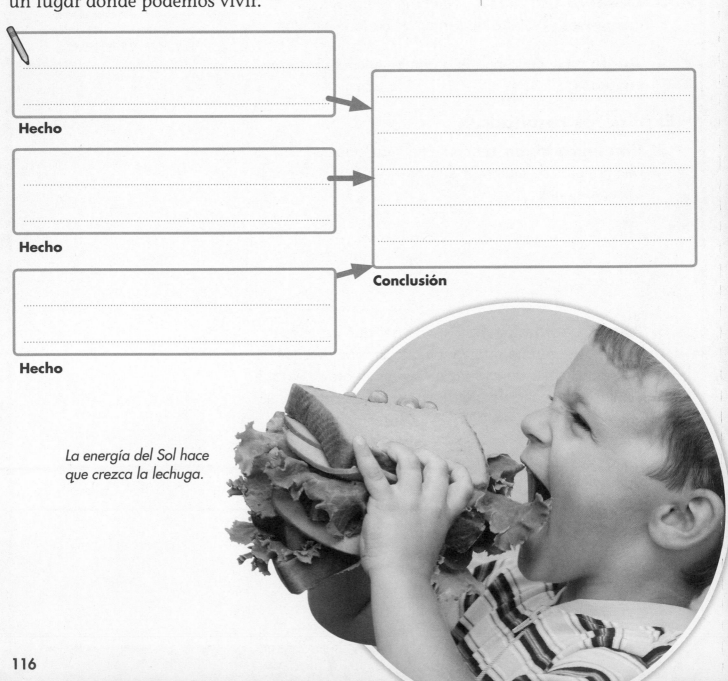

La energía del Sol hace que crezca la lechuga.

Energía y trabajo

La energía es también la capacidad de hacer trabajo. Se hace **trabajo** cuando se usa una fuerza para mover un objeto por cierta distancia. Levanta este libro. Acabas de hacer trabajo. Tu libro es el objeto. Tu brazo aplicó la fuerza para moverlo.

2. **Describe** Piensa en la definición de trabajo. Describe algo que hiciste ayer.

....

....

....

....

Hacer trabajo requiere energía. Esta niña está empujando una carretilla para mover una carga de verduras.

Energía en casa

Usas muchas formas de energía en tu casa a diario. Los seres vivos y los objetos inertes de esta casa usan muchas formas de energía.

La **energía eléctrica** es el movimiento de las cargas eléctricas. Hace que funcionen las cosas que usan electricidad, como una lámpara.

3. **Encierra en un círculo** las cosas que usan energía eléctrica.

La **energía luminosa** es la energía que podemos ver. La energía luminosa entra por las ventanas e ilumina las habitaciones.

El **calor** es la transferencia de energía de un objeto más caliente a un objeto más frío. El calor se usa para cocinar en la cocina.

4. **Dibuja** Observa la casa. Dibuja otro objeto de la casa y rotula la forma de energía que usa.

La **energía mecánica** es la energía que el movimiento o la posición dan a un objeto. Usas energía mecánica cada vez que mueves o levantas un objeto, o cuando usas una máquina con partes móviles.

La **energía del sonido** es la energía que podemos oír. Los instrumentos musicales producen energía del sonido.

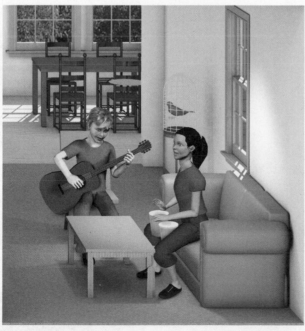

5. **Rotula** Marca con una ✗ las cosas que producen energía del sonido.

6. **Haz una lista** ¿Qué máquinas de la casa usan energía mecánica?

....

....

....

7. **Compara y describe** Haz una lista de algunas formas comunes de energía de tu escuela. ¿En qué se parecen estas formas de energía?

....

....

....

....

....

....

....

Energía almacenada

La energía se puede almacenar. Cuando estás de pie listo para saltar, correr o practicar *snowboard*, tu cuerpo tiene energía almacenada. La energía almacenada hace posible el movimiento. La energía almacenada es **energía potencial**. La energía potencial se transforma en otro tipo de energía si la usas para hacer trabajo o causar un cambio.

Un objeto elevado tiene energía potencial por la gravedad. Por ejemplo, el esquiador de la foto de abajo que está en la cima de un monte tiene energía potencial por su posición elevada. También se gana energía potencial al estirar o comprimir objetos. Por ejemplo, puedes estirar o comprimir un resorte para almacenar energía potencial.

La energía almacenada en los alimentos, los combustibles y las pilas es energía química. La energía química almacenada puede transformarse en una forma que puede hacer trabajo. Por ejemplo, la energía almacenada en los alimentos se libera para que te puedas mover. También puede mantener tu cuerpo caliente.

Laboratorio rápido

Crear movimiento
Explora la energía potencial y mecánica. Coloca una pelota de tenis de mesa en un tazón. Mueve el tazón en círculos. Di cómo se mueve la pelota. Di dónde la pelota tiene más energía potencial. Di dónde la pelota tiene más energía mecánica. ¿Dónde tiene la menor energía potencial y mecánica? ➤ **TEKS 6A**

8. Haz una lista Vuelve a observar la ilustración de las páginas anteriores. Enumera dos ejemplos de energía potencial de la casa.

....

....

....

....

9. Describe ¿Cómo usas la energía almacenada en las pilas?

....

....

Energía del movimiento

La energía potencial se puede transformar en **energía cinética**, o energía del movimiento. Un carro se mueve cuando la energía química acumulada en la gasolina se transforma en energía cinética. La energía potencial se transforma en energía cinética cuando sueltas un resorte estirado. La energía potencial que tiene el esquiador de la foto de la derecha en la cima de un monte se transforma en energía cinética a medida que baja por el monte. Baja por el monte porque la gravedad lo jala.

La energía se puede usar para levantar objetos. Cuando el esquiador lleva su tabla de *snowboard* a la cima de un monte, su tabla y él ganan energía potencial. Ahora tienen energía potencial para deslizarse hacia la base del monte. Cuando llega a la base del monte, el esquiador puede tener la energía cinética suficiente para poder subir a la cima del monte siguiente.

La energía potencial debida a la gravedad de este esquiador se transforma en energía cinética.

10. Subraya las palabras que hablan sobre energía cinética.

¿Entiendes? ✚ TEKS 6A

11. Explica Escribe una manera en que se usa cada tipo de energía en la vida diaria.

Eléctrica ....

Mecánica ....

Del sonido ....

12. Da un ejemplo ¿Cómo se puede usar la energía para mover o levantar objetos? ¿Es trabajo levantar ladrillos? ¿Por qué sí o por qué no?

....

....

⬛ **¡Para!** Necesito ayuda ....

⏸ **¡Espera!** Tengo una pregunta ....

▶ **¡Sigue!** Ahora sé

Texas... es la tierra del Sol
STEM

Texas es grande. Tiene mucho espacio abierto y su clima es cálido. En efecto, Texas es uno de los lugares más soleados del país. Por eso, Texas es un buen estado para producir energía solar.

La energía solar produce electricidad a partir de la luz solar. Algunas personas creen que deberíamos utilizarla más. La luz solar es un combustible limpio porque no produce contaminación. El Sol es una fuente gratuita de energía ilimitada. Usar energía solar también conserva, o ahorra, otros recursos, como el carbón y el petróleo. Esos recursos se acabarán con el tiempo.

Texas obtiene la mayor parte de su energía solar de sus granjas solares. Estas granjas tienen hileras de celdas solares. Cada celda solar es un panel plano orientado hacia el Sol. La luz solar causa reacciones adentro del panel que produce electricidad. La electricidad corre a través de los cables que van desde la granja solar hasta los hogares, las escuelas y las tiendas.

más Sol

Texas

menos Sol

La granja solar más grande de Texas está en Webberville, cerca de Austin. La granja de Webberville tiene 320,000 celdas solares. Produce suficiente electricidad para aproximadamente 5,000 hogares. Eso es una pequeña parte de todos los hogares de Texas. Pero hay más granjas solares en camino.

Hay una granja solar en las afueras de San Antonio. Los ingenieros también están planificando otra granja que será más grande que la de Webberville. Algún día, muchos más texanos harán funcionar sus computadoras y sus equipos de aire acondicionado usando la energía del Sol.

1. Identifica ¿Cuáles son tres razones por las que el Sol es una buena fuente de energía para Texas?

....

....

....

....

....

2. Interpreta
Encierra en un círculo la parte de Texas que podría producir más electricidad a partir del Sol.

¿Qué son la energía térmica y la luminosa?

 Voy a aprender TEKS **6A** Demostraré que las propiedades físicas de los materiales se pueden cambiar. Voy a aprender que la energía existe en muchas formas. (También **1A, 2B**)

Vocabulario
reflejar
refractar
absorber
energía térmica

Solía haber muchos faros en la costa de Texas.

Los barcos ya no los utilizan, pero varios faros antiguos siguen allí.

Aransas Pass se construyó en 1856, la isla Matagorda en 1852, puerto Isabel en 1853 y punta Bolívar en 1872.

Pongamos el más antiguo y el más reciente en una línea cronológica.

Conexión con

Estudios Sociales

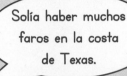 **TEKS de Estudios Sociales 3B**

Muestra tu trabajo Dibuja tu línea cronológica en el espacio siguiente.

TEKS 6A, 1A, 2B

¿Qué sucede cuando la luz se refleja en muchas direcciones?

☑ **1.** Explora la energía luminosa. Ilumina con la linterna a través del agua. **Observa** el agua desde todas las direcciones. **Anota** lo que ves.

....

....

☑ **2.** Agrega una cucharada de leche. Revuelve. Repite el paso 1.

....

....

☑ **3.** ¡Asegúrate de reciclar o volver a usar los materiales que puedas!

Explica los resultados

4. Compara tus **observaciones** de antes y después de haber agregado la leche.

....

....

....

....

Materiales

delantal de laboratorio
linterna
leche
cuchara
vaso plástico transparente
con agua

Texas: Seguridad
EN EL LABORATORIO

No bebas nada en el laboratorio. Reporta derrames inmediatamente.

Trayectoria de la luz

Hay muchos tipos de energía. La mayoría son del tipo que no podemos ver. La **energía luminosa** es la energía que podemos ver. La luz viaja alejándose de su fuente en todas direcciones. La luz viaja en línea recta hasta que choca contra un objeto o pasa de un medio a otro. Por ejemplo, la luz de una bombilla puede iluminar toda una habitación. La luz de los reflectores de abajo no viaja en todas direcciones. Los costados de los reflectores dirigen la luz para que viaje en una dirección.

1. Haz una lista
Escribe tres objetos que no bloqueen toda la luz.

....

....

....

Cuando la luz choca contra un objeto

En su recorrido, la luz choca contra muchos tipos de objetos. Observa las tres fotografías de vasos a la derecha. La luz pasa algunos de los objetos contra los que choca. Estos objetos son transparentes. La luz puede pasar por el vidrio transparente. Otros objetos dejan que pase solamente un poco de luz. Estos objetos son translúcidos. El vidrio esmerilado y el papel parafinado son translúcidos. Puedes ver a través de los objetos translúcidos, pero no con claridad. También hay objetos que bloquean toda la luz. Estos objetos son opacos. La lana y el cartón son opacos.

2. Identifica En la foto de abajo, marca con una ✗ tres objetos que bloquean la luz.

Cómo cambia la luz

El recorrido de la luz puede cambiar de distintas maneras. La luz se puede reflejar, refractar o absorber.

Reflejar

Puedes ver un objeto porque la luz se **refleja** o rebota contra el objeto. Algunos objetos reflejan la luz mejor que otros. Las superficies lisas y suaves reflejan la luz de manera uniforme. Un espejo o un lago calmo reflejan la luz de manera uniforme. Otros objetos no reflejan la luz de manera uniforme. Un lago agitado no refleja la luz de manera uniforme.

Refractar

¿Qué le sucede a la luz en un cubo de hielo? El cubo de hielo **refracta,** o desvía, la luz. La luz refractada cambia de dirección. El cubo de hielo de abajo refracta la luz que se refleja en la fresa. La luz refractada forma imágenes de la fresa.

La luz se refracta cuando atraviesa materiales diferentes a diferente velocidad. La luz que atraviesa el aire disminuye la velocidad al entrar al agua. Esto hace que el popote del vaso de la izquierda se vea quebrado.

3. **Explica** ¿Por qué puedes ver la reflexión del insecto?

refracción

4. **Marca** con una ✗ los lugares donde veas la fresa reflejada o refractada en el cubo de hielo.

Absorber

¿Alguna vez te preguntaste por qué ves colores? Ves colores debido a lo que le ocurre a la luz cuando choca contra los distintos materiales.

La luz está formada por diferentes colores. Un objeto **absorbe**, o retiene, parte de la luz que llega a él. El objeto refleja el resto de la luz. La mayoría de los objetos reflejan la luz. Los distintos objetos absorben y reflejan diferentes colores de luz. Por ejemplo, las flores rojas reflejan el color rojo. Las flores rojas absorben los demás colores de la luz. El color rojo reflejado es lo que ven tus ojos. La luz blanca está formada por todos los colores de la luz. Si un objeto se ve blanco, refleja todos los colores de la luz. Si un objeto se ve negro, absorbe todos los colores de la luz.

5. **DESAFÍO** ¿Estarás más fresco con una camiseta de color claro o una de color oscuro durante un día caluroso? Explica.

....

....

....

....

....

....

Luz y objetos

Algunos materiales refractan la luz. El agua y el aire son dos materiales que refractan la luz.

6. Enuncia ¿Por qué cambia la imagen de la flor cada gota de agua?

....

....

refractar

Los objetos como estos globos aerostáticos absorben algunos colores de la luz y reflejan otros.

7. Explica ¿Por qué ves el color azul en el globo aerostático?

....

....

absorber

Las rocas y el lago reflejan la luz. Las rocas no tienen una superficie lisa. Reflejan la luz del cielo en muchas direcciones. Por eso no ves una imagen del cielo sobre las rocas.

8. Dibuja Termina de dibujar la reflexión sobre el agua en la siguiente página.

reflejar

Calor y colores
Explora el calor en la vida diaria. Consigue dos hojas de papel, una blanca y otra negra. Encuentra un lugar soleado donde colocarlas. Colócalas bajo la luz solar. Espera cinco minutos. Toca las hojas. Describe cómo se sienten las hojas de papel.

TEKS 6A

9. **Predice** ¿Qué le sucedería a la cuchara caliente si se colocara en una olla de agua fría?

....

....

....

....

....

Energía térmica y calor

La materia está formada por partículas muy pequeñas en movimiento. Cada partícula de materia se mueve porque tiene energía. La energía de las partículas en movimiento se llama energía térmica. La **energía térmica** es la energía cinética y la energía potencial de las partículas que forman la materia. La energía del Sol hace que las partículas de los objetos se muevan más rápido. Los objetos se calientan. Por eso la luz solar se siente caliente sobre la piel. Cuando la energía del Sol deja de llegar a la materia, sus partículas pierden velocidad y la materia se enfría. Por eso te sientes más fresco a la sombra.

El calor es la transferencia de energía de un lugar a otro. El calor puede tomar la forma de energía térmica que viaja de los objetos más calientes a los objetos más fríos. Si colocas una cuchara de metal en una olla mientras cocinas, el calor viaja desde la olla caliente a través de la cuchara fría. En poco tiempo, el extremo de la cuchara se sentirá caliente.

Cuando la olla caliente y la cuchara alcanzan la misma temperatura, el flujo de energía se detiene.

Luz y calor

Cuando la energía cambia de forma, un resultado es el calor. Por ejemplo, se produce calor cuando frotas dos objetos entre sí. Frota tus manos. Tus manos se calientan porque se transfiere energía cinética.

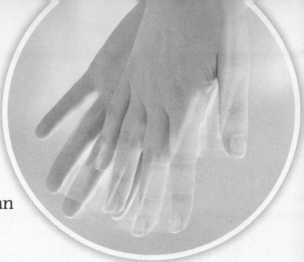

La energía calienta tu casa. Algunas personas calientan su casa con gas natural o electricidad. Otras personas usan paneles solares que recogen la energía del Sol.

Cuando la energía cambia de forma, parte de la energía se libera en forma de calor. Piensa en la luz. La energía cambia de forma cuando se produce luz. Esto significa que las fuentes de luz también son fuentes de calor.

Quemar es un proceso químico que puede producir luz y calor. Por ejemplo, la luz que emiten las velas y las fogatas calienta el espacio que las rodea mientras arden.

La electricidad también puede ser una fuente de luz y calor. La electricidad hace que el alambre de una bombilla se caliente tanto que emite luz.

10. Infiere ¿Por qué nos frotamos las manos cuando tenemos frío?

....

¿Entiendes? ⭐ TEKS 6A

11. Infiere ¿Qué sucede cuando se mezclan dos líquidos que están a distinta temperatura? Explica tu respuesta.

....

....

12. Analiza Enumera tres cosas que usas que producen luz y calor.

....

⏹ **¡Para!** Necesito ayuda ....

⏸ **¡Espera!** Tengo una pregunta ....

▶ **¡Sigue!** Ahora sé ....

¿Qué es la energía del sonido?

Voy a aprender TEKS 6A
Voy a aprender que la energía existe en muchas formas. Exploraré la energía del sonido en la vida diaria. (También **1A, 2A, 2D, 2F**)

Vocabulario
tono

Conexión con
Matemáticas

TEKS de Matemáticas **1A, 4F**

Texas tiene muchas tormentas eléctricas en verano. Cuando ves un relámpago, ¿a qué distancia está la tormenta? Es fácil averiguarlo. Simplemente cuenta los segundos entre el relámpago y el trueno. Divide ese número por 5 para saber la distancia en millas.

Como ejemplo, calcula la distancia a la que se encuentra la tormenta si puedes contar hasta diez entre el relámpago y el sonido del trueno.

10 segundos ÷ 5 = 2 millas (3.2 kilómetros)

Ahora intenta esto:
Imagina que cuentas 5 segundos entre el relámpago y el trueno. ¿A qué distancia está la tormenta?

Laboratorio rápido

TEKS 6A, 1A, 2A, 2D, 2F

¿Qué puede afectar al sonido que hace una liga?

☑ **1.** Explora la energía del sonido. Estira una liga gruesa y una liga fina alrededor de una caja. Usando tu grabadora de sonido, comienza por grabar los sonidos del laboratorio para reunir información.

☑ **2. Observa** Puntea cada liga. ¿Cómo suena cada una? **Anota.**

....

....

☑ **3.** Desliza una regla por debajo de las ligas. Coloca el borde hacia arriba. Puntea cada liga. ¿Cómo suena cada una?

....

Explica los resultados

4. Saca conclusiones ¿Cómo afecta el grosor de una liga a su sonido?

....

....

5. Intercambia las grabaciones de sonido con otro estudiante para analizar la información que haya reunido. Escucha las grabaciones. Comparen sus datos y conclusiones.

....

....

Materiales

lentes de seguridad
liga gruesa
liga fina
recipiente plástico (o caja de zapatos)
grabadora de sonido
regla

 **Texas: Seguridad**
EN EL LABORATORIO
Usa lentes de seguridad. Ten cuidado de no cortar las ligas.

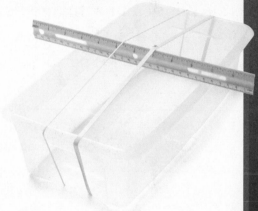

Sonido

En una fiesta, oyes música fuerte y cosas que hacen ruido. En un campo, oyes el delicado sonido de los grillos. Oyes muchos sonidos distintos todos los días. Algunos sonidos son fuertes y otros son suaves. Oyes sonidos graves y sonidos agudos. Pero todos los sonidos se producen del mismo modo. El sonido se produce cuando la materia vibra. *Vibrar* significa moverse rápidamente hacia atrás y hacia adelante.

Cualquier material que vibre puede producir sonidos. Una guitarra o un banyo producen sonido cuando punteas las cuerdas y causas que vibren. Piensa en tu propia voz. Produce sonidos porque existen dos estructuras en tu garganta llamadas cuerdas vocales. Cuando tus cuerdas vocales vibran, las personas te oyen hablar.

1. **Describe** ¿Por qué tu voz produce sonido cuando hablas?

....

....

....

Incluso puedes producir sonido con una regla. Aprieta con fuerza el extremo de una regla contra una mesa. Presiona el otro extremo hacia abajo para que la regla se doble, luego suéltala. La regla vibra y produce sonido.

2. Haz una lista Nombra tres cosas que puedan vibrar para producir sonido.

....

....

....

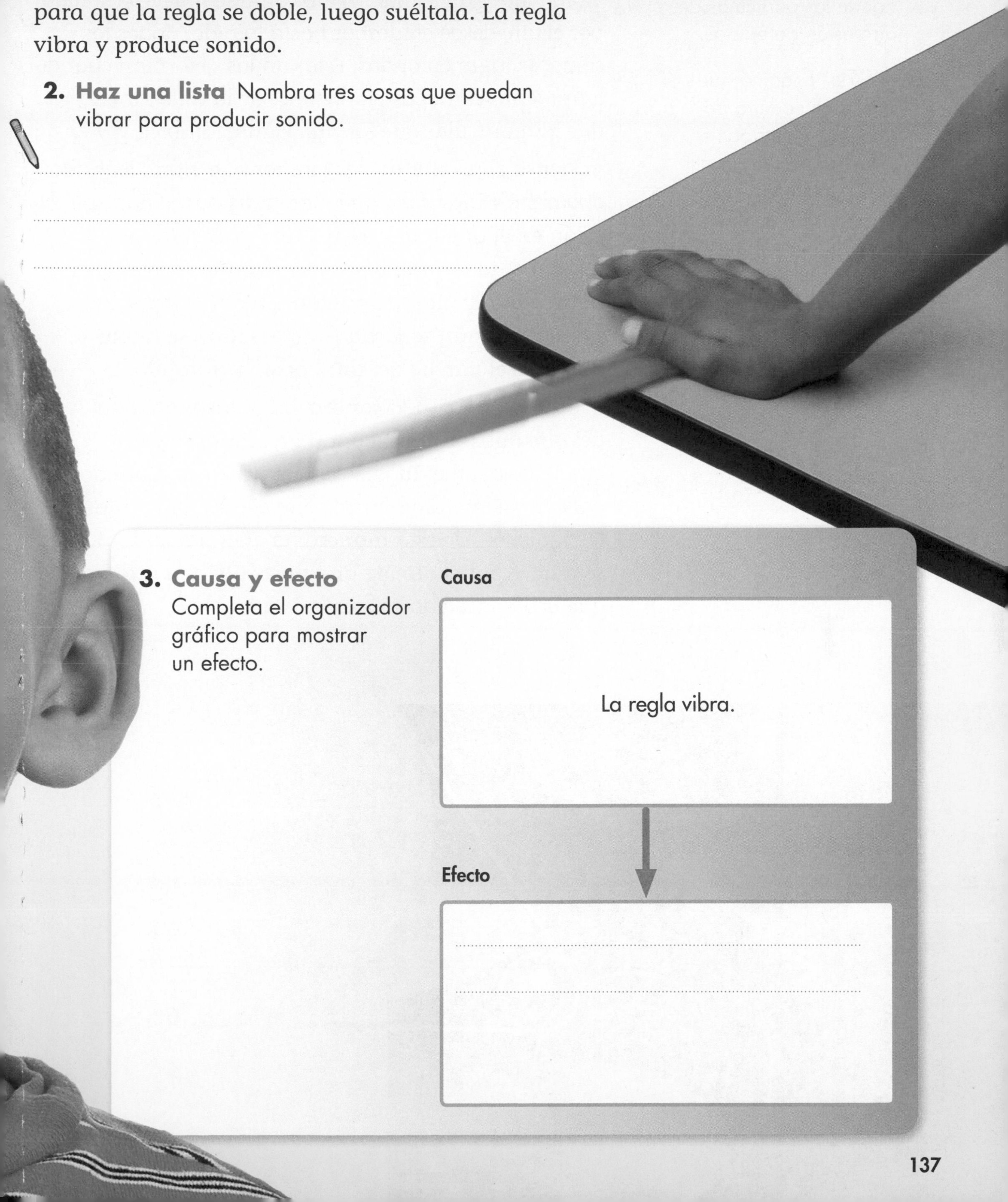

3. Causa y efecto
Completa el organizador gráfico para mostrar un efecto.

Causa

La regla vibra.

Efecto

....

....

4. **(Encierra en un círculo)** las áreas del diagrama donde las partículas del aire están apretadas.

5. [DESAFÍO] Imagina que armas un cadena de dominós y derribas el primero. A medida que cada dominó cae, derriba la ficha que le sigue. ¿Por qué esto es un buen modelo del modo en que las ondas sonoras se mueven por el aire?

Cómo viaja el sonido

Cuando golpeas un tambor, el parche del tambor vibra y hace un sonido. ¿Pero cómo se mueve el sonido por el aire desde el tambor hasta tu oído? Todos los sonidos viajan en ondas. Estas ondas se forman cuando la materia vibra. Las vibraciones de la materia hacen que las partículas que forman el aire también vibren.

Piensa en el parche del tambor que vibra. Cuando el parche vibra, hace que vibren las partículas que están en el aire que lo rodea. Las partículas en movimiento forman ondas. En algunas áreas, las partículas del aire se aprietan. En otras áreas, las partículas están separadas. Este patrón se repite mientras el parche del tambor siga vibrando.

Cuando una onda sonora viaja, las partículas del aire que forman la onda no se mueven con ella. Vibran en el lugar y chocan entre sí. Cuando chocan, la energía se transfiere de una partícula a la siguiente. De esta manera, la energía del sonido se mueve por el aire de una partícula a la otra hasta que llega a tu oído.

Volumen

Las ondas sonoras tienen diferentes propiedades. Por eso los sonidos que oímos tienen diferentes propiedades.

Piensa en la sirena de un camión de bomberos. Lo primero que quizá notes de la sirena es su **volumen,** o cuán fuerte o suave es un sonido. El volumen es una propiedad del sonido. El volumen se relaciona con cuánta energía tiene un sonido.

Cuando susurras, haces un sonido suave. Las ondas sonoras que creas tienen poca energía. Cuando gritas, usas más energía para hacer el sonido. Las ondas sonoras que creas tienen más energía. El sonido es más fuerte.

El volumen también depende de la distancia entre el oyente y la fuente del sonido. Imagina que estás cerca de una sirena que comienza a sonar. El sonido no debe viajar mucho para llegar a tus oídos. Pero si estuvieras lejos, la sirena no parecería sonar tan fuerte. Las ondas sonoras pierden energía a medida que se alejan de la sirena. La energía se expande en todas direcciones sobre un área más grande.

Una sirena suena muy fuerte si estás cerca de ella.

6. Ilustra Comunica una conclusión válida haciendo un dibujo que muestre cómo se expande el sonido a medida que se aleja de un león que ruge.

Laboratorio rápido

Cambiar vibraciones, cambiar sonidos
Ponte los dedos junto a la garganta sobre las cuerdas vocales. Habla en voz alta y luego susurra. Comenta qué cambia cuando haces sonidos más suaves o más fuertes.

 TEKS 6A

Tono

¿En qué se diferencia el canto de un pájaro del rugido de un león? Ciertamente es más suave que el rugido del león. También es diferente en otro sentido.

Un pájaro hace un sonido más agudo que un león. El **tono** es cuán agudo o grave es un sonido. El pájaro hace un sonido de tono agudo. El león hace un sonido de tono grave.

El tono de un sonido depende de su frecuencia. La frecuencia es el número de ondas sonoras que se producen en una determinada cantidad de tiempo. Los objetos que vibran rápido tienen una frecuencia alta. Los sonidos de frecuencia alta tienen un tono agudo. Los objetos que vibran despacio tienen una frecuencia baja y un tono grave.

El material del que está hecho un objeto afecta su tono. El tamaño y la forma de un objeto también afectan el tono. Por ejemplo, un tambor pequeño por lo general tendrá un tono más agudo que uno grande.

7. **Compara** Un ratón y un león hacen sonidos diferentes. Usa las palabras *grave* y *agudo* para comparar sus tonos.

....

....

....

8. **Aplica** Los bloques de madera de la izquierda hacen sonidos cuando los golpean con un martillo de goma. (**Encierra en un círculo**) el bloque que crees que tiene el tono más agudo.

Este sinsonte produce sonidos de muchos tonos. Su voz suena musical.

Tono de los instrumentos de cuerda

Las guitarras, los violines, los violonchelos y las arpas son tipos de instrumentos de cuerda. Los instrumentos de cuerda hacen sonidos cuando punteas sus cuerdas o frotas un arco sobre sus cuerdas. El tono de cada cuerda depende de las propiedades de la cuerda. Una cuerda delgada vibra más rápido que una cuerda gruesa, por lo tanto, una cuerda delgada tiene un tono más agudo. Del mismo modo, una cuerda corta o tensa vibra más rápido que una cuerda larga o sin tensar. Por lo tanto, la cuerda más corta o más tensa produce un sonido con un tono más agudo.

Cada una de las cuerdas de una guitarra tiene un tono distinto.

9. **Infiere** Cuando estiras una liga y la punteas, la liga vibra y hace un sonido. ¿Cómo podrías cambiar el tono de la liga que vibra?

....

....

¿Entiendes? ✦ TEKS 6A

10. **Compara** Usa las palabras *fuerte* y *suave* para comparar los sonidos de una bicicleta y de un camión grande.

....

....

11. **Predice** Una guitarra tiene cuerdas gruesas y cuerdas delgadas. ¿Esperarías que el sonido de las cuerdas gruesas fuera más grave o más agudo que el de las cuerdas delgadas? Explica por qué.

....

....

⬤ **¡Para!** Necesito ayuda ....

⬤ **¡Espera!** Tengo una pregunta ....

▶ **¡Sigue!** Ahora sé ....

Texas

LECCIÓN

4

¿Cómo influye la fuerza en el movimiento?

Voy a aprender TEKS 6B
Voy a aprender que las fuerzas producen cambios. Voy a demostrar y observar cómo la posición y el movimiento pueden cambiar al empujar y jalar objetos. (También **2B**, **2F**, **4A**)

Vocabulario
posición
movimiento
fuerza

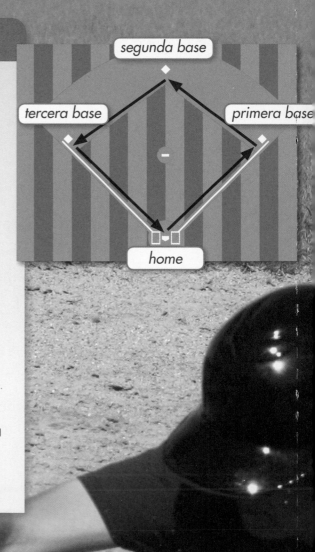

segunda base

tercera base

primera base

home

Conexión con
Matemáticas

🔹 **TEKS de Matemáticas 7A**

Texas tiene muchos aficionados al béisbol. ¡El estado tiene dos equipos en las ligas mayores! Observa el diagrama del campo de béisbol en esta página. Para anotar, los jugadores corren alrededor del campo. Comienzan corriendo desde el home hasta la primera base. Cambian de posición cuando se trasladan.

Usa el campo de béisbol para contestar estas preguntas acerca de la posición de un jugador.

- ¿Cuál es la posición del jugador cuando ha recorrido $\frac{1}{4}$ de la vuelta alrededor del diamante?

- Si el jugador es puesto *out* cuando ha recorrido $\frac{1}{2}$ de la vuelta alrededor del diamante, ¿cuál es la posición del jugador cuando es puesto *out*?

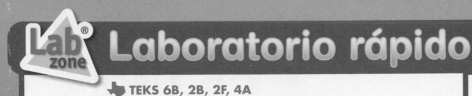

Laboratorio rápido

▶ TEKS 6B, 2B, 2F, 4A

¿Cómo influye la masa en el movimiento?

Materiales

2 libros apilados
regla de plástico
pelota de goma
pelota de ping-pong
regla de un metro
cuaderno

1. Compara la masa de las dos pelotas.

2. Coloca la pelota de ping-pong en la base de la rampa. Haz rodar la pelota de goma por la rampa. **Anota** la distancia que rueda la pelota de ping-pong.

....

3. **Predice** ¿Qué pasará si se cambian las pelotas de lugar?

....

....

4. Pon a prueba tu predicción.

Explica los resultados

5. **Saca una conclusión**
   ¿Cómo influyó la masa en el movimiento?

....

....

....

Cuando los objetos se mueven

Observa la foto de los estudiantes que juegan. ¿Cómo describirías la posición del niño? La **posición** es la ubicación de un objeto, o dónde está. Podrías decir que la posición del niño es sobre la escalera o al lado del tobogán.

Ahora observa a la niña que se desliza por el tobogán. La niña está en movimiento. El **movimiento** es un cambio en la posición de un objeto. El movimiento describe el deslizamiento de la niña desde la parte de arriba del tobogán hacia la base.

El movimiento ocurre cuando se aplica fuerza a un objeto. Una **fuerza** es un empujón o jalón. Cuando una fuerza mueve un objeto, se ha realizado un trabajo.

1. **Describe** Observa a un compañero caminar de un lado del salón al otro. Describe la nueva posición de tu compañero.

2. **Saca conclusiones** Después de leer los párrafos, ¿qué puedes concluir sobre la posición de la niña?

Posición de un objeto

La posición de un objeto por lo general depende de cómo se observe. Imagina que quieres describir la posición de tres amigos sentados en fila en el salón de clases. Este es el orden: Tracy, Wilda y Joel. Podrías usar palabras de posición, como *delante, detrás, a la derecha, a la izquierda* y *al costado*. Por ejemplo, Tracy diría, "Wilda está detrás de mí." Pero Joel tiene una ubicación diferente. De manera que la ubicación de Wilda comparada con la ubicación de Joel es diferente. Él diría, "Wilda está delante de mí." Las palabras que uses cambiarían dependiendo de dónde estés. ¿Cómo describes la posición de un objeto en movimiento? La manera en que describes su posición cambia dependiendo de la posición y movimiento de los otros objetos.

Causas de movimiento

¡Crac! Un jugador de béisbol le pega a la pelota. El bate empuja la pelota. Tiene todo el poder del balanceo del brazo del jugador. Este empujón es una fuerza de contacto. Esta fuerza cambia el movimiento, la velocidad y la dirección de la pelota.

3. [DESAFÍO] A veces un carro cercano al tuyo se moverá con la misma rapidez y en la misma dirección que tu carro. ¿Qué le ocurre a tu posición comparada con la del carro?

4. **Describe** ¿Qué le pasa a tu posición si el otro carro continúa hacia adelante en la misma dirección pero ahora se mueve más lento que tú?

Laboratorio rápido

Observar y describir el movimiento
Un día soleado busca un objeto con una sombra. Usa dibujos y palabras de posición para describir esa sombra a tres horas distintas del día. Luego, escribe una oración que analice la posición de la sombra a lo largo del tiempo.

⬥ **TEKS 2B, 2F**

Un bate necesita contacto para aplicar fuerza.

Efectos de la masa y la fricción

Una fuerza puede cambiar la posición de un objeto o la dirección de su movimiento. Un empujón de la niña puede hacer que el carrito de compras comience a moverse. Si se mueve debido a su fuerza, entonces ella ha realizado un trabajo. Si después empuja a la derecha, el carrito en movimiento cambiará de dirección a la derecha.

Cuánto cambien la dirección y la rapidez de un objeto depende de cuánta fuerza se use. Una fuerza grande causará un cambio mayor en el movimiento que una fuerza más pequeña. El carrito irá más rápido si la niña lo empuja con más fuerza.

Cuánto se mueva un objeto también depende de su masa. Cuando la niña comienza las compras, el carrito está vacío. No necesita mucha fuerza para empujarlo. Cuando compra, la niña se detiene y coloca objetos en el carrito. Cada vez que lo hace, la masa del carrito aumenta. Entonces la niña debe usar más fuerza para empujar el carrito o cambiar su dirección.

5. Clasifica

(Encierra en un círculo) la foto en la que la niña empuja más masa. Marca con una ✗ la foto en la que deba usar más fuerza para cambiar el movimiento.

 Laboratorio rápido

Masa y fuerza
Demuestra y observa cómo la posición y el movimiento pueden cambiar al empujar y jalar un columpio para mostrar el trabajo realizado. Empuja un columpio. Observa lo que sucede. Pide a un amigo que se suba al columpio. Vuelve a empujar el columpio. Intenta jalar el columpio a diferentes distancias antes de empujarlo. Observa y describe cómo el movimiento y la posición del columpio cambian. Explica cómo se realizó el trabajo durante cada empujón y cada jalón. **TEKS 6B**

6. Explica Tienes que mover una silla a otro lugar de la clase. ¿Cómo determinan la cantidad y la dirección de la fuerza cuánto se moverá la silla?

7. Idea principal y detalles ¿Cuál es la idea principal de esta página?

Al moverse por el pasillo, las ruedas del carrito de la niña rozan el suelo. Esto produce fricción. La **fricción** es una fuerza de contacto que se opone al movimiento de un objeto. La fricción puede hacer que un objeto en movimiento disminuya su rapidez o se detenga.

La cantidad de fricción entre dos objetos depende de su superficie. Empujar un carrito de compras sobre baldosas lisas es bastante fácil. Necesitas más fuerza para empujar un carrito a través del asfalto del estacionamiento. Una baldosa lisa produce menos fricción en las ruedas que el asfalto.

8. **Haz una lista** Escribe dos lugares de la foto donde esté actuando la fricción.

....

....

9. DESAFÍO ¿Por qué los dueños de las pistas de bolos las mantienen lisas y pulidas?

....

....

....

....

....

Movimiento y fuerzas combinadas

Una niña jala un vagón hacia arriba en un camino empinado. Siente que el vagón jala en contra de ella. Pero ella sigue jalando del mango. ¿Qué fuerzas actúan sobre el vagón? La fuerza del jalón de la niña hace que se mueva. Sin embargo, el peso es una de las fuerzas que lo empuja hacia abajo. La niña jala del mango otra vez. Cada empujón o jalón tiene su propia cantidad de fuerza. Cada fuerza también actúa en su propia dirección. El movimiento de un objeto depende de todas las fuerzas que actúan juntas.

Fuerzas equilibradas

Piensa en un papalote en el aire. A veces sube y baja. Pero otras veces un papalote queda suspendido en el aire. Queda casi inmóvil. Esto se debe a que las fuerzas que actúan sobre el papalote se equilibran entre sí. Las fuerzas que actúan juntas y no cambian el movimiento se llaman fuerzas equilibradas.

Puedes ver fuerzas equilibradas en todas partes. Piensa en dos fuertes jugadores de fútbol americano que se empujan. Si empujan con la misma fuerza pero en dirección opuesta, ninguno de los jugadores se moverá.

10. Ilustra Dibuja y rotula flechas en la imagen que muestren las fuerzas que actúan sobre el papalote.

Laboratorio rápido

Fuerzas equilibradas y no equilibradas
Pide a un compañero que empuje un vagón hacia ti. Aplica fuerza sobre el vagón al mismo tiempo que tu compañero. Observa el movimiento del vagón. Comenta si has demostrado fuerzas equilibradas o no equilibradas actuando sobre el vagón. Explica tu respuesta. **TEKS 6B**

11. Explica Cada jugador aplica una fuerza. Los dos jugadores no se mueven. ¿Qué ocurre?

Fuerzas no equilibradas

Si las fuerzas que actúan sobre un objeto no están equilibradas, el movimiento del objeto cambiará. Las fuerzas no equilibradas pueden hacer que un objeto en reposo se mueva. También pueden cambiar la rapidez o la dirección de un objeto en movimiento.

Podrías comparar las fuerzas que actúan sobre un objeto con un juego de jalar la cuerda. En jalar la cuerda, dos equipos jalan una cuerda en direcciones opuestas. Si las fuerzas son iguales, la cuerda no se mueve. Para ganar, uno de los equipos debe jalar la cuerda con más fuerza que el otro. Un equipo debe desequilibrar las fuerzas que actúan sobre la cuerda. Entonces la cuerda se moverá en la dirección a la que se jala con mayor fuerza.

12. Aplica Completa la oración.
Las fuerzas

....

hacen que la cuerda del juego de jalar la cuerda se mueva en una dirección determinada.

Más fuerza

Menos fuerza

¿Entiendes?

13. Identifica ¿Qué dos acciones pueden aplicar fuerza?

....

14. Infiere Dos grupos están jalando en direcciones opuestas en un juego de jalar la cuerda. El equipo A tiene tres miembros. El equipo B tiene dos miembros. Cada persona jala con la misma cantidad de fuerza. ¿Quién debería ganar? Explica tu respuesta.

....

....

....

◼ **¡Para!** Necesito ayuda ....

⏸ **¡Espera!** Tengo una pregunta ....

▶ **¡Sigue!** Ahora sé ....

149

¿Qué son la gravedad y el magnetismo?

 Voy a aprender TEKS 6C
Voy a observar algunas fuerzas, tales como el magnetismo y la gravedad, actuando sobre los objetos.
(También **1A**, **2B**, **2F**, **4A**, **4B**)

Vocabulario
gravedad

Conexión con Matemáticas

🔲 **TEKS de Matemáticas 5B**

La gravedad de la Luna es solamente $\frac{1}{6}$ de la gravedad de la Tierra. Por lo tanto, tu peso en la Luna sería solamente $\frac{1}{6}$ de tu peso en la Tierra.

¿Cómo hallarías tu peso en la Luna? Escribe una oración para explicar cómo lo calcularías. Luego haz los cálculos.

....

....

Laboratorio rápido

¿Cómo atrae a un objeto la gravedad?

☑ **1.** Coloca una pelota en el vaso más pequeño. Levanta el extremo libre de la regla de un metro aproximadamente 80 cm.

☑ **2.** Empuja la regla suavemente hacia abajo mientras la sueltas.

☑ **3.** **Observa** y **anota** dónde cae la pelota.

Explica los resultados

4. Comunica ideas Describe el recorrido de la pelota.

....

....

....

5. Interpreta la información Explica tus resultados según lo que sabes de la gravedad.

....

....

....

....

Materiales

lentes de seguridad
pelota de goma
regla de un metro con vasos
regla de un metro plegable

Texas: Seguridad
EN EL LABORATORIO
Usa lentes de seguridad para protegerte los ojos.

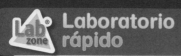

Laboratorio rápido

Superar la gravedad

Levanta un objeto liviano y uno pesado. Describe qué resiste la fuerza de gravedad. Déjalos caer al mismo tiempo. Observa cómo actúa la fuerza de gravedad sobre los objetos. Describe cómo caen.

TEKS 6C

1. **Compara** Describe en qué se parecen lanzar una moneda al aire y el agua que fluye de esta fuente.

....

....

....

....

Ley de la gravedad

Hay distintas fuerzas que actúan todo el tiempo sobre nosotros. Una fuerza de contacto se aplica cuando los objetos se tocan. Una fuerza sin contacto es un empujón o un jalón que actúa sobre un objeto sin tocarlo. La **gravedad** es una fuerza sin contacto que hace que los objetos se atraigan entre sí. La ley de la gravedad establece que todos los objetos se atraen entre sí por la gravedad. La gravedad atrae hacia la Tierra el agua de esta fuente. Sin la gravedad, se alejaría flotando. La gravedad te atrae a ti y a todo lo demás hacia el centro de la Tierra.

La gravedad es una fuerza que se puede superar. Imagina que avientas una pelota al aire. La pelota supera la fuerza de gravedad por algunos momentos. Después regresa hacia la Tierra. Si tu empujón hacia arriba es más fuerte que el jalón hacia abajo de la gravedad, la pelota subirá. Es más fácil superar la gravedad con un objeto liviano que con uno pesado.

Gravedad y peso

La atracción de la gravedad sobre un objeto le da al objeto su peso. El peso de un objeto depende de dónde esté. Cuando la atracción de la gravedad es débil, el peso del objeto es menor. Por ejemplo, la Luna tiene menos gravedad que la Tierra. Por lo tanto, pesas menos en la Luna. La atracción de la gravedad también es menor cuanto más lejos estés de la superficie de la Tierra. Por lo tanto, pesas menos en la cima de una montaña que en un valle.

El peso de un objeto también depende de la cantidad de materia del objeto. Los objetos con más materia tienen más masa. Por lo tanto, la atracción de la gravedad es mayor sobre un objeto con más masa. Por ejemplo, la atracción de la gravedad es mayor sobre un elefante que sobre una manzana. Aunque la atracción de la gravedad cambie, la masa de un objeto es la misma. Tu masa es igual sobre la Tierra y sobre la Luna, pero tu peso es distinto.

2. **Aplica** Compara la atracción de la gravedad sobre el perro y la atracción de la gravedad sobre el plato volador.

....

....

....

Conexión con
Matemáticas

🔹 **TEKS de Matemáticas 4J, 5B**

El peso de un objeto depende de la atracción de la gravedad. Tu peso sería diferente en planetas diferentes. Por ejemplo, la atracción de la gravedad sobre la Tierra es aproximadamente 3 veces más fuerte que la de la gravedad sobre Marte. Si un gato pesara 10 libras en Marte, ¿cuánto pesaría en la Tierra?

10 libras x 3 = 30 libras

Si una bicicleta pesara 9 libras en Marte, ¿cuánto pesaría en la Tierra? Muestra tu trabajo.

Si un perro pesara 30 libras en la Tierra, ¿cuánto pesaría el perro en Marte? Muestra tu trabajo.

Magnetismo

Una fuerza sin contacto puede empujar o jalar un objeto sin tocarlo. La gravedad no es la única fuerza sin contacto. Los imanes producen una diferente. El **magnetismo** es una fuerza sin contacto que jala, o atrae, objetos metálicos que contienen hierro.

Si colocas algunos clips metálicos cerca de un imán, el imán atraerá los clips. Un imán muy fuerte podría atraer un clip de acero desde la mitad de tu escritorio. El acero es un metal que contiene hierro. Los imanes no atraen la madera, el plástico, el papel ni otros objetos que no contienen hierro.

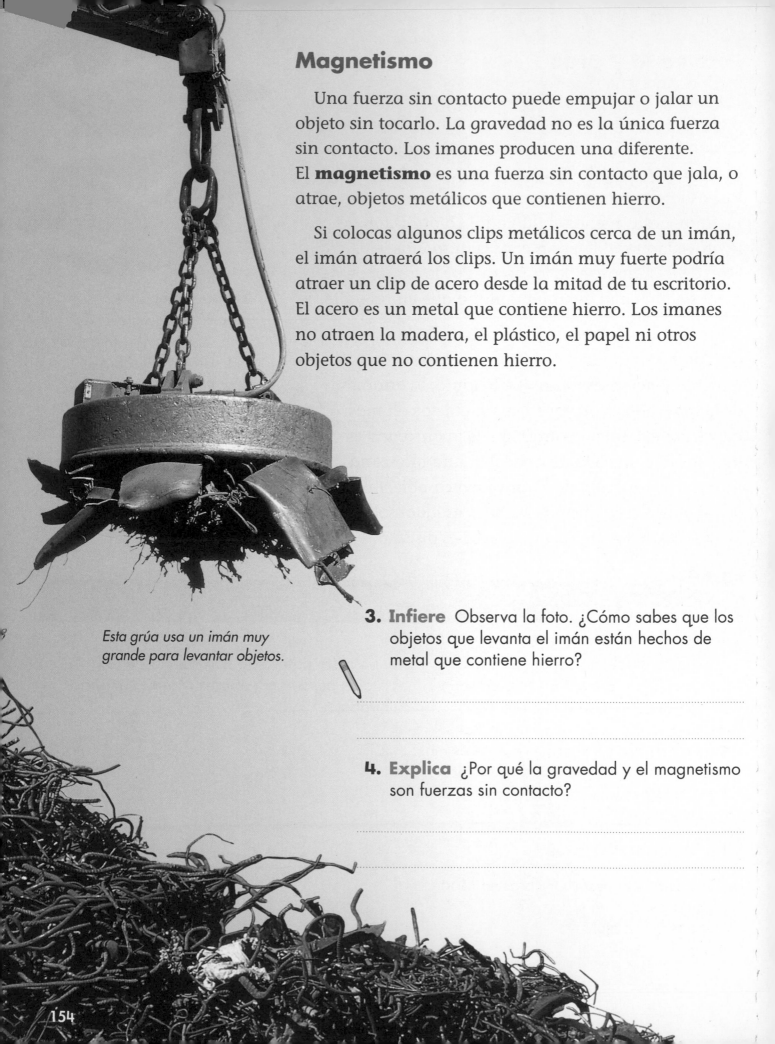

Esta grúa usa un imán muy grande para levantar objetos.

3. Infiere Observa la foto. ¿Cómo sabes que los objetos que levanta el imán están hechos de metal que contiene hierro?

_____

_____

4. Explica ¿Por qué la gravedad y el magnetismo son fuerzas sin contacto?

_____

_____

Los imanes funcionan porque tienen un campo magnético que los rodea. El campo es más fuerte cerca de los polos del imán. Cada imán tiene un polo norte y un polo sur. El polo norte de un imán atraerá al polo sur de otro imán. Los polos iguales se alejarán unos de otros.

5. Infiere Observa la imagen. ¿Por qué crees que los clips están pegados a un extremo del imán?

....

....

....

La fuerza del campo magnético atrae a los clips hacia el imán.

¿Entiendes?

6. Compara y contrasta ¿En qué se parecen las fuerzas de gravedad y magnetismo? ¿En qué se diferencian?

....

....

....

7. Explica ¿Cómo puede el magnetismo hacer que los objetos se muevan?

....

....

◼ **¡Para!** Necesito ayuda ....

❙❙ **¡Espera!** Tengo una pregunta ....

▶ **¡Sigue!** Ahora sé ....

¿Qué es una máquina?

Voy a aprender TEKS 6B
Voy a aprender cómo la posición y el movimiento pueden cambiar al empujar y jalar objetos para mostrar el trabajo realizado. Voy a entender las máquinas simples y cómo hacen más fácil el trabajo. (También **2A**, **2B**, **2F**)

Vocabulario
polea

Tengo que subir una caja grande y pesada por las escaleras.

Hay una manera fácil de subir esa caja por las escaleras si tienes una tabla larga.

Estaría haciendo una máquina simple.

Vamos a dibujarla para mostrar cómo será esa máquina simple.

Conexión con
Matemáticas   STEM

🔺 TEKS de Matemáticas 1A, 1C

Muestra tu trabajo Predice cómo podrías usar una tabla para subir la caja por las escaleras más fácilmente. Luego dibuja un diagrama que muestre y describa tu predicción.

Laboratorio rápido

▶ TEKS 6B, 2A, 2B, 2F

¿Cómo una máquina simple puede resolver un problema?

Pat y Chris quieren saber cuál de ellos tiene la pelota de plastilina más pesada. Todo lo que tienen es una regla y un lápiz.

Materiales

lápiz sin punta
regla
2 pelotas de plastilina de diferente peso

☑ **1. Diseña** una manera de resolver este problema. Usa una máquina simple.

☑ **2. Comunica ideas** Dibuja tu solución en el espacio de abajo.

☑ **3.** Prueba tu diseño. Empuja o jala la máquina simple. **Observa** cómo la posición de las pelotas cambia. ¿Qué pelota es más pesada?

....

Explica los resultados

4. Nombra la máquina simple que usaste.

....

5. Saca una conclusión ¿De qué otra manera podrías usar esta máquina simple?

....

....

Trabajo

¿Es trabajo patear una pelota de fútbol? Lo es para un científico. En la ciencia, **trabajo** es el uso de una fuerza para mover un objeto por cierta distancia. Realizas, o haces, un trabajo cuando rastrillas hojas, montas en bicicleta o pateas una pelota de fútbol.

Tal vez sea difícil resolver un problema de matemáticas, pero no es trabajo. Podrías empujar con mucha fuerza una roca enorme, pero si la roca no se mueve, tampoco es trabajo. Sólo haces trabajo cuando mueves un objeto. Eso significa que pasarse la pelota una y otra vez entre tu amigo y tú, es trabajo, pero leer esta oración no lo es.

La cantidad de trabajo que haces depende de cuánta fuerza usas y qué tan lejos mueves el objeto. Imagina que un amigo y tú empujan con la misma fuerza dos rocas grandes. Ambos empujan con toda su fuerza durante varios minutos. De repente, tu roca se mueve 10 centímetros y la de tu amigo se mueve solamente 2 centímetros. Ambos están cansados de empujar durante la misma cantidad de tiempo. Pero tú has hecho más trabajo que tu amigo.

1. Idea principal y detalles Completa el siguiente organizador gráfico. Anota detalles acerca del trabajo.

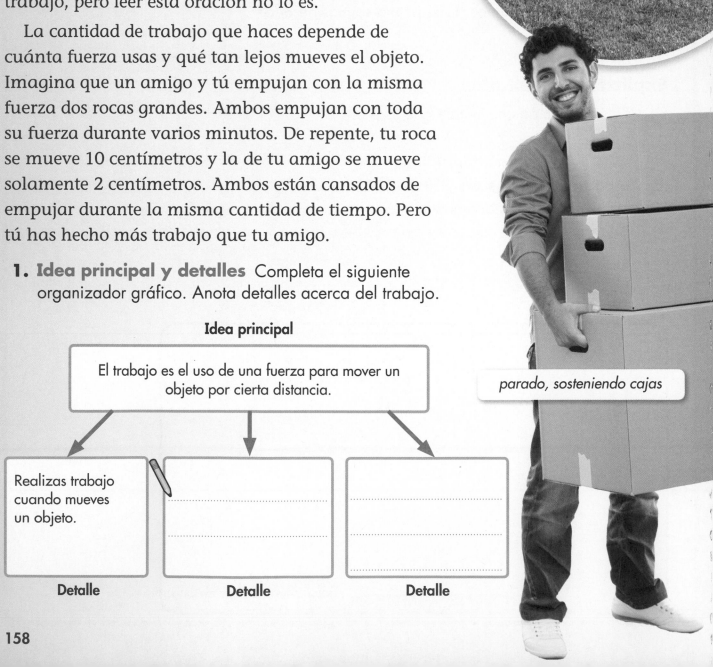

parado, sosteniendo cajas

Idea principal

> El trabajo es el uso de una fuerza para mover un objeto por cierta distancia.

Realizas trabajo cuando mueves un objeto.		
Detalle	**Detalle**	**Detalle**

montar una telesilla

2. Clasifica Decide si cada imagen muestra trabajo.
Escribe _sí_ o _no_ en las líneas. Luego escribe por qué.

....

....

....

montar una bicicleta

....

....

....

....

....

....

....

golpear una pelota de béisbol

El **eje y rueda** es un objeto redondo unido a una barra llamada eje. Al hacer girar la rueda, el eje gira. El eje gira una distancia corta mientras la rueda gira una distancia más larga.

Máquinas simples

¿Reconoces alguno de los objetos de las fotos? Todos son máquinas simples. Las máquinas simples solo tienen una o dos partes. Estas máquinas no reducen la cantidad de trabajo que haces, pero hacen que el trabajo sea más fácil. Hay seis tipos de máquinas simples que te ayudan a realizar trabajo: el eje y rueda, la cuña, la palanca, el plano inclinado, la polea y el tornillo.

Una **cuña** es una máquina simple compuesta por dos lados inclinados que terminan con un borde filoso. Cuando una cuña se empuja contra materiales como la madera o los alimentos, corta o divide el material.

3. **Identifica** Quieres cortar un trozo de pastel o tarta. ¿Cuál es el nombre común para la cuña de cocina que utilizas?

Una **palanca** es una barra dura que se apoya en un soporte. Se usa para levantar y mover cosas. Cuando empujas hacia abajo en un extremo, el otro extremo se levanta.

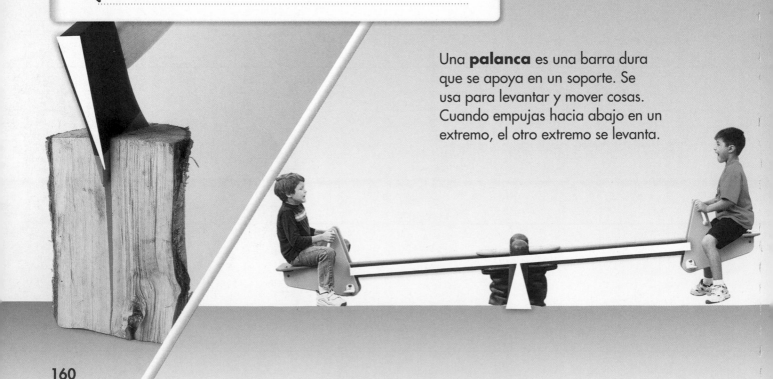

4. Aplica Observa esta figura ▼. Marca con una ✗ la máquina simple que tiene esta forma. ¿De qué manera ayuda la forma a que esta máquina funcione?

....

....

5. Identifica ¿Qué máquina simple usarías para hacer cada una de las siguientes tareas?

A. Izar una bandera en un mástil. ....

B. Abrir una lata de pintura. ....

C. Cortar una manzana. ....

Un **tornillo** es un plano inclinado que rodea a un poste central. Los tornillos se pueden usar para unir cosas y para levantar y bajar cosas.

6. Aplica Comenta cómo la tapa de un frasco es un tornillo.

....

Una **polea** puede facilitar el trabajo de dos maneras. Puede disminuir la cantidad de fuerza necesaria para mover un objeto. También puede cambiar la dirección en que se aplica esa fuerza.

Un **plano inclinado,** o rampa, es una superficie inclinada. Conecta un nivel bajo con un nivel más alto. Se necesita menos fuerza para mover un objeto a lo largo de una distancia mayor.

Máquinas complejas
Busca una máquina compleja en casa. Observa sus partes. Dibuja y rotula la máquina compleja. Identifica las máquinas simples que hay en esa máquina compleja.

▶ TEKS 2B

Máquinas complejas

Las máquinas simples suelen combinarse para hacer tareas más grandes. Estas máquinas complejas están formadas por máquinas simples que trabajan juntas.

El abrelatas de abajo es una máquina compleja. Busca las máquinas simples que la componen. Estas máquinas simples trabajan juntas para agarrar una lata, girarla y cortar la tapa.

La bicicleta también es una máquina compleja. ¿Qué máquinas simples la componen? ¿Cómo ayuda cada máquina simple a que funcione la bicicleta?

7. Da ejemplos Haz una lista de tres máquinas complejas que usaste ayer.

_____

_____

_____

_____

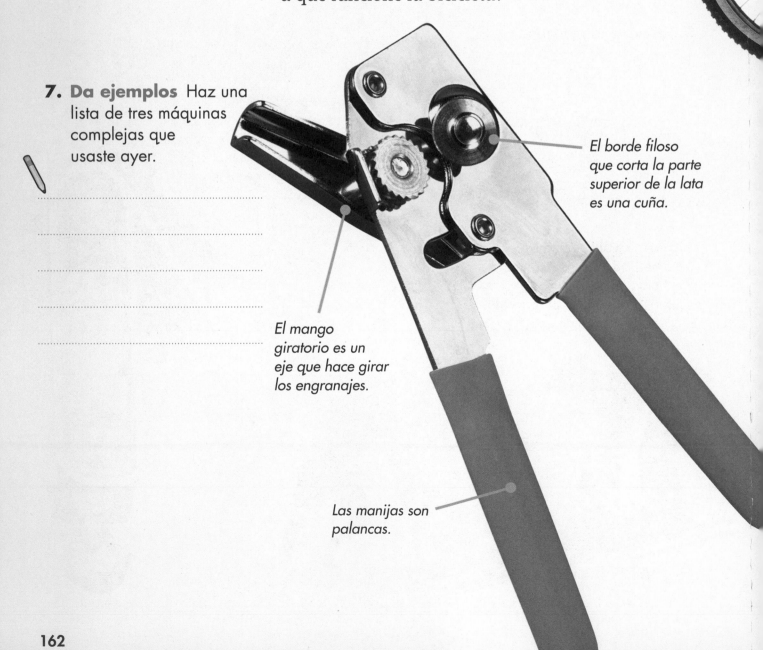

El borde filoso que corta la parte superior de la lata es una cuña.

El mango giratorio es un eje que hace girar los engranajes.

Las manijas son palancas.

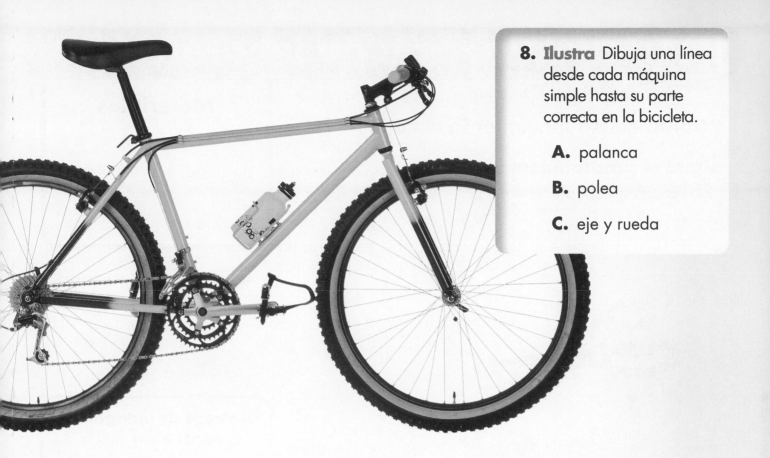

8. Ilustra Dibuja una línea desde cada máquina simple hasta su parte correcta en la bicicleta.

A. palanca

B. polea

C. eje y rueda

¿Entiendes?

9. Sintetiza ¿Cómo sabes si una máquina simple ha realizado un trabajo?

....

....

10. Resume Escribe una oración que resuma por qué las máquinas simples son útiles. Da ejemplos.

....

....

¡Para! Necesito ayuda ....

Espera! Tengo una pregunta ....

Sigue! Ahora sé ....

🔻 TEKS 6A, 1A, 2A, 2B

¿Cómo causa movimiento el calor?

Sigue el procedimiento

☑ **1.** Recorta la espiral.

Patrón de una espiral

Materiales

patrón de una espiral
tijeras
cinta adhesiva
cordel
lámpara

🔻 **Texas: Seguridad**
EN EL LABORATORIO

Ten cuidado con los objetos filosos. Identifica peligros potenciales, como bombillas calientes y extensiones eléctricas.

Destreza de indagación
Una **predicción** puede estar basada en lo que ya sabes o en lo que observas.

☑ **2.** Pega un extremo del cordel al centro de la espiral.

☑ **3.** **Predice** qué sucederá si sostienes la espiral sobre la lámpara antes de que la bombilla se encienda. **Anota.**

☑ **4.** Predice qué sucederá si se enciende la bombilla. Anota.

Movimiento de la espiral		
	Predicciones	**Observaciones**
Lámpara apagada		
Lámpara encendida		

☑ **5.** Pon a prueba tus predicciones.
Anota tus **observaciones.**

Analiza y saca conclusiones

6. Compara tus **predicciones** y tus **observaciones.**

....

....

....

7. Infiere ¿Qué causó que la espiral se moviera?

....

....

8. ¿Qué formas de energía observaste en tu investigación?

....

....

....

🔻 **TEKS 6B, 2A, 2B, 2F, 4A**

¿Cómo describes el movimiento?

Sigue el procedimiento

☑ **1. Mide** 2 metros desde una pared y coloca allí un extremo de la rampa.

☑ **2.** Coloca 2 libros debajo del otro extremo de la rampa.

☑ **3.** Haz rodar la pelota desde la parte superior de la rampa. Comienza a medir el tiempo cuando la pelota llegue al suelo.

☑ **4. Observa** la pelota. **Anota** el tiempo cuando la pelota golpee contra la pared.

Materiales

regla de un metro
rampa
libros
pelota
cronómetro

🔻 **Texas: Seguridad**
EN EL LABORATORIO
Asegúrate de que nadie esté caminando cerca cuando ruedes la pelota por el piso.

Destreza de indagación
Los científicos **miden** cuidadosamente y anotan sus mediciones.

2 m

5. Continúa observando la pelota. Reúne y anota la información usando un cronómetro. Para el cronómetro cuando la pelota regrese a la base de la rampa.

Resultados del movimiento de la pelota			
	Tiempo (segundos)		
Número de libros	De la base de la rampa a la pared (tiempo A)	De la base de la rampa a la pared y de regreso (tiempo B)	De la pared a la base de la rampa (tiempo C = tiempo B − tiempo A)
2 libros			
4 libros			

6. Apila 4 libros y repite los pasos 2 a 5.

Analiza y saca conclusiones

7. Interpreta la información Analiza la información que reuniste usando el cronómetro. Después de empujar la pelota, ¿cuándo observaste que se movió más rápido?

....

....

8. Comunica ideas ¿Qué efecto tuvo la pared en el movimiento de la pelota?

....

....

9. Saca conclusiones ¿Cómo demuestra esto que se usó fuerza para realizar el trabajo?

....

....

Conservación de la energía eléctrica

Todos los días usamos energía eléctrica. Usamos energía eléctrica para iluminar nuestra casa y hacer funcionar electrodomésticos, como televisores y refrigeradores. La mayor parte de la energía eléctrica proviene de fuentes no renovables. Cuando una fuente no renovable de energía se acaba, no se puede reemplazar. La mayor parte de la electricidad que se usa en los Estados Unidos se obtiene quemando carbón. El carbón es una fuente de energía no renovable.

Los científicos están desarrollando diferentes fuentes de energía que reemplacen las fuentes no renovables. Por ejemplo, los científicos están trabajando para desarrollar la energía solar y la energía eólica. Mientras tanto, podemos reducir la cantidad de energía que usamos siguiendo los consejos de esta página.

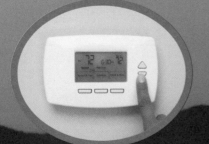

Usa un termostato con un cronómetro.

Usa bombillas fluorescentes compactas.

Apaga las luces al salir de una habitación.

Sugiere Escribe otras dos maneras en que puedes conservar la energía eléctrica en tu casa.

....

....

Tarjetas de vocabulario

absorber

energía

energía cinética

energía del sonido

energía potencial

energía térmica

fuerza

gravedad

movimiento

polea

posición

reflejar

refractar

tono

trabajo

¡Vamos a jugar!

Pide a un compañero que escoja dos Tarjetas de vocabulario.

Dile que escriba una oración que muestre cómo las dos palabras se relacionan. Escoge dos tarjetas diferentes y haz el mismo ejercicio.

Cuando ambos terminen, intercambien oraciones. Comenten cómo han usado las palabras.

potential energy

energía potencial

energy

energía

kinetic energy

energía cinética

work

trabajo

reflect

reflejar

sound energy

energía del sonido

the ability to do work or to cause change

Escribe otras tres formas de esta palabra.

....

....

....

capacidad de hacer trabajo o causar cambios

stored energy

Escribe dos ejemplos:

....

....

....

....

energía almacenada

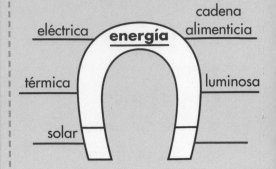

eléctrica · energía · cadena alimenticia

térmica · luminosa

solar

¡Haz un imán de palabras!

Escoge una palabra de vocabulario y escríbela en el imán de palabras. Escribe palabras relacionadas con la palabra de vocabulario en las líneas.

the use of a force to move an object across a distance

Escribe otras dos formas de esta palabra.

....

....

uso de una fuerza para mover un objeto, por cierta distancia

energy of motion

Escribe una oración con este término.

....

....

....

....

energía del movimiento

energy we can hear

Dibuja un ejemplo.

energía que podemos oír

to bounce off

Escribe una oración con esta palabra.

....

....

hacer rebotar algo

force	**pitch**	**refract**

fuerza	**tono**	**refractar**

gravity	**position**	**absorb**

gravedad	**posición**	**absorber**

pulley	**motion**	**thermal energy**
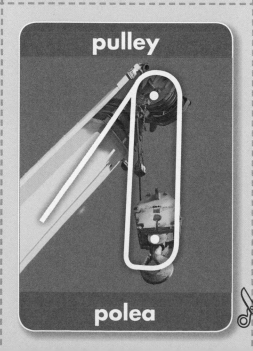		
polea	**movimiento**	**energía térmica**

to bend

Describe cuándo se refracta la luz.

....

....

....

....

desviar o inclinar

how high or low a sound is

Escribe un ejemplo de un tono agudo.

....

....

....

cuán agudo o grave es un sonido

a push or a pull

Escribe otras dos formas de esta palabra.

....

....

....

....

empujón o jalón

to take in

Escribe una oración con esta palabra.

....

....

....

....

....

retener

the location of an object

Describe una posición para alguien que está al aire libre.

....

....

....

....

ubicación de un objeto

a noncontact force that pulls objects toward one another

Describe cómo la gravedad actúa sobre ti.

....

....

....

fuerza sin contacto que hace que los objetos se atraigan entre sí

the kinetic energy and potential energy of particles in matter

Escribe una oración con este término.

....

....

....

energía cinética y energía potencial de las partículas que forman la materia

a change in the position of an object

Dibuja un ejemplo.

cambio en la posición de un objeto

a machine that can change the direction or amount of force needed to move an object

Escribe una oración con esta palabra.

....

....

....

máquina que puede cambiar la dirección o la cantidad de fuerza necesaria para mover un objeto

Práctica de TEKS

Lección 1 🡒 TEKS 6A

¿Cuáles son algunas formas de energía?

1. **Determina** (Encierra en un círculo) la imagen que muestra mejor la energía cinética.

2. **Vocabulario** Cuando sostienes una pelota arriba de tu cabeza, tiene energía _____ debido a la gravedad.
   - A. cinética
   - B. térmica
   - C. eléctrica
   - D. potencial

Lección 2 🡒 TEKS 6A

¿Qué son la energía térmica y la luminosa?

3. **Escríbelo** Describe la transferencia de calor entre el aire y una taza de chocolate caliente que está sobre la mesa de una cocina.

....

....

....

....

....

Lección 3 🡒 TEKS 6A

¿Qué es la energía del sonido?

4. **Analiza** ¿Qué acción aumentaría el volumen del sonido que hace un objeto?
   - A. golpearlo más fuerte
   - B. sostenerlo más alto
   - C. cambiar su color
   - D. detener su movimiento

5. **Predice** Si un objeto vibra rápidamente, ¿qué tipo de sonido hace? ¿Cómo cambia el sonido si el objeto vibra lentamente?

....

....

....

173

Práctica de TEKS

Lección 4 🔹 TEKS 6B
¿Cómo influye la fuerza en el movimiento?

6. **Determina** ¿Cuál es la posición de la niña?

7. **Saca conclusiones** Una pelota rueda de una superficie de cemento liso a una superficie hecha de pequeñas rocas. ¿Qué le pasará a la rapidez de la pelota? ¿Por qué?

Lección 5 🔹 TEKS 6C
¿Qué son la gravedad y el magnetismo?

8. **Determina** ¿Qué objeto sería atraído por un imán?
   A. vaso
   B. clip de metal
   C. borrador
   D. globo

9. **Explica** ¿Por qué es la gravedad una fuerza sin contacto?

Lección 6 🔹 TEKS 6B
¿Qué es una máquina?

10. **Determina** ¿Qué tipo de máquina simple es una superficie inclinada que conecta un nivel más alto con un nivel más bajo?
    A. polea
    B. palanca
    C. eje y rueda
    D. plano inclinado

11. **Identifica** Una barra dura que se apoya en un soporte es _____. Ayuda a levantar y mover objetos.
    A. una palanca
    B. una cuña
    C. una polea
    D. un tornillo

Práctica de TEKS

Lección 1 ¿Cuáles son algunas formas de energía?

En la Lección 1 aprendiste que la energía existe en muchas formas. Entre las diferentes formas de energía se incluyen la energía luminosa, térmica, del sonido, mecánica, cinética y potencial.

🔻 **TEKS 6A**

Lección 2 ¿Qué son la energía térmica y la luminosa?

En la Lección 2 aprendiste que la luz viaja en línea recta hasta que choca con un objeto. La luz se puede reflejar, refractar o absorber. El calor es la transferencia de energía de un lugar a otro.

🔻 **TEKS 6A**

Lección 3 ¿Qué es la energía del sonido?

En la Lección 3 aprendiste que toda materia que vibra puede producir sonido. El sonido viaja en ondas. El volumen es cuán fuerte o suave es un sonido. El tono es cuán agudo o grave es un sonido.

🔻 **TEKS 6A**

Lección 4 ¿Cómo influye la fuerza en el movimiento?

En la Lección 4 aprendiste que una fuerza es un empujón o un jalón. Las fuerzas pueden causar un cambio en la posición y en el movimiento de un objeto. Las fuerzas también pueden causar que se realice un trabajo.

🔻 **TEKS de apoyo 6B**

Lección 5 ¿Qué son la gravedad y el magnetismo?

En la Lección 5 aprendiste que las fuerzas como el magnetismo y la gravedad actúan sobre los objetos. El magnetismo y la gravedad son fuerzas sin contacto.

🔻 **TEKS 6C**

Lección 6 ¿Qué es una máquina?

En la Lección 6 aprendiste que trabajo significa el uso de una fuerza para mover un objeto a lo largo de cierta distancia. Las máquinas simples facilitan el trabajo. Las máquinas simples incluyen las palancas, poleas, planos inclinados, ruedas y ejes, tornillos, y cuñas. Las máquinas complejas son máquinas simples que trabajan juntas.

🔻 **TEKS de apoyo 6B**

★ Práctica de TEKS: Repaso del capítulo

Lee cada pregunta y encierra en un círculo la mejor respuesta.

---

1 Un ventilador tiene una etiqueta de seguridad que dice: "Mantener las manos alejadas de las paletas del ventilador cuando está encendido". Cuando está encendido, el ventilador transforma la energía eléctrica en otra forma de energía, como se muestra en la imagen.

¿A qué forma de energía se refiere la etiqueta de seguridad?

A energía mecánica

B energía térmica

C energía del sonido

D energía luminosa

---

2 La imagen muestra dos personas jalando una cuerda.

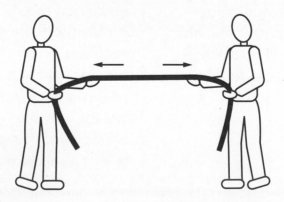

La cuerda no se mueve para nada. ¿Qué debe ser verdadero?

F No hay fuerzas actuando sobre la cuerda.

G Solamente una fuerza está actuando sobre la cuerda.

H Las fuerzas actuando sobre la cuerda están equilibradas.

J Las fuerzas actuando sobre la cuerda no están equilibradas.

3 El agua se congela en el interior de un vaso plástico. ¿Qué pasa como resultado?

A Las partículas de agua se mantienen juntas.

B El agua cambia de líquido a sólido.

C El volumen del agua aumenta.

D todas las anteriores

---

4 Maya estudia dos pares de bloques. Dos bloques están rotulados A. Otro bloque está rotulado B. Un cuarto bloque está rotulado C. Maya usa una balanza de platillos para comparar la masa de cada par de bloques. La imagen muestra lo que descubrió.

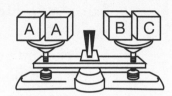

¿Qué enunciado debe ser verdadero?

F La masa de un bloque A es igual a la masa total de los bloques B y C.

G La masa total de los dos bloques A es menor que la masa total de los bloques B y C.

H La masa total de los dos bloques A es mayor que la masa total de los bloques B y C.

J La masa total de los dos bloques A es igual a la masa total de los bloques B y C.

Si tienes dificultades con...				
Pregunta	1	2	3	4
Ve el capítulo (lección)	3 (1)	3 (4)	2 (2)	1 (5)
TEKS	6A	6B	5C	2F

Materiales

cinta adhesiva de papel
regla métrica
regla de un metro
marcador
carro de juguete de impulso

**Destreza de indagación
Experimentas** cuando diseñas una manera de contestar una pregunta científica.

¿Cómo influye la energía en la distancia que recorre un carro de juguete?

La energía potencial es energía almacenada. Cuanto más hagas retroceder un carro de juguete, más energía potencial tendrá.

Formula una pregunta

¿Cómo influye la energía potencial de un carro en la distancia que recorre?

Plantea una hipótesis

1. Planifica tu investigación haciendo una inferencia. Escribe una **hipótesis.** Encierra en un círculo una de las opciones y termina la oración.
   Si la energía potencial de un carro aumenta, entonces la distancia que recorre
   A. *aumentará*
   B. *disminuirá*
   C. *se mantendrá igual*
   porque

   ....

   ....

Identifica y controla las variables

2. En un **experimento** cambias solo una **variable.** Todo lo demás debe quedar igual. ¿Qué debe quedar igual? Da dos ejemplos.

   ....

   ....

3. Comenta cuál es el único cambio que harás.

   ....

Diseña tu prueba

4. Dibuja cómo prepararás tu prueba.

5. Haz una lista de los pasos en el orden en que los harás.

Haz tu prueba

☑ **6.** Sigue los pasos que escribiste.

☑ **7.** Asegúrate de **medir** cuidadosamente. **Anota** tus resultados en la tabla.

☑ **8.** Los científicos repiten sus pruebas para mejorar su exactitud. Repite tu prueba si el tiempo te lo permite.

Primero fíjate qué distancia recorre el carro. Luego decide si medirás con una regla métrica o con una regla de un metro.

Reúne y anota información

☑ **9.** Construye una tabla simple para organizar, examinar y evaluar los datos medidos. Rellena los espacios en blanco en la tabla de abajo. Si te es más fácil, usa una computadora para construir una tabla similar.

Trabaja como un científico
Los científicos trabajan con otros científicos. Comparan sus métodos y sus resultados. Habla con tus compañeros de clase. Comparen sus métodos y sus resultados.

Interpreta la información

10. Usa tus datos para construir una gráfica de barras.

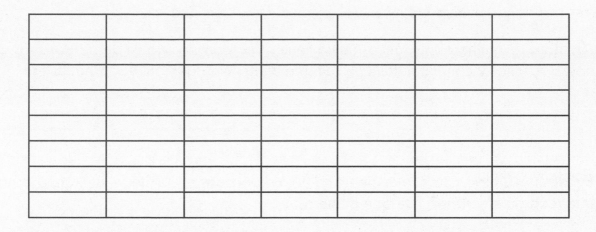

11. Observa atentamente tu gráfica. ¿La distancia que hiciste retroceder el carro influyó en la distancia que recorrió? Identifica la evidencia que usaste para contestar la pregunta.

....

....

Plantea tu conclusión

12. Comunica tu conclusión. ¿Cómo influye aumentar la energía potencial del carro de juguete en la distancia que recorre? Compara tu **hipótesis** con tus resultados. Compara tus resultados con los de los demás.

....

....

....

> **Instrumentos de tecnología**
> Quizá tu maestro quiera que uses una computadora (con el *software* adecuado) o una calculadora gráfica como ayuda para reunir, organizar, analizar y presentar los datos. Estos instrumentos pueden ayudarte a hacer tablas, cuadros y gráficas.

Interpreta información alternativa

Un científico hizo el mismo experimento. Reunió los datos en la gráfica de abajo. Basado en sus resultados, el científico concluyó que cuanto más atrás retroceda el carrito, más corta será la distancia que recorra. Usó esta conclusión para apoyar una explicación donde indicaba que cuanta más energía potencial tiene un carrito, más corta será la distancia que recorrerá. Analiza, evalúa y critica la explicación del científico.

13. Analiza Examina esta gráfica atentamente. Compara los datos de esta gráfica con tus observaciones y con los datos que reuniste en tu investigación. ¿Son similares?

....

....

14. Evalúa ¿La distancia que el científico hizo retroceder el carrito influyó en la distancia que recorrió el carrito? ¿De qué manera?

....

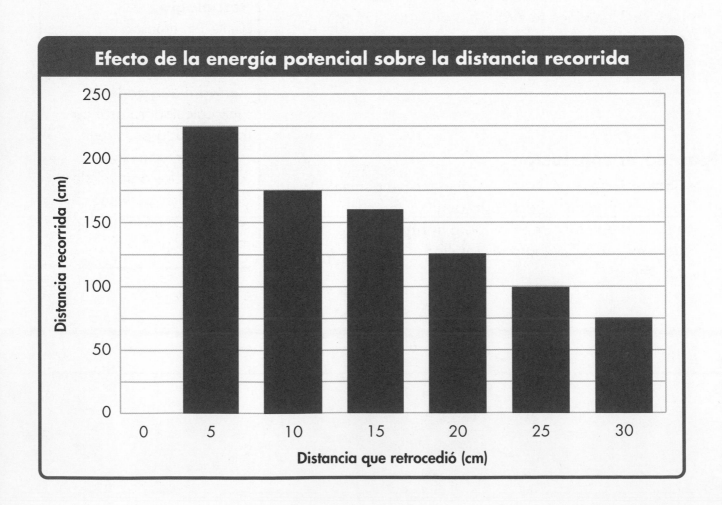

15. Critica Interpreta los datos que reunió el científico. ¿Es posible que haya obtenido estos resultados? Explica tu respuesta.

....

....

....

Plantea tu conclusión

16. Saca conclusiones ¿Qué pudo haber pasado para que el científico reuniera los datos que se muestran en la gráfica?

....

....

....

17. Comunica ideas Analiza, evalúa y critica el razonamiento del científico. ¿Qué podría hacer el científico para asegurarse de obtener mejores datos en su próximo experimento?

....

....

....

Ciencias de la Tierra

 Conocimientos y destrezas esenciales en Texas

TEKS de contenido
Materia y energía: 5A, 5C
La Tierra y el espacio: 7A, 7B, 7C, 7D, 8A, 8B, 8C, 8D

TEKS de proceso
1A, 1B, 2A, 2B, 2C, 2D, 2F, 3A, 3C, 3D, 4A, 4B

¿Cómo puede un árbol romper una montaña?

La Tierra y el estado del tiempo

Lección 1 ¿Qué es el suelo?

Lección 2 ¿Cómo describimos las formaciones de la superficie de la Tierra?

Lección 3 ¿Qué son los recursos naturales?

Lección 4 ¿Qué es el ciclo del agua?

Lección 5 ¿Qué son el estado del tiempo y el clima?

ENFOQUE TEKS 7A

¿Cómo cambia la superficie de la Tierra debido a las fuerzas?

Aunque las rocas no parecen cambiar nunca, las características de la superficie de la Tierra siempre están cambiando.

¿Cómo podría un árbol romper una roca?

....

....

....

⬥ Conocimientos y destrezas esenciales en Texas

TEKS: 5A Medir, probar y anotar las propiedades físicas de la materia, incluyendo la temperatura, la masa, el magnetismo y la habilidad para hundirse o flotar. **5C** Pronosticar, observar y anotar los cambios en el estado de la materia causados por el calentamiento o el enfriamiento. **7A** Explorar y anotar cómo se forman los suelos a través de la degradación de las rocas y la descomposición de restos de plantas y animales. **7C** Identificar y comparar los distintos accidentes geográficos, incluyendo montañas, colinas, valles y llanuras. **7D** Explorar las características de los recursos naturales que los hacen útiles como productos y materiales, tales como ropa y muebles, y cómo los recursos se pueden conservar. **8A** Observar, medir, anotar y comparar los cambios diarios en el estado del tiempo en distintos lugares al mismo tiempo, incluyendo la temperatura del aire, la dirección del viento y la precipitación. **8B** Describir y dibujar al Sol como una estrella compuesta por gases que provee energía luminosa y térmica para el ciclo del agua. **TEKS de apoyo: 7B** Investigar los cambios rápidos en la superficie de la Tierra, tales como erupciones volcánicas, terremotos y derrumbes de tierra.

TEKS de proceso: 1A, 1B, 2A, 2B, 2C, 2D, 2F, 3C, 3D, 4A, 4B

¿Qué efecto tiene el agua sobre una pendiente?

☑ **1.** Representa la naturaleza usando modelos. **Haz un modelo** de una colina colocando arcilla en el molde. La colina debe tener unos 10 cm de alto y unos 15 cm de ancho en la base.

☑ **2.** Rellena bien con tierra todo alrededor y por encima de la arcilla. La tierra debe tener una profundidad de unos 3 cm.

☑ **3.** **Predice** qué pasará si fluye agua cuesta abajo por la colina.

☑ **4.** Vierte agua sobre un lado de la colina. **Observa.**

Predicción	Observación

Materiales

arcilla

molde

regla

tierra

taza de medir llena de agua

Texas: Seguridad
EN EL LABORATORIO
Lávate las manos con agua tibia y jabón antes de salir del laboratorio.

Destreza de indagación
Puedes **comunicarte** usando dibujos.

La arcilla debe estar totalmente cubierta de tierra antes de verter el agua.

Explica los resultados

5. Comunica ideas dibujando un diagrama de tu modelo. Usa flechas para mostrar la dirección del movimiento del agua sobre la colina.

Enfoque en Secuencia

En este capítulo practicarás el uso de la **secuencia** como estrategia de lectura. El orden en que ocurren los eventos es la secuencia de esos eventos. Secuencia también puede significar los pasos que sigues para hacer algo.

¡Tornado!

Ese día el aire estaba húmedo y el cielo se veía oscuro y verduzco. Primero, las sirenas de tornado comenzaron a sonar. Las personas se refugiaron bajo tierra. Luego, comenzó a granizar y el viento empezó a derribar árboles y postes. Por último, llegó el tornado. Sonaba como un tren de carga al arrancar techos, desarraigar árboles y volcar carros.

¡Practícalo!

Usa el organizador gráfico para hacer una lista de la secuencia de eventos del párrafo anterior.

Primero

_____

_____

Luego

_____

_____

Por último

_____

_____

¿Qué es el suelo?

Voy a aprender TEKS 7A
Voy a aprender cómo está formado el suelo. Voy a observar el suelo con un microscopio. (También **1A, 2A, 4A**)

Vocabulario
suelo
marga

Hoy voy a plantar una planta de coralillo de Texas que ya tiene una altura de 30 cm.

Debería crecer hasta alcanzar 5 veces la altura que ya tiene.

¿Qué altura alcanzará entonces?

Conexión con
Matemáticas

🔷 TEKS de Matemáticas 4K

Muestra tu trabajo Para averiguar la altura que alcanzará la planta, multiplica su altura actual por la cantidad de veces que debería crecer.

TEKS 7A, 1A, 2A, 4A

¿Cómo está compuesto el suelo?

El suelo está compuesto de diferentes cosas. Entre ellas rocas degradadas o trozos de roca pequeños desprendidos de rocas más grandes.

☑ **1. Observa** cada suelo. Usa el microscopio. Siente el suelo con las manos.

☑ **2. Anota** tus observaciones.

Materiales

suelo arenoso
suelo arcilloso
suelo margoso
microscopio de bolsillo

Texas: Seguridad
EN EL LABORATORIO
Lávate las manos con agua tibia y jabón antes de salir del laboratorio.

Observaciones de suelos		
Suelo	**Qué aspecto tiene**	**Cómo se siente al tacto**
Suelo arenoso		
Suelo arcilloso		
Suelo margoso		

Explica los resultados

3. Interpreta la información ¿Qué había en los suelos que **observaste**?

....

....

....

4. Infiere ¿De dónde crees que salieron los trozos pequeños de roca?

....

....

....

Partes del suelo

Muchos seres vivos dependen del suelo. El **suelo** es la capa de material suelto que cubre la superficie de la Tierra. El suelo contiene los materiales que las plantas necesitan para crecer. Las personas necesitan un suelo sano para cultivar alimentos.

Todos los suelos tienen las mismas cuatro sustancias. La mayor parte del suelo está compuesta por trozos diminutos de piedra. Estos trozos diminutos, llamados partículas, provienen de rocas más grandes que se han roto. En el suelo también hay aire y agua.

El último ingrediente del suelo es el humus. El humus está compuesto por los restos de plantas y animales que alguna vez estuvieron vivos. El humus es una parte importante del suelo. Cuando los restos de las plantas y de los animales del humus se descomponen, se desintegran o se pudren, se liberan nutrientes. Un nutriente es una sustancia que los seres vivos necesitan para obtener energía y crecer. El agua y los nutrientes ayudan a las plantas a vivir, crecer y sobrevivir.

1. **Predice** Nombra dos cosas que estas niñas podrían observar en el suelo.

....

....

....

....

De roca a suelo

Las rocas grandes se rompen en rocas cada vez más pequeñas. La degradación es todo proceso que rompe la roca en trozos más pequeños. Todos los trozos pequeños de roca hechos por la degradación pueden formar el suelo.

Las plantas a veces causan degradación. Sus raíces pueden crecer en las grietas de las rocas. A medida que las raíces van creciendo, pueden partir las rocas y romperlas.

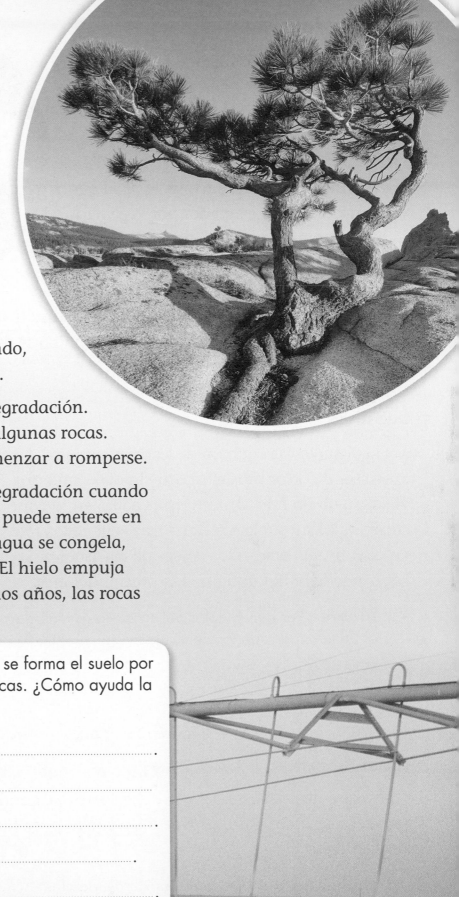

El agua también puede causar degradación. El agua modifica los minerales de algunas rocas. Las rocas se debilitan y pueden comenzar a romperse.

El agua también puede causar degradación cuando se congela y se descongela. El agua puede meterse en las grietas de las rocas. Cuando el agua se congela, se expande, o se hace más grande. El hielo empuja contra los lados se las grietas. Con los años, las rocas se pueden romper.

2. **Secuencia** Explora y anota cómo se forma el suelo por medio de la degradación de las rocas. ¿Cómo ayuda la lluvia en la formación del suelo?

Primero, ...

Después, ...

....

Luego, ...

Finalmente, ...

Capas del suelo

El suelo está organizado en capas. Cada lugar tiene una capa de suelo de diferente grosor y color.

Capa superior del suelo

La capa superior del suelo es la capa que está arriba. La capa superior por lo general es la capa más oscura porque contiene la mayor cantidad de humus. La mayoría de las plantas crecen en la capa superior. Animales como lombrices, arañas e insectos construyen su hogar en la capa superior. El humus contiene gran parte de lo que las plantas necesitan para crecer.

Las lombrices de tierra mezclan el suelo a medida que excavan a través de él. Esto mejora el suelo.

Subsuelo

El subsuelo está debajo de la capa superior del suelo. Suele ser de color más claro que la capa superior. En el subsuelo no hay tanto humus como en la capa superior. El subsuelo contiene trozos de rocas rotas. En el subsuelo crecen las raíces de los árboles. En esta capa puede haber agua de las precipitaciones.

3. **Infiere** ¿Por qué el color del subsuelo es más claro que el de la capa superior del suelo?

....

....

Lecho de roca

El lecho de roca está debajo del subsuelo. Cuando esta roca se desintegra, provee los recursos para hacer suelo nuevo.

4. **Elementos del texto** ¿Cómo te ayudan los encabezados del texto a comprender la foto?

Humus y suelo

Las plantas y los animales muertos se descomponen naturalmente para formar humus en el suelo. Las personas también agregan materia descompuesta al suelo para ayudar a las plantas a crecer. Este material se llama abono orgánico. Muchos hogares de Texas tienen abono orgánico. Investiga para averiguar cómo las personas hacen abono orgánico. Luego escribe y dibuja una receta para hacerlo.

🔶 **TEKS 7A**

5. DESAFÍO ¿Qué podrías usar para hacer un modelo de las capas del suelo?

....
....
....
....

Tipos de suelo

En la marga se cultivan plantas.

El suelo no es igual en todas partes. El suelo que está cerca de tu casa puede ser diferente al suelo de tu escuela. Parte de lo que hace diferentes a los suelos es el tipo de partículas de roca que contiene cada suelo. La arena, el cieno y la arcilla son los tres tipos de partículas más importantes que se encuentran en el suelo.

Casi todos los suelos son una mezcla de arena, cieno y arcilla. El suelo que tiene esta mezcla se llama **marga.** La marga también contiene aire, agua y humus.

6. **Infiere** El color de dos muestras de la capa superior del suelo es diferente. ¿Cuál es una posible razón de esta diferencia?

....

....

Conexión con Matemáticas

🔺 **TEKS de Matemáticas 8B**

Lee una gráfica

La marga es un buen suelo para cultivar la mayoría de las plantas. La marga retiene solamente el agua suficiente para que las raíces de las plantas puedan absorberla. La gráfica muestra la cantidad de las sustancias de la marga.

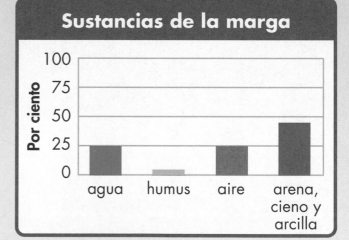

Sustancias de la marga

1. **Determina** De acuerdo con la gráfica, ¿qué sustancia se puede añadir al aire para formar exactamente la mitad de la marga?

....

2. **Determina** ¿Qué material compone el mayor porcentaje de la marga?

3. **Resuelve** Imagina que el humus y el agua formaran, cada uno, el 15% de la marga. ¿En qué se diferenciaría la gráfica?

....

196

Arena

La arena contiene partículas grandes de roca. El suelo arenoso se siente áspero y granulado. El agua lo atraviesa muy rápido. En un suelo arenoso, las raíces de las plantas quizá no logren absorber agua lo suficientemente rápido.

Cieno

El cieno contiene partículas de tamaño mediano, que están muy apretadas unas con otras. El cieno húmedo se siente resbaladizo y liso. Aunque el agua los atraviesa, los suelos con cieno retienen el agua mejor que los arenosos.

Arcilla

Las partículas de arcilla son las más pequeñas. La arcilla húmeda se siente lisa y pegajosa. La arcilla retiene tan bien el agua que las plantas que crecen en ella se pueden "ahogar" si las raíces no pueden obtener el aire que necesitan.

7. Resume Algunos suelos retienen demasiada agua. Otros no retienen la suficiente. ¿Cómo podría afectar esto a las plantas?

....

....

¿Entiendes? ⬇ TEKS 7A

8. Saca conclusiones Explora y anota cómo se forma el suelo por la descomposición de los restos de plantas y animales. ¿De qué manera las plantas y los animales se convierten en parte del suelo y lo hacen más sano?

....

....

9. Analiza ¿Qué tipo de suelo tiene las partículas de roca más degradadas? ¿Cómo lo sabes?

....

....

⬛ **¡Para!** Necesito ayuda ....

⏸ **¡Espera!** Tengo una pregunta ....

▶ **¡Sigue!** Ahora sé ....

Científica del suelo
Dra. Elissa R. Levine

TEKS 3D

La Dra. Levine es una científica que estudia los suelos para el Centro de Vuelo Espacial Goddard de la NASA. Su interés por el suelo se despertó hace mucho tiempo. Una vez dijo: "Cuando era pequeña, mi madre me sentaba en el suelo y me mostraba todo tipo de cosas interesantes para observar y jugar. Desde entonces me ha interesado el suelo".

La Dra. Levine reúne información de las fotos tomadas por los satélites que viajan sobre la Tierra a gran altura. Son fotos de nuestro medio ambiente. También estudia cómo cambia el suelo de todo el mundo. Intenta encontrar las causas de estos cambios.

La Dra. Levine también enseña sobre el suelo a estudiantes de todo el mundo. Los estudiantes reúnen datos sobre el suelo. La Dra. Levine usa esta información para hacer modelos por computadora de los suelos. Ha descubierto que el suelo conecta todas las demás partes de nuestro medio ambiente.

Relaciona conceptos científicos con carreras científicas. Haz una lista de cuatro cosas que puedes encontrar en el suelo que un científico del suelo podría estudiar.

Como todos los científicos del suelo en Texas y en el resto del mundo, la Dra. Levine usa imágenes satelitales para estudiar el suelo.

Estudios sobre el suelo de Texas

APLICACIÓN
TEKS
7A

Texas tiene muchos tipos de suelo. Pide a un adulto que te ayude a observar una muestra de suelo de tu patio, del patio de tu escuela o de un parque cercano. Vierte aproximadamente un vaso de suelo sobre una hoja de papel, así puedes mirarlo más de cerca. Usa una lupa para estudiarlo atentamente.

¿Qué observas sobre el suelo? ¿Algo crece en él? ¿Contiene insectos o lombrices? ¿Qué tamaño tienen las partículas de roca? Anota tus observaciones en un cuaderno. Asegúrate de lavarte las manos después de tocar el suelo.

Comenta con tus compañeros lo que encontraron en su suelo. ¿En qué se diferencia tu suelo del de los demás? ¿En qué es igual?

¿Por qué el suelo de diferentes lugares suele tener diferentes componentes? ¿Qué pregunta podrías formular como ayuda para comparar las muestras de suelo?

¿Cómo describimos las formaciones de la superficie de la Tierra?

Voy a aprender TEKS 7B, 7C
Voy a aprender los distintos accidentes geográficos de la Tierra y a explorar cómo la superficie de la Tierra puede cambiar rápidamente. Voy a hacer un modelo de un volcán.
(También **1A, 2B, 3C, 4B**)

Vocabulario
accidente geográfico
erosión

Conexión con
Estudios Sociales

TEKS de Estudios Sociales 4B

Dibuja la superficie de los terrenos cercanos a tu comunidad. Explica de qué manera la creación y el desarrollo de tu comunidad han cambiado, o no, la forma de la superficie de los terrenos.

TEKS 7B, 1A, 2B, 3C, 4B

¿Cómo puedo hacer un modelo de un volcán?

☑ **1. Mide** 75 mL de bicarbonato. Vierte el bicarbonato en la botella con el embudo.

2. Haz un modelo Pon y aprieta tierra alrededor de la botella para formar una montaña. Deja descubierta la tapa de la botella.

3. Mide 75 mL de vinagre. Ponte los lentes de seguridad. Agrega dos gotas de colorante vegetal rojo.

4. Vierte el vinagre en la botella. **Observa.**

Texas: Seguridad
EN EL LABORATORIO
Usa equipo de seguridad. Usa lentes de seguridad.

Explica los resultados

5. ¿En qué se parece tu modelo a un volcán verdadero?

....

....

....

6. ¿En qué se diferencia tu modelo de un volcán verdadero?

....

....

....

....

Accidentes geográficos

La superficie exterior de la Tierra es una capa de roca llamada corteza. La corteza cubre toda la Tierra. La corteza puede tener distintas formas, como montañas, colinas, llanuras y valles. Cada forma es un ejemplo de un accidente geográfico. Un **accidente geográfico** es una formación sólida de la corteza terrestre.

Los accidentes geográficos cambian constantemente. Algunos cambios se producen lentamente. Una montaña puede tardar millones de años en formarse. Fuerzas adentro de la Tierra empujan las rocas gradualmente hacia arriba. Otros cambios se producen rápidamente. Durante un derrumbe de tierra, las rocas y la tierra se mueven rápidamente hacia abajo por una pendiente.

1. **Identifica** **Subraya** los nombres de los cuatro accidentes geográficos del texto.

2. **Infiere** ¿Crees que el accidente geográfico de la foto de abajo se formó lentamente o rápidamente? Explica.

....

....

....

Este accidente geográfico se llama Lighthouse (el Faro). Es una formación rocosa localizada en el Parque Estatal Cañón Palo Duro en el Panhandle de Texas.

Cambios en la superficie de la Tierra

La degradación es una causa en los cambios en la superficie de la Tierra. Las rocas grandes de los accidentes geográficos se rompen en rocas más pequeñas. A veces, el material que ha sufrido degradación permanece en el mismo lugar. Otras veces, algo lo recoge o transporta lentamente o rápidamente a otros lugares. El movimiento de materiales que han sufrido degradación se llama **erosión**. La erosión cambia enormemente la superficie de la Tierra. El agua, el viento y la gravedad pueden causar erosión.

El agua causa erosión en muchos lugares. El agua de lluvia puede arrastrar y llevarse el suelo de los campos agrícolas. Las olas causan erosión a lo largo de las costas. Las olas se llevan la arena. Los ríos transportan trocitos de roca de un lugar a otro. La arena y el lodo fluyen sobre las orillas de un río durante una inundación.

La erosión debida al viento es normal en regiones secas como los desiertos. El viento puede transportar arena y suelo secos a otros lugares. En los desiertos crecen pocas plantas altas. Esto significa que casi nada evita que las partículas de arena y suelo se vuelen.

La gravedad también causa erosión. La gravedad jala cuesta abajo el suelo y las rocas. El material se mueve lentamente cuando la pendiente es suave. Se puede mover rápido en pendientes empinadas. Esto puede resultar en derrumbes de tierra, avalanchas de barro y desprendimiento de rocas.

Los desprendimientos de rocas pueden tener muchas rocas o solo un número pequeño de rocas. Las rocas pueden variar en tamaño desde una piedrita hasta una roca grande.

Las formaciones rocosas en el cañón Palo Duro se formaron por erosiones de viento y de agua.

3. Identifica Subraya ejemplos de cambios rápidos en la superficie de la Tierra.

203

Formaciones de la superficie de la Tierra

La forma y el tamaño de los accidentes geográficos pueden ser diferentes. Las masas de agua son otro tipo de formación que se encuentra en la superficie de la Tierra. El agua en movimiento es una de las tantas fuerzas que pueden formar accidentes geográficos. Los ríos pueden actuar como serruchos que cortan y atraviesan la roca. Las inundaciones de los ríos depositan sedimentos en sus orillas. Las olas del océano rompen rocas y mueven arena. Estos procesos cambian constantemente la corteza terrestre.

4. Identifica

Encierra en un círculo los siguientes accidentes geográficos de la ilustración: montaña, colina, valle y llanura.

Glaciar

Un glaciar es una masa grande de hielo en movimiento. Se forma en los lugares fríos donde la nieve y el hielo se acumulan año tras año. Se mueve lentamente cuesta abajo.

Valle

Un valle es un área baja y angosta entre dos colinas o montañas. Los ríos y los glaciares pueden cavar valles en la tierra.

Meseta

Una meseta es una llanura más elevada que la tierra que la rodea.

Océano

El océano es el agua salada que cubre casi tres cuartos de la superficie de la Tierra.

Costa

La costa es la tierra que está junto al océano. El movimiento del agua del océano ayuda a dar forma a la costa.

Montaña

Una montaña es un accidente geográfico mucho más alto que la tierra que la rodea. Algunas montañas se forman cuando se empujan bloques de roca hacia arriba o hacia abajo a lo largo de las grietas de la corteza terrestre.

Volcán

Un volcán es una abertura en la corteza terrestre. La presión del interior de la Tierra puede hacer que salga roca caliente y derretida a través del volcán.

5. Compara ¿En qué se parecen las montañas y los volcanes?

....

....

....

....

Lago

Un lago se forma cuando el flujo de agua se desacelera lo suficiente para llenar un área.

Colina

Una colina es un lugar elevado sobre la superficie de la Tierra, pero no tanto como una montaña. Las colinas por lo general tienen cimas redondeadas.

Llanura

Una llanura es un área grande, en su mayor parte plana.

Río

Un río es una gran corriente natural de agua.

Laboratorio rápido

Accidentes geográficos y agua
Haz una lista de los accidentes geográficos y las masas de agua que existen donde vives. Dibuja dos de ellos. Explica cómo se podrían haber formado.

TEKS 7C

6. Clasifica Observa el diagrama. Marca con una ✗ las formaciones que NO son accidentes geográficos. Di por qué no son accidentes geográficos.

Cambios rápidos en la superficie de la Tierra

Los volcanes y los terremotos producen cambios rápidos, y a veces peligrosos, en la superficie de la Tierra.

Volcanes

Los volcanes comienzan en la capa que está debajo de la corteza terrestre, llamada manto. Aquí se forma la roca derretida llamada magma. Primero, se acumula en una bolsa llamada cámara de magma. Después, el magma empuja los puntos débiles de la corteza. Luego, estalla a través de un cráter en forma de tazón. El magma que fluye a la superficie terrestre se llama **lava.** Por último, la lava se enfría y se endurece, y forma roca. Un volcán que entra en erupción varias veces puede formar capa tras capa de roca.

7. **Secuencia** En el diagrama, numera los eventos para indicar la secuencia de erupción de un volcán.

La lava que fluye puede quemar todo a su paso.

.... Cuando el magma fluye a la superficie de la Tierra, se llama lava.

.... La lava se enfría y se endurece, lo que forma roca.

cráter

.... El magma empuja hacia arriba a través de los puntos débiles de la corteza terrestre.

.... El magma se acumula en la cámara de magma.

cámara de magma

Terremotos

La corteza terrestre está dividida en grandes secciones o partes. Estas partes se mueven. La mayor parte del tiempo se mueven muy lentamente. Pero a veces las partes de la corteza pueden moverse en forma repentina. Este movimiento repentino puede enviar vibraciones a través de la Tierra. Estas vibraciones pueden sacudir el suelo en todas direcciones. Esta sacudida es un terremoto. La mayoría de los terremotos se producen a lo largo de fallas, o grandes grietas de la corteza. La sacudida de un terremoto puede formar grietas nuevas sobre la superficie de la Tierra. También puede causar derrumbes de tierra.

Los movimientos a lo largo de la falla de San Andrés, en California, han provocado terremotos en el área.

8. **Causa y efecto** ¿Cuál es la causa de las vibraciones de un terremoto?

....

¿Entiendes? ✦ TEKS 7C

9. **Compara y contrasta** Compara diferentes accidentes geográficos. ¿En qué se parecen las montañas, las colinas, los valles y las llanuras? ¿En qué se diferencian?

....

....

....

10. **Explica** ¿Cómo pueden las fuerzas que actúan debajo de la corteza terrestre causar cambios en la superficie de la Tierra?

....

....

....

⬜ **¡Para!** Necesito ayuda ....

⏸ **¡Espera!** Tengo una pregunta ....

▶ **¡Sigue!** Ahora sé ....

¿Qué son los recursos naturales?

Voy a aprender TEKS 7D
Voy a aprender qué hace útiles a los recursos naturales. Voy a aprender a conservar reutilizando y reciclando materiales. (También **1A**, **1B**)

Vocabulario
recurso natural
recurso renovable
recurso no renovable
conservación

Reunimos muchísimos materiales para reciclar.

Tenemos 12 kilogramos de papel, 4 kilogramos de latas de aluminio y 5 kilogramos de botellas plásticas.

¿Puedes redondear y hallar el total de los materiales que reunimos?

Conexión con
Matemáticas

🔹 TEKS de Matemáticas 4A, 4B

Muestra tu trabajo Para redondear, primero calcula la cantidad total de kilogramos. Luego redondea a la decena más cercana.

TEKS 7D, 1A, 1B

¿Cómo usamos los recursos naturales?

☑ **1. Observa** cada uno de los productos de la lista de *Materiales*.

☑ **2.** Empareja cada producto con su recurso natural. Algunos recursos sirven para hacer más de un producto.

Recursos naturales
ovejas
mineral de cobre
árboles
bauxita (extraída del suelo; contiene aluminio)
petróleo (bombeado del suelo; usado para hacer plásticos)

Materiales

cable de cobre
papel
tela de lana
papel de aluminio
vaso plástico
lata de aluminio
silla de madera

 Texas: Seguridad
EN EL LABORATORIO
Maneja con cuidado los objetos filosos.

Explica los resultados

3. Comunica ideas Describe de dónde viene cada material.

....

....

....

4. Evalúa El papel, el aluminio y el plástico a menudo se pueden volver a usar. Explica cómo podrías reutilizar cada uno de los objetos de la lista hechos con estos materiales.

....

....

....

....

Recursos naturales

Las cosas que necesitamos vienen de los recursos naturales. Un **recurso natural** es un material importante de la Tierra que los seres vivos necesitan.

Los árboles son un recurso natural. Las personas talan los árboles por la madera. La madera se usa para construir casas o muebles. Las astillas de madera son transformadas en pulpa. La pulpa es convertida en papel. Las cajas y los libros son productos hechos con papel.

El petróleo es otro recurso natural. El petróleo se usa para fabricar plásticos. El plástico está presente en muchos productos, tales como bolsas, botellas y recipientes. Hay una cantidad limitada de petróleo en la Tierra.

1. **Genera** Escribe una lista de modos en que se usa la madera de los árboles en tu escuela.

2. **Enuncia** ¿De qué manera este perro está usando el agua, otro recurso natural?

Recursos renovables

Se pueden plantar árboles nuevos para reemplazar a los que han sido talados. Si los árboles nuevos reciben la luz solar, el aire y el agua que necesitan, pueden crecer hasta tener el tamaño suficiente para ser talados. Un recurso que se puede reemplazar en poco tiempo es un **recurso renovable**. Los árboles son un recurso renovable. La luz solar, el agua, el aire y el suelo también son recursos renovables porque no pueden agotarse. Todos son materiales de la naturaleza.

Luz solar

La luz solar es muy importante para los seres vivos. La energía del Sol permite que el aire, el agua y el suelo de la Tierra tengan la temperatura necesaria para los seres vivos. La luz solar ayuda a las plantas a producir su propio alimento. Los animales que comen plantas dependen de la luz solar para que las plantas se mantengan con vida.

Agua, aire y suelo

Las plantas usan agua y aire para crecer. Los animales necesitan agua para beber y aire para respirar. El agua y el aire son recursos renovables. Sin embargo, las personas pueden usar el agua más rápido del tiempo que se necesita para renovarla. Las personas también pueden contaminar el agua y el aire.

El suelo es otro recurso renovable. Las plantas usan nutrientes del suelo para producir su propio alimento. Los agricultores cultivan plantas en el suelo para que las personas las coman. Sin embargo, estas plantas pueden quitar los nutrientes del suelo.

El petróleo se bombea de la Tierra por medio de estructuras como ésta.

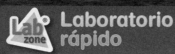
Recursos no renovables

Un recurso que no se puede reemplazar cuando se acaba es un **recurso no renovable**. Muchos recursos no renovables son materiales que se encuentran debajo del suelo.

Menas

Los mineros excavan el suelo donde pueden encontrar rocas llamadas menas. Las menas contienen metales y otros minerales que las personas usan. El cobre, el hierro y el aluminio son algunos de los metales útiles. Las personas cambian estos recursos para satisfacer ciertas necesidades. Por ejemplo, el cobre se usa para hacer cables eléctricos porque conduce bien la electricidad. Es probable que los cables eléctricos de tu casa y de tu escuela estén hechos de cobre.

Combustibles

El carbón, el petróleo y el gas natural son otros recursos no renovables que vienen del suelo. Son combustibles. Al quemarse, liberan energía útil. Las personas pueden usar la energía de los combustibles para dar calefacción a los edificios o para hacer funcionar carros, aviones y otras máquinas.

La cantidad de minerales y combustibles que están disponibles en el suelo es limitada. Una vez que usemos todos esos recursos, se habrán acabado para siempre.

3. **Describe** ¿Qué propiedades de los metales crees que hacen que resulten útiles para las personas?

....

....

4. **Contrasta** ¿En qué se diferencian los recursos no renovables de los recursos renovables?

....

....

Usar los recursos

Los productos que usamos vienen de los recursos naturales. A veces usamos un recurso de manera directa. Respiramos el aire. Bebemos agua. Algunas personas usan ciertos materiales, tales como ramas, hojas o lodo, para construir casas.

A menudo alteramos, o cambiamos, un recurso para usarlo. El acero se produce a partir del recurso natural del hierro. El acero se usa para hacer clavos, carros, vigas para edificios y muchos otros productos. El petróleo crudo se refina, es decir, se separa en las distintas partes que lo forman. Cada una de las partes tiene ciertas propiedades útiles. Entre los productos que se hacen a partir de las distintas partes del petróleo está la gasolina para los automóviles, los plásticos, las telas y las medicinas. Primero, las fibras del algodón se separan de las semillas. Luego se las limpia y se hilan para obtener hilos de algodón. Estos hilos se usan para tejer telas que luego se usan para hacer ropa, sábanas y otros productos.

5. Clasifica Completa la tabla. Enumera productos que las personas hacen para satisfacer sus necesidades a partir de los minerales, el petróleo y los árboles.

Minerales	Petróleo	Árboles
herramientas metálicas	bolsas plásticas	periódicos

Conservación

Cuando las personas caminan en lugar
de andar en carro, ahorran combustible.
Cuando escogen productos que tienen menos
envoltorio, ahorran papel y plástico. Este
cuidado en el uso de los recursos naturales
permite conservarlos. La **conservación**
es un intento de conservar o de proteger
el medio ambiente de cambios dañinos.
Cuando se pone en práctica la conservación,
no se malgastan ni se agotan los recursos.

Cerrar el agua mientras te cepillas los dientes es
una manera de ayudar a conservar el agua.

Conservar el agua y el suelo

Las personas pueden conservar el agua
usándola menos. Puedes cerrar el agua
mientras te cepillas los dientes. Las personas
pueden tomar duchas más cortas y regar menos
el césped. Algunas comunidades reciclan el
agua. Limpian el agua que ha sido usada y
vuelven a usarla. Los agricultores conservan
agua sembrando cultivos que no necesitan
mucha agua. En ocasiones dejan los campos
sin cultivar durante un año para que el suelo
pueda retener el agua y los nutrientes.

El suelo necesita protección de la erosión. Algunos
agricultores siembran cultivos alrededor de las colinas en
lugar de hacerlo sobre las laderas. Observa a la derecha
la imagen de arado en contorno. Las filas de plantas que
describen curvas impiden que el agua de lluvia arrastre
el suelo cuesta abajo por las colinas. En las superficies
llanas, algunos agricultores plantan árboles junto a los
campos para evitar que el viento arrastre el suelo. Los
árboles actúan como una cortina contra el viento.

El arado en contorno
mantiene el suelo en filas que
describen curvas alrededor
de las pendientes. Esto sirve
para conservar el suelo y
evitar la erosión, pues el suelo
se mantiene en su lugar y no
es arrastrado por el agua
de lluvia que fluye por las
pendientes.

6. Identifica Explora cómo se pueden conservar los
recursos. ¿De qué manera puedes conservar recursos
durante el día de hoy?

Reutilizar y reciclar

Puedes conservar recursos usando una cantidad menor de recursos. También puedes conservar recursos reutilizando las cosas. Por ejemplo, puedes reutilizar las toallas de tela pero no las de papel. Puedes volver a usar una hoja de papel escribiendo en la parte de atrás. O puedes dar los juguetes que ya no usas y la ropa que te queda chica para que otros los aprovechen.

Otra manera de conservar los recursos es reciclar las cosas que contienen materiales útiles. Reciclas cuando cambias algo de manera que pueda volver a usarse. Los recursos útiles que se usaron para hacer objetos se pueden reciclar para hacer productos nuevos. Muchos productos están hechos a partir de plásticos, papeles, vidrios o metales reciclados. De hecho, muchas latas de aluminio se fabrican usando latas de aluminio recicladas.

Los juegos de esta área de juegos se hicieron a partir de plástico reciclado.

¿Entiendes? TEKS 7D, 1B

7. Explica Mucha ropa está hecha de algodón. El algodón se obtiene de las plantas de algodón. ¿Por qué el algodón es un recurso renovable?

....

....

8. Determina ¿Qué objetos de la escuela se podrían reciclar?

....

....

....

⬛ **¡Para!** Necesito ayuda ....

⏸ **¡Espera!** Tengo una pregunta ....

▶ **¡Sigue!** Ahora sé ....

¿Qué es el ciclo del agua?

Voy a aprender TEKS 8B
Voy a aprender cómo el agua se
mueve en un ciclo en la Tierra y cómo
el Sol proporciona energía para este
ciclo del agua. Voy a hacer un modelo
del ciclo del agua. (También 5A, 5C,
1A, 2B, 4A)

Vocabulario
evaporación
condensación
ciclo del agua
precipitación

Conexión con

Estudios Sociales

🔹 **TEKS de Estudios Sociales 17E**

Los ríos llevan el agua de lluvia de regreso a los océanos. Usa este
mapa de Texas para encontrar algunos de los ríos más importantes
que fluyen por el estado. ¿Cuál de los ríos del mapa es el más
cercano al lugar donde vives?

Laboratorio rápido

TEKS 5A, 5C, 8B, 1A, 2B, 4A

¿Cómo la luz y el calor del Sol ayudan al agua a moverse por un ciclo?

Cuando el agua cambia de líquido a un gas, se evapora.

☑ **1. Predice** el efecto de la luz solar sobre la evaporación.

....

....

☑ **2.** Usa un cilindro graduado para **medir** con cuidado 150 mL de agua. Vierte 150 mL de agua en un vaso.

☑ **3.** Repite el Paso 2 con el segundo vaso.

☑ **4. Mide** las temperaturas. Asegúrate de que el agua de cada vaso esté a la misma temperatura.

☑ **5.** Coloca ambos vasos en una misma habitación. Uno de los vasos debe quedar expuesto a la luz solar. El otro vaso debe estar a la sombra. Espera un día.

☑ **6.** Usa el sistema métrico para medir y reunir información. Usa el cilindro graduado para medir la cantidad de agua de cada vaso. ¿Ambos vasos tienen la misma cantidad de mililitros? Explica tu respuesta.

....

....

Explica los resultados

7. Saca una conclusión Describe el efecto que la luz solar tuvo sobre el agua.

....

....

Materiales

2 vasos plásticos transparentes
cilindro graduado
termómetro
agua

 Texas: Seguridad
EN EL LABORATORIO
Nunca bebas ni comas nada en el laboratorio.

Destreza de indagación
Usas lo que observas como ayuda para **sacar una conclusión.**

Agua en la Tierra

La Tierra se puede llamar "el planeta azul". Esto se debe a que casi tres cuartos de la superficie de la Tierra están cubiertos de agua. La mayor parte del agua se encuentra en el océano.

El agua de la Tierra se encuentra en formas diferentes. Se puede desplazar de un lugar a otro. Imagina que sigues a una partícula de agua durante un año. Primero, podrías encontrar la partícula de agua estrellándose en la playa dentro de una ola. Luego, podrías encontrarla deslizándose en el cielo como parte de una nube. Por último, podrías encontrarla cayendo en forma de nieve.

1. **Secuencia** Lee nuevamente el segundo párrafo. Completa el organizador gráfico para mostrar el ciclo de una partícula de agua.

Primero

Luego

deslizándose en el cielo como parte de una nube

Por último

La mayor parte del agua de la Tierra es agua salada del océano.

El agua, que puede estar en forma de olas, de nubes o de nieve, cambia su forma debido a la energía del Sol. Cuando la luz solar choca contra el agua de la Tierra, la calienta. El agua de la superficie se convierte en vapor de agua, que es un gas. Se evapora en el aire. La **evaporación** es el cambio del agua en estado líquido a vapor de agua. No puedes ver el vapor de agua, pero en ocasiones puedes sentir su efecto, como en los días muy calurosos del verano. Durante esos días, el agua sale de tu piel en forma de sudor. El sudor no se evapora fácilmente si hay mucho vapor de agua en el aire. Por eso te sientes "pegajoso".

2. **Predice** Observa la foto del charco de esta página. ¿Qué le pasará al charco a medida que el Sol lo caliente? ¿Por qué?

....

....

....

Laboratorio rápido

Diagrama del ciclo del agua

Dibuja un diagrama que muestre el ciclo del agua. Rotula las partes. Incluye el Sol como la fuente de energía luminosa y térmica para la evaporación.

➡ TEKS 8B

Condensación

El vapor de agua asciende al aire y se enfría. Al enfriarse, el vapor se transforma en pequeñas gotitas de agua. Este cambio de gas a líquido se llama **condensación.** Las gotas de agua se unen y forman nubes.

3. **Subraya** las palabras del texto de arriba que definen lo que es *condensación*.

Evaporación

La luz y el calor del Sol causan que se evapore el agua de la superficie de la Tierra. El agua que se evapora deja de ser un líquido y se convierte en un gas.

Ciclo del agua

El **ciclo del agua** es el movimiento de ida y vuelta que realiza el agua entre el aire y la superficie de la Tierra. El ciclo del agua es importante porque proporciona a la Tierra un suministro constante de agua dulce. La mayor parte del agua de la Tierra es agua salada del océano, que no se puede beber.

El agua cambia de forma, o estado, durante su recorrido en el ciclo del agua. Después de que el agua pasa por todas las etapas, el ciclo comienza nuevamente. Lee las leyendas y sigue las flechas para aprender más.

Precipitación

Las partículas de agua en las nubes se unen. Cuando se vuelven pesadas, caen a la Tierra en forma de lluvia, nieve, aguanieve o granizo. El agua que cae a la Tierra se llama **precipitación.**

Almacenamiento

Parte de la precipitación se filtra en el suelo. El resto de la precipitación, llamado escorrentía, fluye sobre la tierra y se acumula en los ríos, los lagos y el océano.

¿Entiendes? TEKS 8B

4. Identifica Haz una lista de las etapas del ciclo del agua.

....

....

5. Saca conclusiones ¿Por qué es importante el Sol en el ciclo del agua?

....

....

....

⬛ **¡Para!** Necesito ayuda ....

⏸ **¡Espera!** Tengo una pregunta ....

▶ **¡Sigue!** Ahora sé ....

¿Qué son el estado del tiempo y el clima?

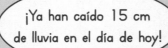

Voy a aprender TEKS 8A
Voy a aprender la diferencia entre estado del tiempo y clima. Voy a observar, medir y anotar los cambios en el estado del tiempo. (También **5A, 2C, 2D, 4A**)

Vocabulario
estado del tiempo
clima
humedad

¡Ya han caído 15 cm de lluvia en el día de hoy!

El récord de lluvia caída en un día se registró en Texas: ¡109 cm de lluvia!

¿Cuánto más tiene que llover para igualar el récord?

Conexión con

Matemáticas

 TEKS de Matemáticas 4A

Muestra tu trabajo Decide si tienes que sumar o restar. Luego escribe el problema y resuélvelo para buscar la respuesta.

Laboratorio rápido

¿Qué es la temperatura del día?

Materiales

termómetro

☑ **1.** Coloca el termómetro al aire libre. Espera 5 minutos.

☑ **2.** Observa el estado del tiempo. **Mide** la temperatura. **Anota.**

Texas: Seguridad
EN EL LABORATORIO
Entiende las instrucciones y formula preguntas si no entiendes.

Temperatura de 3 días

Día	Temperatura (°C)
Día 1	
Día 2	
Día 3	

☑ **3.** Repite el paso 2 durante dos días, a la misma hora cada día. Usa una ubicación distinta cada día.

Explica los resultados

4. Analiza e interpreta ¿Existe un patrón en los datos o las temperaturas varían mucho? Analiza e interpreta los patrones de tus datos para elaborar explicaciones razonables.

5. Compara ¿En qué se parecen las temperaturas que anotaste? ¿En qué se diferencian?

6. Infiere ¿Tus datos serán iguales todo el año? ¿Serán iguales dentro de un año? Explica tu respuesta.

¿Por qué medimos el estado del tiempo?

¿Cómo describirías el estado del tiempo de hoy? El **estado del tiempo** son las condiciones al aire libre. Puedes decir que hace mucho calor o mucho frío. Quizá alguien no esté de acuerdo. Palabras como *calor* y *frío* significan cosas diferentes para cada persona.

También podrías describir el estado del tiempo diciendo que la temperatura es de 34° Celsius, o 93° Fahrenheit. Celsius y Fahrenheit son escalas que se usan para medir la temperatura. Los científicos miden el estado del tiempo para poder describir sus características con exactitud. Si un científico informa que la temperatura es de 34° Celsius, todos pueden entender qué significa eso.

El estado del tiempo se refiere a más que la temperatura. Incluye el tipo de nubes en la atmósfera. La atmósfera es la capa de aire que rodea la Tierra. El estado del tiempo incluye la cantidad de agua en la atmósfera. Incluye precipitación de lluvia, nieve o granizo. El estado del tiempo también incluye la velocidad y la dirección del viento.

La atmósfera tiene peso que empuja sobre la Tierra. El aire que tiene presión alta pesa más que el aire con presión baja. Las diferencias en la presión del aire causan vientos.

Los científicos miden todas estas partes que forman el estado del tiempo. Muestran los datos en mapas atmosféricos. Un mapa atmosférico puede mostrar la temperatura, la dirección del viento y la precipitación de cada lugar en el mapa.

Un termómetro es un instrumento que se usa para medir la temperatura del aire. ¿Crees que este termómetro muestra la temperatura de la foto?

1. **Subraya** la oración que dice por qué los científicos miden el estado del tiempo.

2. **Mide** Observa el termómetro. Si la temperatura se pone más fría, ¿la línea roja subirá o bajará?

Observa los siguientes mapas del estado del tiempo. Muestran los datos del estado del tiempo de distintos lugares con una semana de diferencia. Los números indican la temperatura en grados Fahrenheit. La clave indica el significado de los símbolos del mapa.

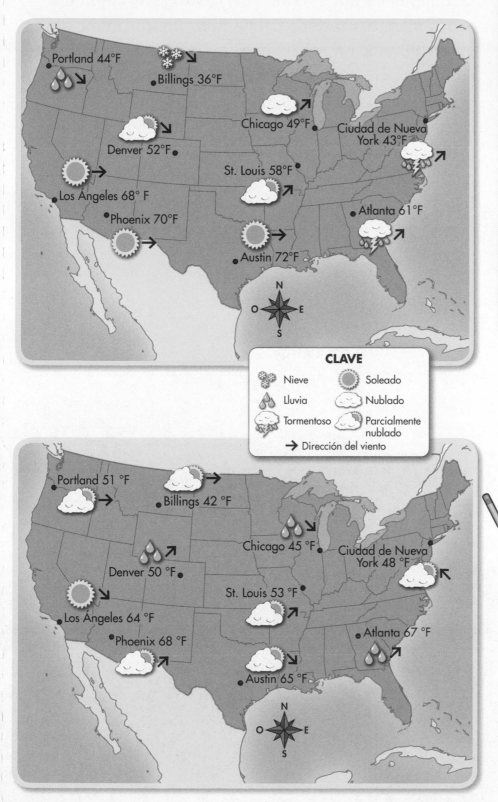

CLAVE

❄ Nieve	☀ Soleado
💧 Lluvia	☁ Nublado
⛈ Tormentoso	⛅ Parcialmente nublado
→ Dirección del viento	

Construir un mapa del estado del tiempo
Investiga la temperatura de cinco ciudades en una semana. Mide y anota la temperatura más alta durante una semana en tu ciudad. Construye un mapa para organizar, examinar y evaluar la información que encuentres. Usa instrumentos como una regla y un cuaderno, o recursos tecnológicos, como una computadora, para construir el mapa. Estudia el mapa y compara los patrones que encuentres.

🦶 TEKS 8A, 2C

3. **Interpreta** ¿Qué puedes saber sobre el estado del tiempo en Austin durante los días que se muestran en los mapas?

....

....

....

....

....

....

....

....

4. Aplica Imagina que alguien te pregunta cómo son los veranos del lugar donde vives. ¿Te está preguntando por el estado del tiempo o por el clima? ¿Cómo lo sabes?

....

....

....

Estado del tiempo y clima

Puedes describir el estado del tiempo local al observar y medir la temperatura, la velocidad y dirección del viento y la precipitación. ¿Puedes describir el clima? El estado del tiempo y el clima no son lo mismo. El estado del tiempo son las condiciones al aire libre de un lugar en un momento determinado. El **clima** es el patrón que sigue el estado del tiempo de un lugar a lo largo de muchos años. El clima incluye las temperaturas medias de un área. También incluye la cantidad media de precipitación. El clima de un lugar puede cambiar, pero le lleva muchos años hacerlo. El estado del tiempo puede cambiar todos los días. A veces el estado del tiempo cambia a lo largo de un solo día.

Los vientos húmedos soplan desde el océano y producen lluvias o nevadas en la ladera oeste de esta cordillera.

Factores que influyen en el clima

Diferentes lugares tienen diferentes climas. La cantidad de luz solar que recibe un lugar influye en su clima. La luz solar llega a la Tierra con más intensidad sobre el ecuador. El ecuador es una línea imaginaria que rodea a la Tierra por el medio, entre el Polo Norte y el Polo Sur. Los lugares que están cerca del ecuador generalmente tienen climas más cálidos que los lugares más alejados.

El océano también influye en el clima. Los lugares cercanos a los océanos suelen tener temperaturas más templadas que los lugares tierra adentro. También pueden recibir más precipitación.

Las montañas y otros accidentes geográficos también pueden influir en el clima. Observa la fotografía. La ladera oeste de la montaña tiene inviernos templados y húmedos. La otra ladera de la montaña tiene inviernos fríos y secos.

La altitud también influye en el clima. La altitud es la altura sobre el nivel del mar. Las temperaturas de la cima de una montaña son más bajas que las temperaturas al pie de la montaña.

5. **Explica** Observa la ilustración de abajo. Escribe por qué crees que el clima de la ladera este de la cordillera es seco.

El aire que sopla sobre la ladera este se vuelve más seco después de que ha caído lluvia o nieve.

Medir el estado del tiempo

Coloca por la mañana un termómetro al aire libre. Espera 10 minutos. Anota tus observaciones del estado del tiempo y la temperatura en grados Celsius. Repite el proceso todas las mañanas a la misma hora durante una semana. Compara tus observaciones y datos con otro estudiante.

TEKS 5A, 8A, 4A

Instrumentos para medir el estado del tiempo

Los científicos usan varios instrumentos como ayuda para medir y describir el estado del tiempo. Estos instrumentos también los ayudan a predecir cómo estará el estado del tiempo.

Un anemómetro mide la velocidad del viento. Una veleta indica la dirección desde la cual sopla el viento. Tanto la velocidad como la dirección del viento influyen en el estado del tiempo.

Los científicos usan un higrómetro para medir cuánto vapor de agua hay en el aire. La cantidad de vapor de agua que hay en el aire se llama **humedad.** La humedad es baja cuando el aire está seco. La humedad es alta cuando el aire tiene más vapor de agua.

También se mide el agua con un pluviómetro. Un pluviómetro mide la cantidad de lluvia que ha caído.

6. (Encierra en un círculo) los dos instrumentos que se usan para medir el viento.

7. **Marca** con una ✗ los dos instrumentos que se usan para medir el agua.

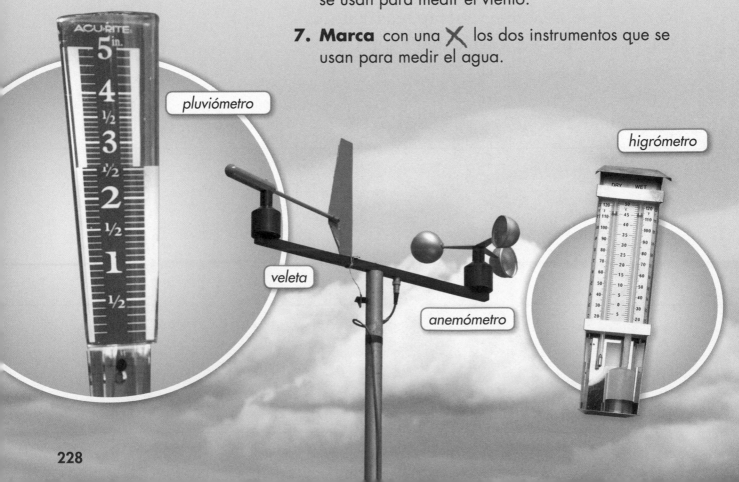

pluviómetro

higrómetro

veleta

anemómetro

Los científicos pueden medir la presión del aire con un instrumento llamado barómetro. Los cambios en la presión del aire dan pistas sobre qué tipo de estado del tiempo se acerca. La presión baja del aire por lo general significa que estará nublado o lluvioso. La presión alta del aire por lo general significa un tiempo agradable, con el cielo soleado y despejado.

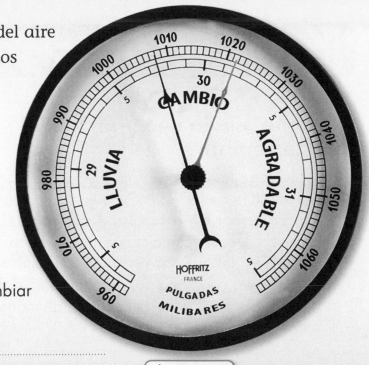

barómetro

8. **Predice** Observa el barómetro. Si la presión del aire bajara, ¿cómo podría cambiar el estado del tiempo?

....

....

....

¿Entiendes? ◆ TEKS 8A

9. **Describe** ¿En qué se diferencian el clima y el estado del tiempo?

....

....

10. **Infiere** Si no tienes una veleta, ¿qué podrías observar para averiguar la dirección del viento?

....

....

▢ **¡Para!** Necesito ayuda ....

❙❙ **¡Espera!** Tengo una pregunta ....

▶ **¡Sigue!** Ahora sé ....

➡️ TEKS 7B, 2B, 2F, 3C

¿Cómo puedo hacer un modelo de un terremoto?

☑️ **1.** Investiga los cambios rápidos que se producen en la superficie de la Tierra. Trabaja con un compañero para **hacer un modelo.** Apila 3 láminas de cartón. Únelas con cinta adhesiva. Tu compañero también debe apilar sus propias 3 láminas de cartón. Coloquen cada una de las láminas unidas lado a lado sobre una superficie plana, de manera que se toquen.

☑️ **2.** Apila 4 cubos sobre el centro de cada lámina de cartón. Estos cubos servirán como modelos de edificios.

☑️ **3.** Siéntate o párate frente a tu compañero. Apoya tus dedos sobre el borde de tu lámina de cartón.

☑️ **4.** Empuja tu lámina hacia adelante, hacia la lámina de tu compañero. Al mismo tiempo, frótala suavemente contra la otra lámina haciendo un movimiento lateral de ida y vuelta. Tu compañero debe hacer lo mismo con su lámina, para que se frote contra la tuya.

☑️ **5.** **Observa** cómo se mueven las láminas. Observa qué sucede con los cubos apilados. **Anota** tus observaciones en la columna prueba 1.

☑️ **6.** Repite el procedimiento. Esta vez, empuja y frota con más fuerza contra la otra lámina. Observa y anota los efectos en la columna prueba 2.

☑️ **7.** Repite el procedimiento. Esta vez, forma en el medio de la lámina una estructura que tenga 3 cubos de ancho, 3 cubos de largo y 2 cubos de altura. Empujen y froten fuertemente una lámina contra la otra. Observen y anoten los efectos en la columna prueba 3.

Materiales

6 láminas de cartón, de 8 × 16 cm

36 cubos de gramo

 Texas: Seguridad
EN EL LABORATORIO
Mantén en orden tu área de trabajo.

Destreza de indagación
Los científicos **observan** cuidadosamente y toman notas sobre sus observaciones en cuadernos o computadoras.

Observaciones			
	Prueba 1	**Prueba 2**	**Prueba 3**
¿Cómo se movieron las láminas?			
¿Qué sucedió con los cubos apilados?			

Analiza y saca conclusiones

8. Interpreta la información ¿Qué sucede cuando dos secciones de la corteza terrestre se deslizan una contra la otra en direcciones opuestas?

....

....

9. Compara ¿En qué se parece tu modelo a un terremoto verdadero?

....

....

10. Contrasta ¿En qué se diferencia tu modelo de un terremoto verdadero?

....

Explora más

Diseña edificios de distintas alturas y anchos. Coloca los edificios sobre distintos puntos del cartón. Predice qué pasará. Haz una tabla nueva y anota tus observaciones.

Investigación de laboratorio

TEKS 5A, 8A, 1A, 2B, 2C, 2D, 4A

¿Cómo cambia el estado del tiempo?

El estado del tiempo siempre está cambiando. Para explorar los cambios diarios, puedes reunir información de distintos lugares, cada día a la misma hora, a lo largo de varios días. Puedes observar, medir y anotar la temperatura del aire, la precipitación y la dirección del viento. Luego, compara tus datos para ver qué cambios sucedieron de un día al siguiente.

Sigue el procedimiento

☑ **1.** Trabaja en grupos de cuatro. Cada miembro debe escoger un lugar al aire libre diferente, a la sombra. Coloca un pluviómetro.

☑ **2. Observa** el estado del tiempo. Un día después de realizar el paso 1, coloca un termómetro y una veleta o manga de viento cerca del pluviómetro. Espera 5 minutos.

☑ **3.** Reúne información usando un termómetro, un pluviómetro y una veleta o manga de viento. **Mide** la temperatura en grados Celsius y en grados Fahrenheit. Luego mide la cantidad de precipitación. Observa la dirección del viento.

☑ **4. Anota** la información y las observaciones en un cuaderno. Usa estas palabras para tus observaciones: bueno, soleado, tormentoso, lluvioso, nublado, parcialmente nublado.

☑ **5.** Vacía el pluviómetro y vuelve a colocarlo en su lugar.

☑ **6.** Sigue los pasos 3 a 5 durante cinco días. Cada día mide en el mismo lugar, a la misma hora.

☑ **7.** Compara y comenta tus observaciones con las observaciones de los miembros de tu grupo.

Materiales

pluviómetro
termómetro
veleta

 Texas: Seguridad
EN EL LABORATORIO
Regresa el equipo de laboratorio a su lugar.

Destreza de indagación
Los científicos **miden** cuidadosamente los datos del estado del tiempo usando instrumentos tales como termómetros, pluviómetros y veletas, o mangas de viento. **Anotan** esta información usando instrumentos tales como un cuaderno.

8. Usa las notas de tu cuaderno para completar la tabla. Luego usa la información de la tabla para comparar los cambios del estado del tiempo que se producen a diario.

Datos y observaciones del estado del tiempo				
Día	Temperatura (°C; °F)	Precipitación (cm)	Dirección del viento	Estado del tiempo
1				
2				
3				
4				
5				

Analiza y saca conclusiones

9. Analiza e interpreta Analiza la información usando un termómetro. ¿Cuál fue la temperatura más alta en grados Celsius y Fahrenheit? ¿Cuál fue la temperatura más baja en grados Celsius y Fahrenheit?

....

10. Analiza la información usando un pluviómetro. ¿Cuál fue la mayor cantidad de precipitación? ¿Cuál fue la menor cantidad de precipitación?

....

11. Analiza la información usando una veleta o manga de viento. ¿Desde qué dirección sopló el viento la mayoría de los días?

....

12. Compara ¿Cómo se comparan tus datos y observaciones con las de tus compañeros que tomaron las mediciones en otros lugares?

....

....

Haz una gráfica de los datos

13. Organiza y anota la información en una computadora. Usa una computadora para hacer una gráfica de barras de las temperaturas que mediste. Abajo tienes un ejemplo. La tabla de la página 233 te ayudará a decidir qué números usar. Examina y evalúa tus datos.

Analiza y saca conclusiones

14. Interpreta ¿Qué patrón ves en las temperaturas?

....

....

15. Compara ¿Cómo se compara el patrón que viste en tus datos con los patrones de tus compañeros? Analiza, evalúa y haz una crítica de sus explicaciones, examinando todos los ángulos de la evidencia. Incluye cualquier otro factor que pueda haber afectado la exactitud de sus datos.

....

....

....

....

Ejemplo de gráfica de temperatura

Haz una gráfica de los datos

Marca tus datos en una gráfica para ayudarte a ver patrones.

16. Haz una gráfica de barras de la cantidad de precipitación que mediste. Usa una computadora para hacer tu gráfica. Abajo tienes un ejemplo. Quizás tengas que escribir números diferentes en tu gráfica. La tabla de la página 233 te ayudará a decidir qué números usar.

Analiza y saca conclusiones

17. Resume ¿Cómo describirías la precipitación que cayó a lo largo de los 5 días?

....

....

18. Relaciona ¿Existe una relación entre la precipitación y la temperatura a lo largo de los 5 días?

....

....

19. Compara ¿Cómo se compara tu gráfica con las gráficas de tus compañeros?

....

....

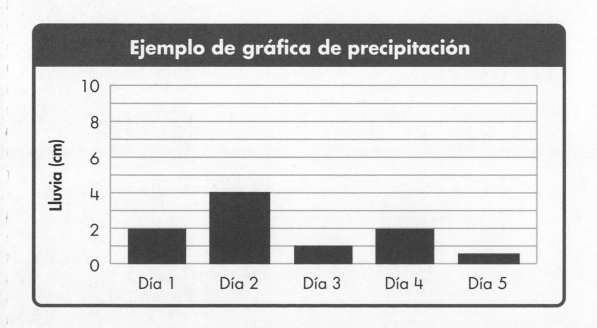

Ejemplo de gráfica de precipitación

Conexiones

Puedes usar un mapa y tus destrezas de geografía para entender por qué en algunos lugares hay muchas tormentas. ¿Sabías que Port Arthur es la ciudad con más lluvia en Texas? Esta ciudad recibe alrededor de 155 cm (61 pulgs.) de lluvia por año. ¿Por qué llueve tanto en Port Arthur? El Golfo de México es el responsable. Las tormentas en el océano Atlántico captan la humedad de las aguas cálidas del golfo. Luego estas tormentas causan fuertes lluvias cuando se desplazan tierra adentro.

Mira el mapa. ¿En qué otros lugares podría llover mucho? Explica tus respuestas a un compañero.

....

....

....

Tarjetas de vocabulario

accidente geográfico
ciclo del agua
clima
condensación
conservación
erosión
estado del tiempo
evaporación
humedad
marga
precipitación
recurso natural
recurso no renovable
recurso renovable
suelo

¡Vamos a jugar!

Escoge una Tarjeta de vocabulario.

Trabaja con un compañero. Escribe varias oraciones con la palabra de vocabulario.

Pide a tu compañero que repita la actividad con otra palabra.

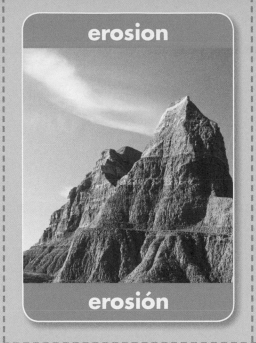

erosion

erosión

soil

suelo

natural resource

recurso natural

loam

marga

renewable resource

recurso renovable

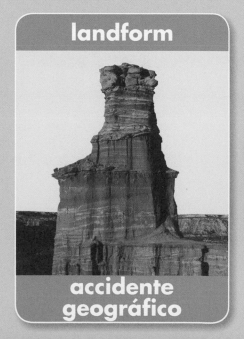

landform

accidente geográfico

the layer of loose material that covers Earth's land

Escribe tantos sinónimos como puedas de esta palabra.

....

....

....

capa de material suelto que cubre la superficie de la Tierra

---

the movement of weathered materials

Escribe una oración con esta palabra.

....

....

....

movimiento de materiales que han sufrido degradación

---

soil that contains a mixture of humus and mineral materials of sand, silt, and clay

Escribe algo que no sea un ejemplo de esta palabra.

....

....

....

suelo que contiene una mezcla de humus y minerales de la arena, cieno y arcilla

---

an important material from Earth that living things need

Escribe una definición en tus propias palabras.

....

....

....

un material importante de la Tierra que los seres vivos necesitan

---

a solid feature of Earth's crust

Dibuja un ejemplo.

formación sólida de la corteza terrestre

---

resource that can be replaced in a fairly short time

Escribe algo que no sea un ejemplo de esta palabra.

....

....

....

recurso que se puede reemplazar en poco tiempo

Vocabulario interactivo

¡Haz un imán de palabras!

Escoge una palabra de vocabulario y escríbela en el Imán de palabras. Escribe palabras relacionadas en las líneas.

weather

estado del tiempo

condensation

condensación

nonrenewable resource

recurso no renovable

climate

clima

water cycle

ciclo del agua

conservation

conservación

humidity
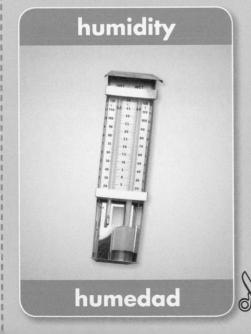
humedad

precipitation

precipitación

evaporation

evaporación

resource that cannot be replaced once it is used up

Escribe algo que sea un ejemplo de este término.

....

....

....

recurso que no se puede reemplazar cuando se acaba

---

the change from a gas into a liquid

Escribe el verbo de la palabra.

....

....

....

cambio de un gas a líquido

---

what the air is like outside

Escribe una oración con esta palabra.

....

....

....

....

condiciones al aire libre

---

an attempt to preserve or protect an environment from harmful changes

¿Cuál es el verbo de esta palabra?

....

....

intento de conservar o de proteger el medio ambiente de cambios dañinos

---

the movement of water from Earth's surface into the air and back again

Dibuja una de las partes del ciclo del agua. Rotúlala.

movimiento de ida y vuelta que realiza el agua entre el aire y la superficie de la Tierra

---

the pattern of weather in a place over many years

Escribe una oración con esta palabra.

....

....

....

patrón que sigue el estado del tiempo de un lugar a lo largo de muchos años

---

the change from liquid water to water vapor

Da un ejemplo de esta palabra.

....

....

....

cambio del agua en estado líquido a vapor de agua

---

water that falls to Earth

Escribe el verbo de la palabra.

....

....

....

....

agua que cae a la Tierra

---

the amount of water vapor in the air

Escribe el adjetivo de esta palabra.

....

....

....

cantidad de vapor de agua que hay en el aire

Lección 1 🔸 TEKS 7A

¿Qué es el suelo?

1. **Compara** ¿En qué se parecen el suelo arenoso y el suelo arcilloso?

2. **Analiza** Observas una prueba de suelo y encuentras partículas pequeñas de roca. ¿De dónde vinieron?

Lección 2 🔸 TEKS 7B, 7C

¿Cómo describimos las formaciones de la superficie de la Tierra?

3. **Compara** ¿En qué se parecen las montañas a las colinas? ¿En qué se diferencian?

4. **Identifica** Nombra tres maneras en que la superficie de la Tierra cambia rápidamente.

Conexión con Matemáticas

5. Las olas del océano están causando erosión en una playa. Cada año se erosionan 2 metros de playa. ¿Cuánto tiempo tomará la erosión de 24 metros de playa?

Lección 3 🔸 TEKS 7D

¿Qué son los recursos naturales?

6. ¿Qué producto se produce usando los árboles como recurso natural?
   A. mesa
   B. carro
   C. lata
   D. televisión

7. **Explica** ¿Cómo se usa el algodón para hacer telas?

Práctica de TEKS

Lección 4 🔹 TEKS 8B

¿Qué es el ciclo del agua?

8. **Vocabulario** El agua que cae a la Tierra se llama _____.
   - A. evaporación
   - B. escorrentía
   - C. precipitación
   - D. condensación

9. **Explica** Describe qué causa que el agua de la superficie de la Tierra se evapore.

   ....

   ....

   ....

10. **Secuencia** ¿En qué etapa del ciclo del agua tiene un impacto directo el calor del Sol?

    ....

    ....

Lección 5 🔹 TEKS 8A

¿Qué son el estado del tiempo y el clima?

11. **Predice** La presión del aire en tu área está subiendo. ¿Cómo crees que cambiará el estado del tiempo?

    ....

    ....

    ....

12. **Determina** ¿Qué instrumento usarías para medir la velocidad del viento?

    ....

13. **Compara** ¿Qué ciudad tuvo los tres días más lluviosos?

Ciudad	Día 1	Día 2	Día 3
Dallas	0.5 cm	1.3 cm	2.5 cm
El Paso	0.0 cm	0.0 cm	0.2 cm
Houston	0.8 cm	2.9 cm	5.0 cm
San Antonio	0.5 cm	1.3 cm	1.3 cm

   - A. Dallas
   - B. El Paso
   - C. Houston
   - D. San Antonio

Capítulo 4

Lección 1   ¿Qué es el suelo?

En la Lección 1 aprendiste que el suelo está formado por la degradación de las rocas y la descomposición de restos de plantas y animales. El suelo se forma en capas. El cieno, la arcilla, la arena y la marga son distintos tipos de suelo.

🔺 TEKS 7A

Lección 2   ¿Cómo describimos las formaciones de la superficie de la Tierra?

En la Lección 2 aprendiste que la Tierra tiene distintos accidentes geográficos, incluyendo las montañas, las colinas, los valles y las llanuras. La superficie terrestre está cambiando constantemente. Algunos cambios son rápidos, tales como las erupciones volcánicas, los terremotos y los derrumbes de tierra.

🔺 TEKS 7C, TEKS de apoyo 7B

Lección 3   ¿Qué son los recursos naturales?

En la Lección 3 aprendiste que los recursos naturales son materiales de la Tierra que las personas necesitan o pueden usar. Algunos recursos son renovables, pero otros no lo son. Es importante conservar los recursos. Puedes ayudar a conservar reutilizando y reciclando los recursos.

🔺 TEKS 7D

Lección 4   ¿Qué es el ciclo del agua?

En la Lección 4 aprendiste que el Sol brinda calor para el ciclo del agua. La evaporación, la condensación y la precipitación son las partes del ciclo del agua.

🔺 TEKS 8B

Lección 5   ¿Qué son el estado del tiempo y el clima?

En la Lección 5 aprendiste que la temperatura del aire, la dirección del viento y la precipitación forman el estado del tiempo. El estado del tiempo son las condiciones del aire en un lugar en un momento determinado. El clima es el patrón del estado del tiempo de un lugar a lo largo de muchos años.

🔺 TEKS 8A

★ Práctica de TEKS: Repaso del capítulo

Lee cada pregunta y encierra en un círculo la mejor respuesta.

---

1 La siguiente imagen muestra un valle con colinas a ambos lados.

¿Qué causó probablemente la formación de este valle?

A las olas del océano

B el agua que fluye por el río

C la luz solar

D lava de un volcán

---

2 La siguiente imagen muestra el ciclo del agua.

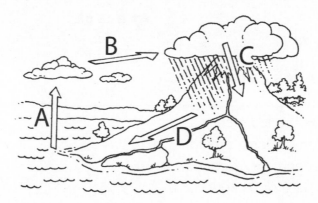

¿Qué etapa obtiene su energía a partir del Sol?

F la etapa A

G la etapa B

H la etapa C

J la etapa D

3 Jamal acercó un imán potente a un pequeño clip de metal. No pasó nada. Repitió esta prueba tres veces más. Pero el clip no se movió. ¿Cuál de las opciones explica mejor por qué el imán no jaló al clip?

A El imán estaba empujando al clip.

B El imán no estaba tocando el clip.

C El clip no estaba hecho de hierro o acero.

D Jamal no puso a prueba el imán y el clip suficientes veces.

4 Megan quiere mostrar las fuerzas que actúan sobre un paracaidista que cae en el aire. Megan agrega flechas a una imagen que encontró en una revista.

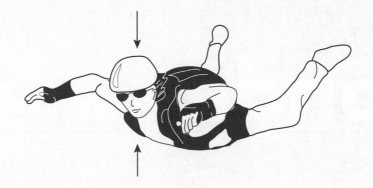

¿Qué fuerza está mostrando con la flecha que apunta hacia abajo?

F fricción

G gravedad

H magnetismo

J empujar

Si tienes dificultades con...				
Pregunta	1	2	3	4
Ve el capítulo (lección)	4 (2)	4 (4)	3 (5)	3 (5)
TEKS	7C	8B	6C	6C

245

¿Dónde están las estrellas durante el día?

El espacio

Lección 1 ¿Qué es el Sol?

Lección 2 ¿Cuáles son los patrones de la Tierra?

Lección 3 ¿Qué sabes de nuestro sistema solar?

ENFOQUE TEKS 8C

¿Qué efectos ejercen unos cuerpos celestes sobre otros?

Observa el cielo nocturno en una noche despejada. ¿Qué ves? Puedes ver el universo, ¡y es INMENSO! El universo está compuesto por muchas estrellas, planetas y otros objetos.

¿Cómo crees que se ven las otras estrellas del universo?

....

....

 Conocimientos y destrezas esenciales en Texas

TEKS: 8B Describir y dibujar al Sol como una estrella compuesta por gases que provee energía luminosa y térmica para el ciclo del agua. **8C** Construir modelos que demuestren la relación del Sol, la Tierra y la Luna, incluyendo órbitas y posiciones.

TEKS de apoyo: 8D Identificar los planetas en nuestro sistema solar y sus posiciones con relación al Sol.

TEKS de proceso: 2B, 2C, 2D, 2F, 3C, 3D, 4A

TEKS 8B, 2C

¿Cómo puedes estimar el número de estrellas?

Materiales
imágenes de estrellas

☑ **1. Observa** Describe las imágenes de estrellas.

....

....

Destreza de indagación
A veces, los científicos hacen **estimaciones** cuando no se necesitan medidas exactas.

☑ **2.** ¿Cómo puedes **estimar** el número de estrellas sin contar una por una?

....

....

☑ **3.** Estima el número de estrellas que se ven tenues, con brillo intermedio o brillantes.

Tenues: .... Brillo intermedio: .... Brillantes: ....

Explica los resultados

4. Comunica ideas Construye una gráfica de barras para mostrar tus **estimaciones** de estrellas tenues, con brillo intermedio y brillantes.

	Número y brillo de las estrellas																			
Tenues																				
Brillo intermedio																				
Brillantes																				

Brillo de las estrellas (eje vertical)

0 10 20 30 40 50 60 70 80 90 100 110 120 130 140 150 160 170 180 190 200

Número de estrellas

5. Describe El Sol es una estrella. ¿En qué se parece el Sol a las estrellas que observaste?

....

Enfoque en Idea principal y detalles

En este capítulo practicarás el uso de la **idea principal y los detalles** como estrategia de lectura. La idea principal es la idea más importante de una selección de lectura. Los detalles de apoyo dan más información sobre la idea principal.

Informe sobre el cielo

Andrómeda es un grupo inmenso de estrellas con forma de disco. Normalmente, Andrómeda no es visible cerca de las luces de la ciudad. Anoche estaba en casa de mi tío, en el campo, y pude ver a Andrómeda a simple vista. Parecía ser solo un punto de luz. Cuando la observé por un telescopio, Andrómeda se veía más grande y parecía una estrella borrosa.

¡Practícalo!

Completa el organizador gráfico de abajo. Úsalo como ayuda para hacer una lista de la idea principal y los detalles del informe sobre el cielo que leíste arriba.

Andrómeda

Idea principal

¿Qué es el Sol?

Voy a aprender TEKS 8B
Voy a aprender que el Sol es una estrella que provee energía luminosa y térmica para el ciclo del agua. Voy a aprender las diferencias entre las estrellas. (También **2B**)

Vocabulario
estrella
año luz
Sol

> Un modelo que compara los tamaños de las cosas reales se llama un modelo a escala.

> El Sol es 28 veces más ancho que Neptuno.

> Si haces un modelo a escala del Sol y tiene 84 cm de diámetro, ¿cuál debería ser el ancho de tu modelo a escala de Neptuno?

Conexión con
Matemáticas

TEKS de Matemáticas 1E, 4J, 4K, 5B

Muestra tu trabajo Determina el ancho que debería tener Neptuno. Luego, en el espacio de abajo, dibuja el modelo de Neptuno. Usa una regla métrica para asegurarte de que el modelo tenga el tamaño correcto.

Laboratorio rápido

¿Qué instrumento te puede ayudar a observar el Sol en condiciones seguras?

☑ **1.** Pega papel de aluminio sobre el agujero que está en el extremo de la caja.

☑ **2.** Pega papel blanco en el interior del otro extremo.

☑ **3.** Párate de espaldas al Sol. Sostén la caja con el papel de aluminio hacia el Sol. **Observa** a través del agujero lateral.

Explica los resultados

4. Ilustra ¿Qué imagen aparece sobre el papel? Dibuja la imagen en el espacio de abajo.

Materiales

cinta adhesiva
papel de aluminio con un agujerito
caja con 2 agujeros
papel blanco

⬇ **Texas: Seguridad**
EN EL LABORATORIO
Nunca mires el Sol directamente.

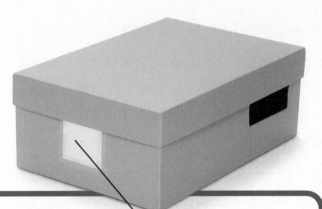

papel de aluminio con agujerito

Algunas estrellas parecen estar cercanas a otras estrellas en el cielo. Pero estas estrellas pueden estar a muchos años luz de distancia.

Las estrellas y la luz

¿Alguna vez te has sentado afuera una noche despejada a mirar el cielo? ¿Viste algunas estrellas? Una **estrella** es una bola gigante de gases calientes y brillantes que emiten energía.

La luz de las estrellas tarda en llegar a la Tierra. La luz viaja a 300,000 kilómetros por segundo. ¡Es muy veloz! La luz del Sol, que es una estrella, tarda alrededor de ocho minutos y medio en llegar a la Tierra. La luz de otras estrellas tarda más. La distancia que recorre la luz de las estrellas se mide en años luz. Un **año luz** es la distancia que la luz viaja en un año.

Alfa Centauro

1. Idea principal y detalles Completa el siguiente organizador gráfico. Escribe la idea principal sobre las estrellas.

Alfa Centauro es la siguiente estrella más cercana a la Tierra. Está a cuatro años luz de la Tierra.

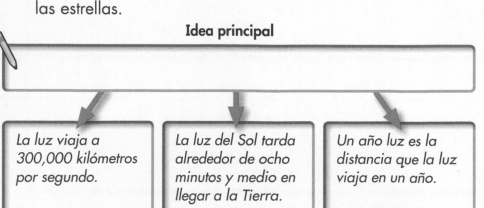

Idea principal

La luz viaja a 300,000 kilómetros por segundo.	La luz del Sol tarda alrededor de ocho minutos y medio en llegar a la Tierra.	Un año luz es la distancia que la luz viaja en un año.
Detalle	**Detalle**	**Detalle**

Tipos de estrellas

En una noche despejada, puedes ver miles de estrellas. Todas las estrellas, excepto el Sol, parecen puntos de luz porque están muy lejos. Algunas estrellas se ven más brillantes que otras.

Los científicos usan características físicas, tales como el brillo, tamaño, color y temperatura, para describir las estrellas. Las estrellas pueden producir diferentes cantidades de luz. Quizá parezca que las estrellas brillantes del cielo nocturno están más cerca de la Tierra que las estrellas tenues. En realidad, algunas estrellas que parecen tenues pueden estar más cerca de la Tierra que las estrellas brillantes. La distancia entre una estrella y la Tierra no es la única razón por la que se ve brillante. Además de su cercanía a la Tierra, hay otras características que influyen en el brillo de las estrellas.

Nuestro Sol y la mayor parte de las estrellas del universo son similares. Pero, el tamaño de las estrellas puede ser diferente. Por ejemplo, nuestro Sol es de tamaño medio. Algunas estrellas son más grandes que nuestro Sol. Otras estrellas son más pequeñas. Con el tiempo, el tamaño de una estrella también puede cambiar.

La temperatura y el color de las estrellas también pueden ser diferentes. Las estrellas pueden ser rojas, anaranjadas, amarillas, azules y blancas. El color de una estrella es un resultado de su temperatura. Por ejemplo, las estrellas azules como Espiga son más calientes que las estrellas anaranjadas como la estrella de Bessel.

2. Idea principal y detalles ¿Cuál es la idea principal de esta página?

....

....

....

....

....

3. Identifica Subraya tres hechos sobre la estrella de Bessel.

La estrella de Bessel es más pequeña que nuestro Sol. Está a unos 11 años luz de la Tierra. La estrella de Bessel en realidad son dos estrellas que están muy juntas. Ambas estrellas emiten un brillo anaranjado.

Estrella de Bessel

Sol

El Sol es una estrella de tamaño medio.

253

4. Explica El Sol es una estrella de tamaño mediano. ¿Por qué el Sol parece mucho más grande que otras estrellas?

....

....

....

Nuestro Sol

Nuestro **Sol** es la estrella más cercana a la Tierra. Es una bola de gases ardientes y brillantes. El Sol parece más grande y más brillante que las estrellas que ves de noche porque está más cerca de la Tierra. En el cielo, las otras estrellas se ven como puntos de luz porque están más lejos.

¿Cuán grande es el Sol? En una palabra: ¡inmenso! Es 109 veces más ancho que la Tierra, ¡o más ancho que la longitud de 15,000,000 de campos de fútbol americano! En efecto, el Sol es lo suficientemente grande como para contener 1,000,000 de Tierras en su interior. ¡Eso sí que es inmenso!

Sol

Tierra

5. Idea principal y detalles ¿Cuál es la idea principal de esta página?

....

....

....

....

Energía del Sol

Al igual que todas las estrellas, el Sol emite mucha energía. Parte de la energía del Sol llega a la Tierra en forma de luz visible. Las plantas usan esta luz para crecer y producir alimento. La luz solar también produce calor que nos ayuda a mantenernos calientes. El calor del Sol también impulsa el ciclo del agua. El ciclo del agua es el movimiento del agua desde la superficie de la Tierra hacia la atmósfera y de regreso a la Tierra. La energía del Sol calienta el agua de la superficie de la Tierra y la convierte en un gas que se eleva hasta el cielo. Luego el agua vuelve a transformarse en gotas diminutas que forman nubes. Parte del agua cae a la Tierra en forma de lluvia o nieve. Sin la energía del Sol, no habría ciclo del agua, ni lluvia ni nieve.

Laboratorio rápido

Observar el ciclo del agua

Ve afuera en un día soleado y vierte un poco de agua sobre la acera. Durante el día, observa qué le pasa al charco de agua. Ilustra cómo el Sol proveyó energía luminosa y térmica al ciclo del agua. Usa una computadora para organizar tus datos construyendo un organizador gráfico, como un diagrama de flujo con imágenes y leyendas. Usa tu organizador gráfico para examinar y evaluar tus datos.

TEKS 8B

¿Entiendes? TEKS 8B

6. Compara Compara y contrasta nuestro Sol con otras estrellas.

....

....

7. Describe Describe de qué manera la energía luminosa y térmica que provee el Sol influye en el ciclo del agua.

....

....

◻ **¡Para!** Necesito ayuda ....

❙❙ **¡Espera!** Tengo una pregunta ....

▶ **¡Sigue!** Ahora sé ....

¿Cuáles son los patrones de la Tierra?

Voy a aprender TEKS 8C

Voy a aprender a mostrar las posiciones del Sol, la Tierra y la Luna durante el día y la noche, las estaciones y las fases de la Luna. Voy a mostrar las traslaciones de la Tierra y la Luna. (También **2B**, **2D**, **2F**, **4A**)

Vocabulario

eje
globo terráqueo
rotación
traslación
sombra
fase de la Luna

Conexión con

Estudios Sociales

🌐 **TEKS de Estudios Sociales 5C**

Puedes usar un sistema de cuadrículas para hallar lugares en la Tierra. Un sistema de cuadrículas está formado por líneas horizontales y verticales. Las líneas horizontales se llaman líneas de latitud. Las líneas verticales se llaman líneas de longitud. Para hallar en qué lugar de la Tierra te encuentras, puedes ubicar su latitud y longitud en un mapa o en un globo terráqueo. La latitud y la longitud se miden en grados. Por ejemplo, la ubicación de Dallas, Texas, es 33 grados latitud norte y 97 grados longitud oeste.

Usa el mapa para hallar tu ciudad o la ciudad más cercana a tu hogar. Observa las líneas horizontales para hallar la línea de latitud más cercana. Observa las líneas verticales para hallar la línea de longitud más cercana.

Tu ubicación es .... grados latitud norte

y .... grados longitud oeste.

PEARSON Texas.com

Laboratorio rápido

🔺 **TEKS 8C, 2B, 2D, 2F, 4A**

¿Cómo cambian las sombras con el tiempo?

☑ **1.** Pega con cinta adhesiva un círculo en una ventana.

☑ **2.** **Observa** la sombra del círculo. Piensa en una manera de hacer un modelo para **anotar** la sombra. Recuerda que un dibujo es un tipo de modelo.

☑ **3.** Anota la sombra cada 15 minutos durante 2 horas.

☑ **4.** Usa una brújula para reunir información sobre la dirección hacia la que se estira la sombra. Anota la información dibujando flechas en tu modelo.

Explica los resultados

5. ¿Qué causó los cambios que **observaste?**

....

....

6. **Analiza** ¿En qué dirección aparentó moverse el Sol mientras su sombra cambiaba?

....

7. **Predice** la posición de la sombra dentro de 1 hora.

....

....

....

Materiales

cinta adhesiva
círculo de papel
cartulina gruesa
brújula

🔺 **Texas: Seguridad**
EN EL LABORATORIO
Pregunta si alguno de los pasos
no está claro.

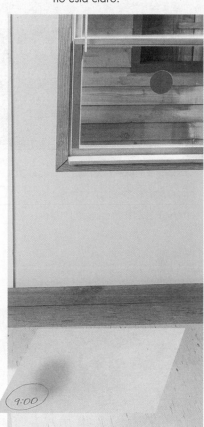

Cómo se mueve la Tierra

Mientras lees esto, quizá no sientas que te estás moviendo. Sin embargo, te mueves. La Tierra siempre se mueve. Una de las formas en que la Tierra se mueve es girando alrededor de su eje. El **eje** de la Tierra es una línea imaginaria alrededor de la cual gira la Tierra. El eje une el Polo Norte y el Polo Sur. Busca el eje de la Tierra en el diagrama. Observa que el eje no es una línea que va directo de arriba hacia abajo. Está inclinado.

Si pudieras mirar el Polo Norte desde arriba, verías que la Tierra gira en dirección contraria a las agujas del reloj. Esta dirección es opuesta a la dirección en la que se mueven las manecillas de un reloj. También podrías decir que la Tierra gira de oeste a este.

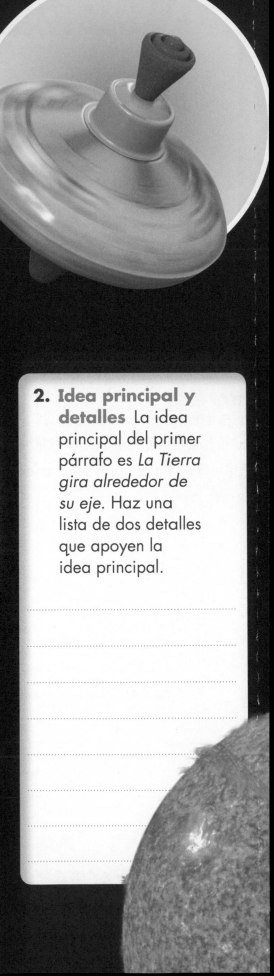

1. Haz una lista Al igual que la Tierra, un trompo gira alrededor de su eje. ¿Qué otras cosas hacen un movimiento giratorio?

....

....

eje

2. Idea principal y detalles La idea principal del primer párrafo es *La Tierra gira alrededor de su eje*. Haz una lista de dos detalles que apoyen la idea principal.

....

....

....

....

....

....

....

....

....

....

Modelos de la Tierra

Puedes ver la inclinación del eje de la Tierra si observas un globo terráqueo. Un **globo terráqueo** es un modelo de la Tierra. Los modelos son útiles para estudiar las cosas que son muy grandes, como la Tierra.

Un globo terráqueo es redondo como la Tierra. Muestra algunas de las formaciones de la Tierra, tales como las masas continentales y los océanos. Pero es mucho más pequeño que la Tierra y no muestra todos los materiales ni propiedades de la Tierra.

Puedes usar un globo terráqueo para representar cómo la Tierra gira alrededor de su eje. Si haces girar el globo terráqueo en dirección contraria a las agujas del reloj, representas el movimiento giratorio de la Tierra.

También puedes hacer un dibujo para mostrar cómo gira la Tierra. Un dibujo es un tipo de modelo que puede mostrar los movimientos, formaciones de la superficie y otras propiedades de la Tierra. Los modelos se pueden dibujar en un cuaderno o se pueden hacer en una computadora.

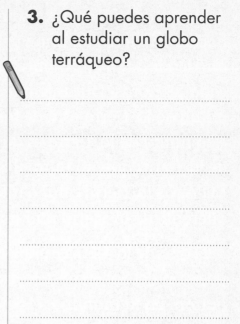

3. ¿Qué puedes aprender al estudiar un globo terráqueo?

....

....

....

....

....

Día y noche

El giro de la Tierra causa el día y la noche. La Tierra da una vuelta completa alrededor de su eje, o hace una **rotación**, cada 24 horas. Durante este tiempo, la mitad de la Tierra está de frente al Sol. En esta mitad de la Tierra es de día. En la mitad de la Tierra que no mira al Sol es de noche. Mientras la Tierra gira, o rota, una parte diferente de la Tierra gira mirando al Sol.

Honolulu 3:00 A.M.

El giro de la Tierra también causa cambios en la posición del Sol en el cielo. Estos cambios siguen un patrón. En la mañana, el Sol parece salir por el este. Durante el día, el Sol parece atravesar el cielo y luego ponerse por el oeste. Quizá creas que el Sol se mueve alrededor de la Tierra. Pero el Sol solo parece moverse a través del cielo. En realidad, es la Tierra la que se mueve.

4. Describe Escribe cómo el Sol parece cambiar de posición en el cielo durante el día.

_____

_____

Seattle 6:00 A.M.

Observa el diagrama de la rotación de la Tierra y las ilustraciones de estas páginas. Cuando aún es de noche en Honolulu, Hawái, el Sol está saliendo en Seattle. En Nueva Orleans, es de día y algunos estudiantes ya comienzan su día escolar.

5. Explica En Seattle, el Sol parece estar saliendo. ¿Qué está ocurriendo realmente como resultado de la rotación?

....

....

eje

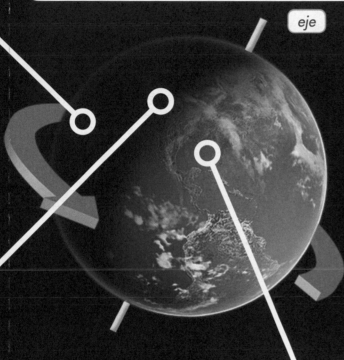

Nueva Orleans 8:00 A.M.

Recuerda

Aproximadamente, ¿cuánto tiempo tarda la Tierra en trasladarse alrededor del Sol?

....

....

Traslación alrededor del Sol

Ya sabes que la Tierra rota alrededor de su eje. La Tierra también se mueve, o se traslada, alrededor del Sol. La Tierra realiza una **traslación** cuando da una vuelta completa alrededor del Sol. Una traslación tarda aproximadamente un año. Mientras la Tierra gira alrededor del Sol, el eje inclinado de la Tierra siempre apunta en la misma dirección en el espacio.

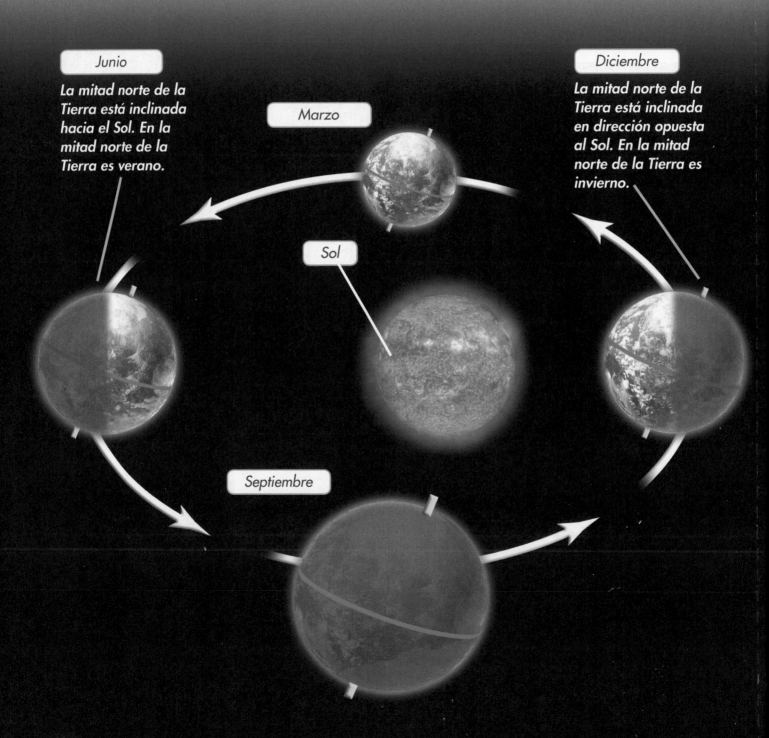

Junio

La mitad norte de la Tierra está inclinada hacia el Sol. En la mitad norte de la Tierra es verano.

Marzo

Diciembre

La mitad norte de la Tierra está inclinada en dirección opuesta al Sol. En la mitad norte de la Tierra es invierno.

Sol

Septiembre

Estaciones

Un año se divide en cuatro estaciones: primavera, verano, otoño e invierno. Las estaciones son el resultado de la inclinación del eje de la Tierra y de la traslación del planeta alrededor del Sol.

A medida que la Tierra gira alrededor del Sol, diferentes partes del planeta se inclinan hacia el Sol. Observa la posición de la Tierra en junio. La mitad norte de la Tierra está inclinada hacia el Sol. La mitad norte recibe rayos de luz solar más directos que la mitad sur y se calienta más. Es verano en la mitad norte e invierno en la mitad sur.

Ahora, observa la posición de la Tierra en diciembre. La mitad norte de la Tierra está inclinada en dirección opuesta al Sol. La mitad norte recibe menos luz solar y sus temperaturas son más frías que en la mitad sur. Es invierno en la mitad norte y verano en la mitad sur.

En marzo y en septiembre, ninguno de los extremos del eje terrestre apunta hacia el Sol. Ambas mitades de la Tierra reciben casi la misma cantidad de luz solar.

7. **Identifica** Marca con una ✗ la posición de la Tierra en la que la mitad norte recibe la luz solar más directa.

8. **Predice** En septiembre, el norte de los Estados Unidos recibe aproximadamente 12 horas de luz durante el día. ¿Alrededor de cuántas horas de luz crees que recibe durante el día el norte de los Estados Unidos en marzo?

....

9. **Explica** ¿Cuál es el resultado de la traslación de la Tierra?

....

....

Laboratorio rápido

Ángulo de luz
Enfoca una lámpara directamente encima de una hoja de papel negro. Después de un minuto, siente la temperatura del papel. Repite con otra hoja, pero esta vez coloca la lámpara en un ángulo de 45 grados sobre el papel. Compara las temperaturas. Explica las diferencias.

⬇ **TEKS 2B, 8C**

mañana

mediodía

tarde

Sombras durante el día

En un día caluroso de verano, podrías escapar del calor refugiándote bajo un árbol. ¿Sabías que estás parado en una sombra?

Una **sombra** es una región oscura que se forma cuando un objeto bloquea la luz que da sobre él. La sombra tiene casi la misma forma que el objeto que bloquea la luz.

La longitud y la dirección de las sombras cambian durante el día. Busca las sombras que proyectan los árboles de las ilustraciones. Observa que la sombra de la mañana es alargada. La sombra se extiende en dirección opuesta al Sol que está al este del cielo.

A medida que el Sol parece subir más en el cielo, la sombra se hace más corta. Alrededor del mediodía, el Sol está en su punto más alto en el cielo. La sombra es muy corta.

A medida que el Sol continúa moviéndose por el cielo, la sombra se hace más larga. Observa la longitud de la sombra de la tercera ilustración. La sombra de la tarde se extiende en una dirección diferente que la de la sombra de la mañana. Cuando el Sol se mueve hacia el horizonte en el oeste, la sombra se extiende hacia el este.

10. **Predice** En cada ilustración, predice la posición correcta del Sol. Dibuja un pequeño círculo en cada ilustración que muestre dónde debe estar el Sol.

Movimientos de la Luna

Si sales una noche despejada, por lo general puedes ver la Luna. La Luna es el vecino más cercano de la Tierra. Sabes que la Tierra gira alrededor del Sol. Pero, ¿sabías que, mientras la Tierra gira alrededor del Sol, la Luna se mueve junto con la Tierra?

La Luna gira alrededor de la Tierra mientras la Tierra gira alrededor del Sol. La Luna tarda unos 27 días en completar una traslación alrededor de la Tierra. La Luna también gira alrededor de su eje aproximadamente una vez cada 27 días. Debido a que estos dos movimientos se producen a la misma velocidad, siempre es el mismo lado de la Luna el que mira a la Tierra.

11. **Desarrolla** Escribe una leyenda para este diagrama.

....

....

....

....

Laboratorio rápido

Modelar el movimiento de la Tierra y de la Luna
Trabaja en grupos de tres para modelar el movimiento de la Tierra y de la Luna. Un estudiante representará al Sol. Otro estudiante representará a la Tierra. El tercer estudiante representará a la Luna. Modelen cómo la Tierra gira alrededor del Sol mientras que la Luna gira alrededor de la Tierra. También modela la rotación de la Tierra y de la Luna. Demuestra el modelo a la clase. Analiza el modelo de otro grupo y explica los movimientos que se muestran.

⬥ TEKS 8C, 4A

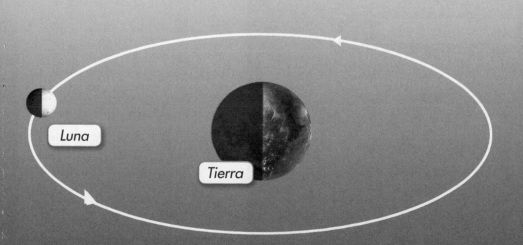

Luna

Tierra

Sol

Los diagramas de esta lección no están a escala.

luna nueva

Ninguna parte de la Luna se ve iluminada.

fase de cuarto creciente

Aproximadamente una semana después de la luna nueva, la Luna parece un semicírculo.

Fases de la Luna

La Luna es el objeto más brillante del cielo nocturno. Pero la Luna no produce luz. Refleja la luz del Sol. Cuando ves la Luna brillar en el cielo, estás viendo la luz solar reflejada.

Una mitad de la Luna siempre está iluminada por el Sol. Pero la mitad iluminada de la Luna no siempre puede verse desde la Tierra. Cada día, ves cantidades diferentes de la mitad iluminada. Estos cambios son el resultado de los movimientos de la Tierra y la Luna.

La forma que la Luna parece tener en un momento dado se llama **fase de la Luna**. Las fases de la Luna cambian en un ciclo que se repite cada 29 días y medio. Al principio, la mitad iluminada de la Luna no es visible. Esto se llama luna nueva. Durante las dos semanas siguientes, se va haciendo visible una parte mayor de la mitad iluminada de la Luna. La fase de luna llena es el momento en que la Luna se ve como un círculo completo. Durante las semanas siguientes a la luna llena, ves cada vez

12. Infiere La Luna no produce su propia luz. ¿Por qué es el objeto más brillante del cielo?

_____

_____

_____

_____

13. DESAFÍO La Luna refleja la luz solar también durante el día. ¿Por qué es más difícil ver la Luna durante el día?

_____

_____

_____

fase de luna llena

La luna llena aparece unas dos semanas después de la luna nueva. Ves toda la mitad iluminada de la Luna.

fase de cuarto menguante

Se han completado tres cuartos del ciclo de la Luna. En una semana, habrá luna nueva otra vez.

¿Entiendes?

14. Explica ¿Qué patrones son causados por la rotación de la Tierra alrededor de su eje y por su traslación alrededor del Sol?

....

....

15. Describe ¿Cómo los movimientos de la Tierra y de la Luna causan cambios en la apariencia de la Luna?

....

....

⬛ **¡Para!** Necesito ayuda ....

⏸ **¡Espera!** Tengo una pregunta ....

▶ **¡Sigue!** Ahora sé ....

¿Qué sabes de nuestro sistema solar?

Voy a aprender TEKS 8C, 8D
Voy a aprender a identificar los planetas en nuestro sistema solar y sus posiciones con relación al Sol. Voy a aprender por qué los planetas orbitan alrededor del Sol. (También 2B, 4A)

Vocabulario
planeta
órbita
sistema solar

Conexión con
Matemáticas

TEKS 8D, TEKS de Matemáticas 1F

La tabla siguiente incluye los ocho planetas del sistema solar. Usa la tabla para ordenar los planetas del 1–8 según su distancia con relación al Sol. Comienza con el planeta que está más cerca del Sol. El primer planeta se muestra como ejemplo.

Distancia de los planetas desde el Sol

Planeta	Distancia desde el Sol	Orden desde el Sol
Tierra	150 millones de km	
Júpiter	778 millones de km	
Marte	228 millones de km	
Mercurio	58 millones de km	1
Neptuno	4,500 millones de km	
Saturno	1,400 millones de km	
Urano	2,900 millones de km	
Venus	108 millones de km	

PEARSON Texas.com

TEKS 8D, 2B, 4A

¿Qué puedes aprender de las distancias del sistema solar con un modelo?

☑ **1.** Elige un planeta. Busca la distancia de tu planeta en la tabla. **Mide** y corta papel de esa longitud. Escribe el nombre de tu planeta en el papel. Enróllalo.

☑ **2.** Tu maestro es el Sol. Un estudiante está de pie al lado del Sol y sostiene el extremo del papel. Otro estudiante desenrolla el papel.

Explica los resultados

3. Usa tu **modelo** para comparar las distancias.

....

....

....

Materiales

regla métrica
regla de un metro
tijeras
papel para máquina de sumar

Texas: Seguridad
EN EL LABORATORIO
Maneja con cuidado los objetos filosos.

Modelo de las distancias de los planetas desde el Sol		
Planeta	**Longitud de la cinta**	
	(cm)	(m)
Mercurio	30	0.30
Venus	56	0.56
Tierra	77	0.77
Marte	120	1.20
Júpiter	400	4.00
Saturno	740	7.40
Urano	1500	15.00
Neptuno	2300	23.00

Camino alrededor del Sol

Vives en el planeta Tierra. Un **planeta** es un cuerpo de gran tamaño, con forma de bola, que se mueve alrededor del Sol. La Tierra es uno de los ocho planetas que giran alrededor del Sol.

Hace tiempo, las personas pensaban que los planetas y el Sol giraban alrededor de la Tierra. Pensaban que la Tierra era el centro del universo. Ahora sabemos que son la Tierra y los otros planetas los que giran alrededor del Sol.

El camino que sigue un objeto mientras gira alrededor del Sol es su **órbita**. Los planetas recorren una órbita cuya forma es ligeramente ovalada. Los planetas más cercanos al Sol se mueven en su órbita más rápido que los planetas que están más alejados.

Los tamaños y las distancias de los diagramas de esta lección no se muestran a escala.

1. Recuerda Completa la oración.

La Tierra

....

alrededor del Sol en su

....

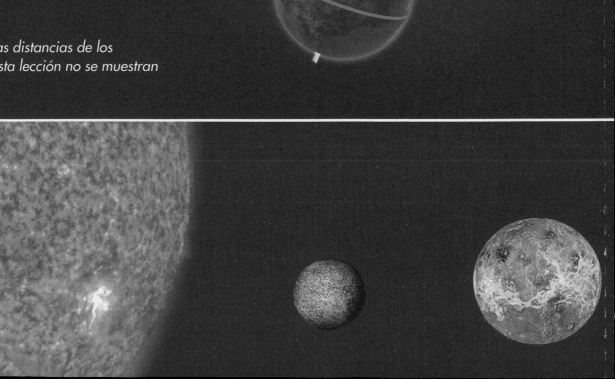

270

Gravedad y órbitas

La fuerte atracción de la gravedad del Sol mantiene los planetas en sus órbitas. La gravedad es una fuerza sin contacto que hace que los objetos se atraigan entre sí. La gravedad existe entre todos los objetos, incluyéndote a ti y a todas las cosas que te rodean. La gravedad evita que te caigas de la Tierra.

La fuerza de la gravedad depende de la masa de los objetos y de la distancia entre ellos. Los objetos con mayor masa tienen mayor gravedad que los objetos con menos masa. La atracción de la gravedad entre dos objetos es más fuerte cuando los objetos están más cerca uno del otro y es más débil cuando están más alejados.

El Sol tiene una masa mayor que la de todos los planetas juntos, por lo tanto su gravedad es la más fuerte. La gravedad del Sol atrae a los planetas. Si no fuera por la gravedad del Sol, la Tierra se desplazaría por el espacio en línea recta.

2. Ilustra Dibuja qué le sucedería a la Tierra si desapareciera la gravedad del Sol. Usa flechas y rótulos en tu dibujo.

3. Replantea ¿Qué efecto tiene la gravedad sobre los planetas?

....

....

....

4. Marca con una ✗ la Tierra. Luego describe en qué se diferencia la Tierra de los planetas vecinos.

....

....

....

....

....

Partes de nuestro sistema solar

Este diagrama muestra los ocho planetas que giran alrededor del Sol. Muchos de estos planetas tienen lunas. El Sol, los ocho planetas con sus satélites y otros objetos que giran alrededor del Sol forman el **sistema solar**. El Sol es el centro del sistema solar.

5. Encierra en un círculo los objetos del texto que forman el sistema solar.

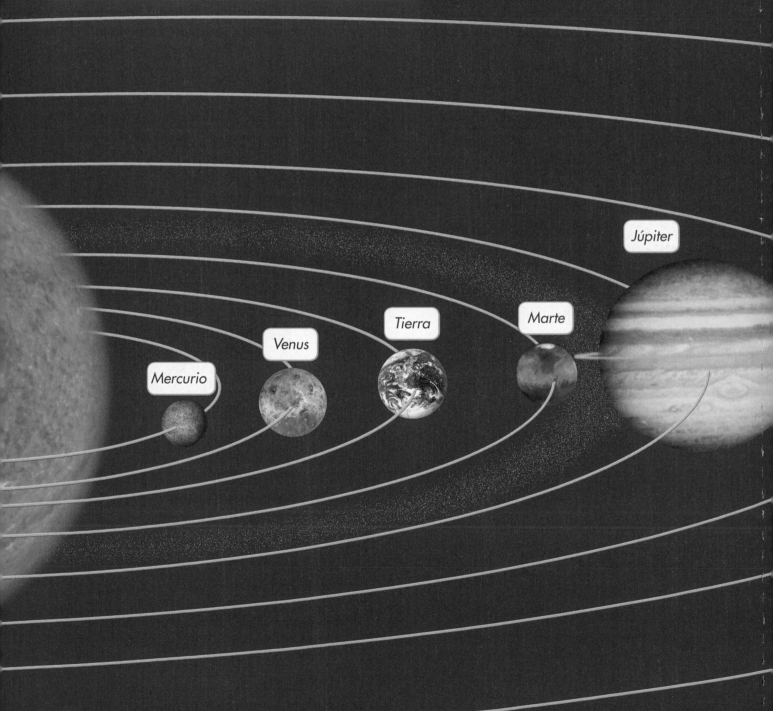

Mercurio

Venus

Tierra

Marte

Júpiter

Distancia desde el Sol

El sistema solar es un lugar inmenso. Venus es el planeta más cercano a la Tierra. Pero está a unos 42 millones de kilómetros de la Tierra. La tabla muestra la distancia entre cada planeta y el Sol.

6. Identifica Marca con una ✕ el planeta que está a 778 millones de kilómetros del Sol.

7. Calcula ¿Cuánto más lejos del Sol está Venus que Mercurio?

| Distancia de los planetas desde el Sol ||
Planeta	Distancia desde el Sol
Mercurio	58 millones de km
Venus	108 millones de km
Tierra	150 millones de km
Marte	228 millones de km
Júpiter	778 millones de km
Saturno	1,400 millones de km
Urano	2,900 millones de km
Neptuno	4,500 millones de km

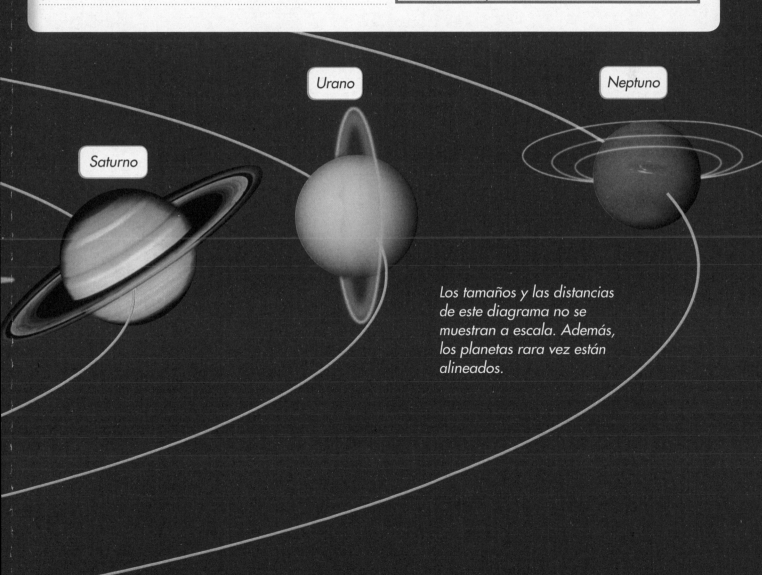

Saturno

Urano

Neptuno

Los tamaños y las distancias de este diagrama no se muestran a escala. Además, los planetas rara vez están alineados.

Planetas interiores

Los ocho planetas conocidos se dividen en planetas interiores y exteriores según su distancia desde el Sol. Los cuatro planetas interiores son Mercurio, Venus, la Tierra y Marte. Los planetas interiores tienen algunas cosas en común. Son los planetas más cercanos al Sol y todos tienen una superficie rocosa. Pero también tienen muchas diferencias.

8. Compara Lee las descripciones de los planetas. ¿En qué se parecen Mercurio y Venus?

....

....

....

Mercurio

Mercurio es el planeta más cercano al Sol. Debido a esto, la superficie de Mercurio es seca y muy caliente. Mercurio también es el planeta más pequeño. Su tamaño es menos de la mitad del tamaño de la Tierra. Mercurio no tiene lunas.

Venus

Venus es el segundo planeta desde el Sol. Al igual que Mercurio, Venus es un planeta muy caliente y rocoso. Tiene cráteres, montañas y valles. El planeta está cubierto de nubes densas que atrapan la energía del Sol, lo que hace que sea muy caliente. Venus no tiene lunas.

Tierra

La Tierra es el tercer planeta desde el Sol. Casi las tres cuartas partes de la superficie terrestre están cubiertas de agua. La Tierra es el único planeta de nuestro sistema solar en el que hay vida. Tiene las condiciones que los seres vivos necesitan, lo que incluye temperaturas templadas, agua líquida y atmósfera.

Marte

Marte, el cuarto planeta desde el Sol, tiene aproximadamente la mitad del tamaño de la Tierra. Marte se conoce como el "planeta rojo" porque su superficie es de color anaranjado rojizo. Las temperaturas de Marte son demasiado frías como para que haya agua líquida. Marte tiene volcanes y cañones profundos. Tiene dos lunas.

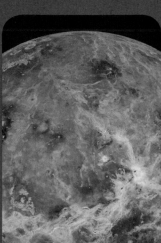

Planetas exteriores

Los planetas exteriores son Júpiter, Saturno, Urano y Neptuno. Los planetas exteriores son muy diferentes de los planetas interiores. A diferencia de los planetas interiores rocosos, los planetas exteriores son enormes y están formados principalmente por gases. Se los llama gigantes gaseosos. Su superficie no es sólida. En estos planetas hay capas de nubes densas y vientos fuertes. Además, tienen anillos a su alrededor. Los anillos de Júpiter son difíciles de ver.

9. Idea principal y detalles ¿Cuál es la idea principal del párrafo?

....

....

....

....

Júpiter

Júpiter es el quinto planeta desde el Sol y es el planeta más grande. Su tamaño es 11 veces el tamaño de la Tierra. Júpiter está cubierto de nubes densas. Tiene más de 60 lunas. La Gran Mancha Roja de Júpiter que se muestra abajo en realidad es una tormenta inmensa.

Saturno

Saturno es el sexto planeta desde el Sol y es el segundo planeta más grande. La característica más conocida de Saturno son sus anillos. Los anillos, que se muestran abajo, están formados por pedazos de hielo y roca que rodean al planeta. Saturno tiene más de 60 lunas.

Urano

Urano es el séptimo planeta desde el Sol. Es más pequeño que Saturno o que Júpiter, pero su tamaño es aproximadamente cuatro veces el tamaño de la Tierra. Urano es diferente de los demás planetas porque rota de lado. Tiene 27 lunas.

Neptuno

Neptuno es el planeta más alejado del Sol. Está tan lejos que tarda 165 años terrestres en completar su órbita alrededor del Sol. Neptuno es apenas más pequeño que Urano. Tiene 13 lunas. El color azul de Neptuno se debe a los gases de su atmósfera.

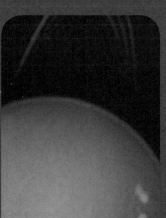
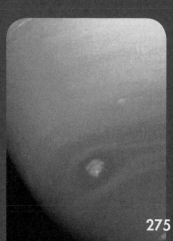

Laboratorio rápido

Modelo de planeta

Construye un modelo del Sol y los ocho planetas del sistema solar usando objetos comunes, como frutas o pelotas. Muestra el orden de los objetos desde el Sol. Investiga la órbita de cada planeta. Demuestra la nueva posición de cada planeta después de tres meses terrestres.

🔺 TEKS 8C, 8D

Plutón, planeta enano

Un pequeño objeto rocoso y frío llamado Plutón orbita muy lejos del Sol. Hasta 2006, Plutón se consideraba el noveno planeta del sistema solar. Después, los científicos decidieron incluir a Plutón en un grupo diferente. Ahora se lo llama planeta enano. Plutón es más pequeño que la Luna de la Tierra.

Plutón

10. Analiza ¿Se debe considerar todavía a Plutón como parte del sistema solar? Explica por qué. Si necesitas una pista, lee nuevamente la definición de *sistema solar*.

....

....

Conexión con

Matemáticas

🔺 **TEKS de Matemáticas 1F, 4A**

Usa una tabla

La siguiente tabla muestra el tiempo que tarda cada planeta exterior en completar su traslación alrededor del Sol. Usa la tabla para contestar las preguntas.

Planetas exteriores

Planeta	Duración de traslación
Júpiter	12 años terrestres
Saturno	29 años terrestres
Urano	84 años terrestres
Neptuno	165 años terrestres

1 Identifica ¿Cuál de los planetas exteriores tarda menos tiempo en la traslación alrededor del Sol?

....

2 Calcula ¿Cuánto más dura la traslación de Neptuno que la de Saturno?

....

3 Determina Los planetas cercanos al Sol tardan más en la traslación alrededor del Sol. ¿Verdadero o falso?

....

Asteroides y cometas

Un asteroide es un pedazo de roca que orbita alrededor del Sol. La mayoría de los asteroides se encuentran en el cinturón de asteroides ubicado entre Marte y Júpiter. Los asteroides más pequeños son del tamaño de una piedrita, pero otros son tan anchos como el estado de Texas.

Un cometa es un objeto helado que orbita alrededor del Sol. Los cometas están formados por hielo, polvo y pedacitos de roca. Los cometas son mucho más pequeños que los planetas. Solo los cometas más grandes pueden verse sin un telescopio.

11. Compara y contrasta ¿En qué se parecen los asteroides y los cometas? ¿En qué se diferencian?

....

....

asteroide

cometa

....

¿Entiendes? ➧ TEKS 8D

12. Identifica Identifica los planetas del sistema solar y ordénalos en una lista según su posición en relación con el Sol.

....

....

13. Resume ¿Qué aprendiste sobre nuestro sistema solar que antes no sabías?

....

....

....

⬜ **¡Para!** Necesito ayuda ....

⏸ **¡Espera!** Tengo una pregunta ....

▶ **¡Sigue!** Ahora sé ....

Investigación de laboratorio

🔻 TEKS 8B, 8C, 3C, 4A

¿Por qué ves fases de la Luna?

Sigue el procedimiento

☑ **1. Construye un modelo** del cielo nocturno. Pega papel negro en el interior de la caja y su tapa.

☑ **2.** Haz agujeros en el papel donde están los agujeros de la caja. Rotula los agujeros pequeños con los crayones.

☑ **3.** Inserta la linterna en el agujero grande del costado. Pégala allí con cinta adhesiva.

☑ **4.** Une el hilo a la pelota con la tachuela. Pega el hilo en el centro de la tapa.

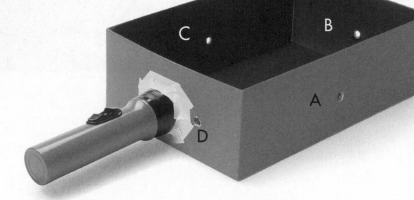

aproximadamente 4 cm

Materiales

tijeras
pegamento
papel negro
caja con agujeros
crayones blancos y negros
linterna
cinta adhesiva
hilo
pelota de ping-pong
tachuela
regla métrica

🔻 **Texas: Seguridad**
EN EL LABORATORIO
Maneja con cuidado los objetos filosos.

Destreza de indagación
A veces, los científicos **construyen un modelo** como ayuda para observar y comprender los eventos.

5. Coloca la tapa sobre la caja. Enciende la linterna. Observa a través de cada agujero. **Anota** tus **observaciones.**

Fases de la Luna		
Agujero	Dibujo de la fase de la Luna	Nombre de la fase de la Luna
A		
B		
C		
D		

Analiza y saca conclusiones

6. Tu **modelo** del Sol siempre ilumina la mitad de la Luna. ¿Por qué a veces la Luna parece estar completamente iluminada?

....

....

7. Identifica ¿Cuáles son algunas de las limitaciones de tu modelo de la Luna según el tamaño, los materiales y las propiedades?

....

....

....

....

....

Otra forma de ver el cielo nocturno

S T E M

APLICACIÓN
TEKS
8C

Planetarios

Un planetario es un edificio donde se muestran presentaciones sobre astronomía y sobre los objetos que se ven en el cielo nocturno. Puedes pensar en un planetario como en un tipo de cine. Te sientas en una de las sillas alineadas en fila. Las luces se apagan. Miras hacia arriba y ves un techo con forma de bóveda cubierto de estrellas brillantes y planetas.

Texas tiene muchos planetarios. Uno de los planetarios más grandes y con tecnología más avanzada del estado está ubicado en la Universidad de Texas, en Arlington. El sistema de proyecciones del planetario puede mostrar los patrones de las estrellas y las galaxias lejanas. Es capaz de mostrar las fases de la Luna y los planetas de nuestro sistema solar. Puedes ver cómo las estrellas, la Luna y los planetas parecen moverse a través del cielo nocturno mientras la Tierra rota.

Construye tu propio planetario

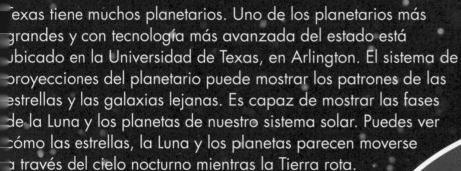

Puedes usar algunos materiales, como una caja de zapatos, cartulina y una linterna, para construir tu propio modelo de planetario. Usa la foto para obtener ideas acerca de cómo instalar tu modelo o inventa tu propio diseño. Trabaja en grupo para decidir los detalles de tu presentación. Por ejemplo, puedes mostrar los planetas del sistema solar que son visibles en el cielo nocturno durante esta época del año. Investiga para averiguar dónde ubicar cada planeta. Quizás quieras incluir los patrones de las estrellas y la fase actual de la Luna. Asegúrate de representar las posiciones de los planetas, las estrellas y la Luna. Identifica cada objeto o patrón en tu modelo.

VOCES
de la HISTORIA

Hace unos 2,400 años, los antiguos griegos desarrollaron un modelo del universo. Según este modelo, el Sol, la Luna, los planetas e incluso otras estrellas se movían alrededor de la Tierra. Este modelo se llama modelo geocéntrico.

El modelo geocéntrico se basaba parcialmente en observaciones. Todos los días, las personas veían que el Sol salía, atravesaba el cielo y luego se ponía. De noche, las estrellas también parecían atravesar el cielo. Además, las personas no sentían el movimiento de la Tierra, por eso pensaban que la Tierra estaba en reposo y que los demás objetos se movían a su alrededor.

Sin embargo, el modelo geocéntrico presentaba problemas. No correspondía con las observaciones de los movimientos de algunos objetos en el cielo. En el siglo XVI, Nicolás Copérnico desarrolló el modelo heliocéntrico. En este modelo, el Sol estaba en el centro del sistema solar. La Tierra y los otros planetas, al igual que sus lunas, orbitan alrededor del Sol. Copérnico propuso que el Sol y las estrellas solamente parecían moverse porque la Tierra rotaba. Su modelo correspondía mejor con las observaciones de los movimientos de los objetos en el cielo nocturno.

En la actualidad sabemos que la Tierra no es el centro del universo. Es uno de los ocho planetas que giran alrededor del Sol. Es el tercer planeta desde el Sol, después de Mercurio y Venus.

Relaciona los conceptos de ciencias con la historia de la ciencia. ¿Por qué crees que el modelo heliocéntrico sigue siendo el modelo aceptado del universo?

Haz dos dibujos en el espacio siguiente para comparar cómo se mueve la Tierra en el modelo geocéntrico y en el modelo heliocéntrico.

Haz un calendario lunar

En el cielo nocturno, muchos objetos se ven iguales semana tras semana. A veces, las estrellas pueden estar escondidas detrás de las nubes. Pero las estrellas no se agrandan ni se achican, ni se vuelven más brillantes o más opacas.

Sin embargo, la Luna parece cambiar de forma todas las noches. Una mitad de la Luna siempre está iluminada por el Sol. Como la Luna gira alrededor de la Tierra, cada noche ves una cantidad diferente de esa mitad iluminada de la Luna y de la mitad no iluminada. La parte iluminada de la Luna aparece con una forma diferente cada noche.

Puedes llevar el registro de la apariencia cambiante de la Luna haciendo un calendario lunar. Durante un mes, sal a observar la forma de la Luna todas las noches, acompañado por un adulto. A veces, la Luna estará visible durante el día. Haz tus observaciones siempre que la Luna esté visible.

Lleva contigo un cuaderno, un lápiz y una linterna para hacer tus observaciones. Dibuja la forma de la Luna. Anota la hora y la fecha. Luego regresa adentro y dibuja la forma en la casilla correcta del calendario.

A fin de mes, estudia tu calendario lunar. ¿Qué patrón observas en las fases de la Luna?

....

....

....

....

....

....

....

....

....

....

Cada noche, la forma de la Luna parece cambiar un poco.

Tarjetas de vocabulario

año luz

eje

estrella

fase de la Luna

globo terráqueo

órbita

planeta

rotación

sistema solar

Sol

sombra

traslación

¡Vamos a jugar!

Recorta las Tarjetas de Vocabulario.

Trabaja con un compañero. Escoge una Tarjeta de vocabulario.

Di tantas palabras como puedas para describir esa palabra de vocabulario.

Pide a tu compañero que adivine la palabra.

Pídele que repita la actividad con otra palabra de vocabulario.

axis

eje

star

estrella

globe

globo terráqueo

light-year

año luz

rotation

rotación

sun

Sol

a giant ball of hot, glowing gases that release energy	**an imaginary line around which Earth spins**
¿Cuál es otro significado de esta palabra?	Dibuja el eje de la Tierra.
....	
....	
....	
bola gigante de gases calientes y brillantes que emiten energía	**línea imaginaria alrededor de la cual gira la Tierra**
the distance light travels in one year	**a model of Earth**
Escribe una oración con esta palabra.	Nombra dos cosas que puedes ver en un globo terráqueo.
....	....
....	....
....	....
....	....
distancia que la luz viaja en un año	**modelo de la Tierra**
the closest star to Earth	**one complete spin on an axis**
Di dos cosas acerca de la energía del Sol.	Escribe el verbo de esta palabra.
....	....
....	....
....	....
....	....
la estrella más cercana a la Tierra	**vuelta completa alrededor de un eje**

Vocabulario interactivo

¡Haz una pregunta de palabras!

Escoge una palabra de vocabulario y escribe una pregunta sobre ella en el centro del recuadro. Identifica la palabra en el recuadro de arriba. Da ejemplos en los recuadros de abajo. Escribe algunos datos sobre la palabra en los recuadros de la derecha.

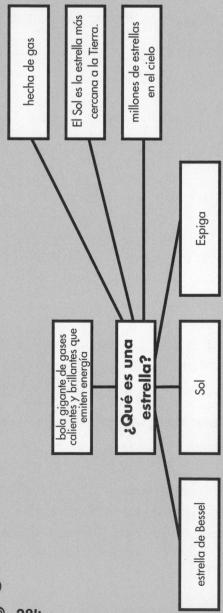

hecha de gas

El Sol es la estrella más cercana a la Tierra.

millones de estrellas en el cielo

Espiga

bola gigante de gases calientes y brillantes que emiten energía

¿Qué es una estrella?

Sol

estrella de Bessel

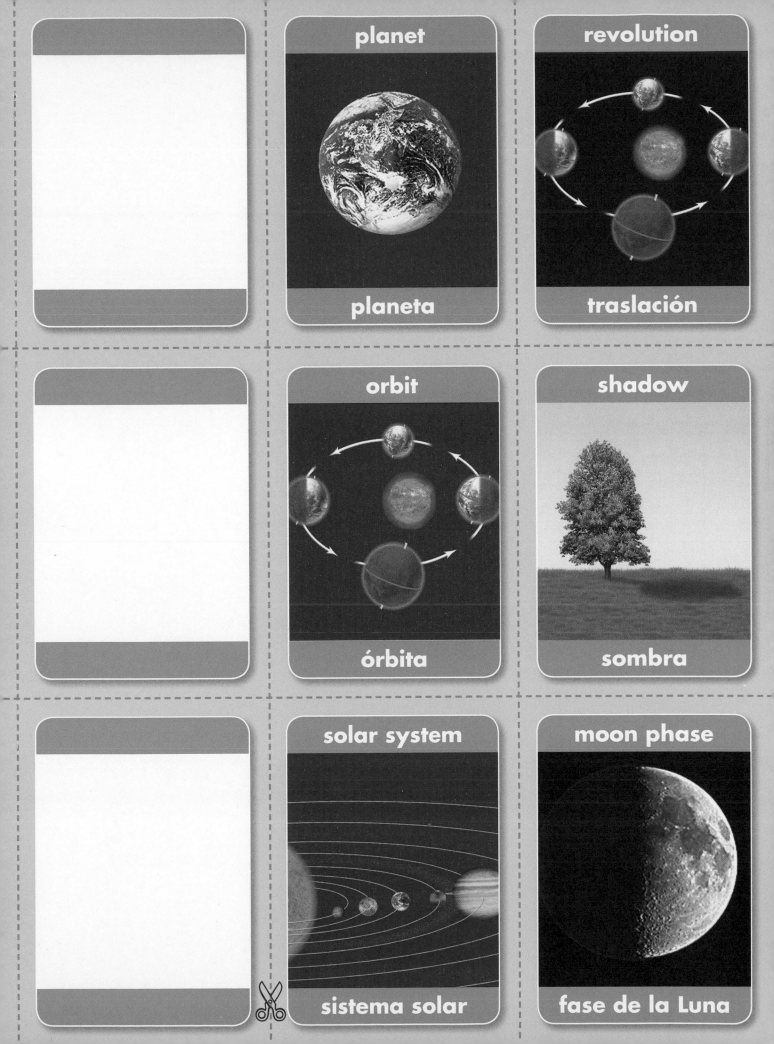

planet

planeta

revolution

traslación

orbit

órbita

shadow

sombra

solar system

sistema solar

moon phase

fase de la Luna

one complete trip around the sun

Escribe una oración con esta palabra.

....

....

....

....

vuelta completa alrededor del Sol

---

a large, ball-shaped body that revolves, or travels around, the sun

Da dos ejemplos.

....

....

cuerpo de gran tamaño, con forma de bola, que se mueve alrededor del Sol

---

....

....

....

---

a dark area that forms when an object blocks the light that hits it

Dibuja un ejemplo.

región oscura que se forma cuando un objeto bloquea la luz que da sobre él

---

the path an object takes as it revolves around the sun

Dibuja un ejemplo.

camino que sigue un objeto mientras gira alrededor del Sol

....

....

....

---

the shape the moon seems to have at a given time

Da dos ejemplos de esta palabra.

....

....

....

forma que la Luna parece tener en un momento dado

---

the sun, the eight planets and their moons, and other objects that revolve around the sun

Usa un diccionario. Encuentra el significado de la palabra *solar*.

....

el Sol, los ocho planetas con sus satélites y otros objetos que giran alrededor del Sol

---

....

....

....

Lección 1 🔹 TEKS 8B

¿Qué es el Sol?

1. Describe ¿Qué oración describe mejor el Sol?

A. El Sol es un planeta similar a la Tierra.

B. El Sol es la estrella más lejana a la Tierra.

C. El Sol gira y se traslada alrededor de la Tierra.

D. El Sol es una estrella compuesta por gases que emiten energía.

2. Infiere ¿Cómo influye la distancia entre una estrella y la Tierra en el tiempo que tarda la luz de esa estrella en llegar a la Tierra?

....

....

....

3. Explica ¿Qué pasaría con el ciclo del agua sin la luz y el calor del Sol? Explica tu respuesta.

....

....

....

....

Lección 2 🔹 TEKS 8C

¿Cuáles son los patrones de la Tierra?

4. Infiere La ilustración de abajo muestra la sombra de una bicicleta al mediodía en un día soleado. ¿En qué sería diferente la sombra de la bicicleta por la tarde? Explica tu respuesta.

....

....

....

....

5. Vocabulario La Tierra hace _____ cada 24 horas.

A. una traslación

B. un círculo

C. una rotación

D. una órbita

Lección 2 continuación

6. **Describe** ¿Por qué el Sol parece cambiar de posición en el cielo?

....

....

....

....

7. **Idea principal y detalles** ¿Cuál es la idea principal del siguiente pasaje?

La temperatura en la superficie de la Luna varía. Durante el día, la temperatura puede subir hasta 127 °C (260 °F). Al fondo de los cráteres, la temperatura se mantiene alrededor de –240 °C (–400 °F) todo el tiempo.

....

....

....

....

8. **Vocabulario** La forma que la Luna parece tener en un momento dado se llama _____.
   A. un cráter
   B. una fase lunar
   C. una órbita
   D. una traslación

9. **Explica** ¿Por qué solo un lado de la Luna es visible desde la Tierra?

....

....

....

....

....

....

....

Práctica de TEKS

Lección 3 ➜ TEKS 8C, 8D

¿Qué sabes de nuestro sistema solar?

10. Clasifica Nombra los planetas interiores y los planetas exteriores. Explica en qué se diferencian los planetas interiores de los planetas exteriores.

....

....

....

....

....

....

....

11. Causa y efecto ¿Cómo afecta el Sol a las órbitas de los planetas?

....

....

12. Identifica En relación con el Sol, ¿qué planetas están más cerca que la Tierra y qué planetas están más lejos que la Tierra?

....

....

....

REPASO TEKS · Capítulo 5

Lección 1   ¿Qué es el Sol?

En la Lección 1 aprendiste que una estrella es una bola de gases calientes y brillantes que emiten luz y calor. El Sol es la estrella más cercana a la Tierra. Provee energía para el ciclo del agua y nos da calor y luz.

➜ **TEKS 8B**

Lección 2   ¿Cuáles son los patrones de la Tierra?

En la Lección 2 aprendiste cómo usar modelos para representar las posiciones del Sol, la Tierra y la Luna durante los ciclos del día y la noche, las estaciones y las fases de la Luna. Aprendiste que la Tierra rota alrededor de su eje y se traslada alrededor del Sol. La Luna rota alrededor de su eje mientras se traslada alrededor de la Tierra.

➜ **TEKS 8C**

Lección 3   ¿Qué sabes de nuestro sistema solar?

En la Lección 3 aprendiste que la gravedad del Sol mantiene a los planetas en órbita alrededor del Sol. Identificaste los ochos planetas del sistema solar y los ordenaste de acuerdo con su distancia desde el Sol.

➜ **TEKS 8C, TEKS de apoyo 8D**

Lee cada pregunta y encierra en un círculo la mejor respuesta o rellena la plantilla.

---

1 El Sol es una estrella. Los científicos han descubierto que es una estrella de tamaño mediano. Pero aquí en la Tierra, se ve mucho más grande que todas las demás estrellas. ¿Por qué el Sol se ve tan grande?

A Está mucho más cerca que las otras estrellas.

B Aparece solamente durante el día.

C Está compuesto por sólidos en lugar de gases.

D Emite mucha más energía que las otras estrellas.

---

2 El diagrama muestra diez objetos en nuestro sistema solar (no están dibujados a escala).

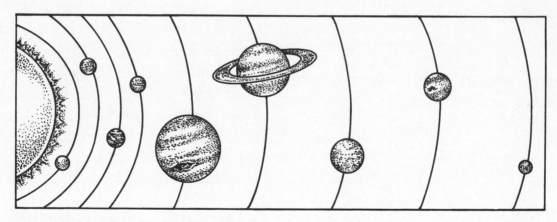

En 2006 los científicos decidieron que uno de estos objetos no es un planeta. ¿Cuántos de estos objetos son planetas? Anota y rellena la plantilla con tu respuesta.

⓪	⓪
①	①
②	②
③	③
④	④
⑤	⑤
⑥	⑥
⑦	⑦
⑧	⑧
⑨	⑨

3 Luz estudió el estado del tiempo en el área donde vive durante dos semanas. Usó un pluviómetro para medir cuánta lluvia caía cada día. También dibujó una imagen de las condiciones del estado del tiempo para cada día, de lunes a domingo, como se muestra abajo.

L	Ma	Mi	J	V	S	D
1 ☀	2 ☀	3 ☀	4 ☀	5 🌧	6 🌧	7 🌧
8 🌧	9 ☀	10 ☀	11 ☀	12 ☀	13 🌧	14 🌧

¿Qué tabla muestra los datos que reunió con el pluviómetro durante la segunda semana de su estudio?

A Tabla A con datos del pluviómetro

Lun.	Mar.	Mié.	Jue.	Vie.	Sáb.	Dom.
5 cm	4 cm	6 cm	3 cm	0 cm	0 cm	0 cm

B Tabla B con datos del pluviómetro

Lun.	Mar.	Mié.	Jue.	Vie.	Sáb.	Dom.
0 cm	0 cm	0 cm	0 cm	3 cm	5 cm	2 cm

C Tabla C con datos del pluviómetro

Lun.	Mar.	Mié.	Jue.	Vie.	Sáb.	Dom.
0 cm	5 cm	6 cm	2 cm	3 cm	0 cm	0 cm

D Tabla D con datos del pluviómetro

Lun.	Mar.	Mié.	Jue.	Vie.	Sáb.	Dom.
2 cm	0 cm	0 cm	0 cm	0 cm	3 cm	5 cm

Si tienes dificultades con...			
Pregunta	1	2	3
Ve el capítulo (lección)	5 (1)	5 (3)	4 (5)
TEKS	8B	8D	8A

Indagación abierta

 TEKS 8C, 2A, 2B, 2F, 3A

Materiales

lentes de seguridad
lámpara
globo terráqueo
lápiz
pelota de espuma

Texas: Seguridad
EN EL LABORATORIO

Identifica los riesgos de seguridad como las bombillas calientes y los cables eléctricos.

Destreza de indagación
Construyes **modelos** para representar objetos o fenómenos naturales.

¿Qué modelos puedes construir para mostrar los patrones entre el Sol, la Tierra y la Luna?

Algunos patrones, como el día y la noche, las estaciones y las fases de la Luna, se deben a las posiciones cambiantes de la Tierra y de la Luna en relación con el Sol. Puedes construir modelos para representar estos patrones y demostrar la relación del Sol, la Tierra y la Luna, incluyendo órbitas y posiciones.

Formula una pregunta

¿Cómo puedo representar las posiciones del Sol, la Tierra y la Luna durante el día y la noche, las diferentes estaciones y las diferentes fases de la Luna?

Plantea una hipótesis

☑ **1.** Escribe una **hipótesis** para el modelo que construirás. Encierra en un círculo una de las opciones y termina la oración.
Si hacemos rotar un modelo de la Tierra cerca de un modelo del Sol, entonces el modelo mostrará
A. el día y la noche
B. las estaciones
porque

Identifica y controla las variables

☑ **2.** En un **experimento** cambias solo una **variable.** Todo lo demás debe quedar igual. ¿Qué debe quedar igual en este experimento? Da un ejemplo.

☑ **3.** Comenta cuál es el cambio que harás.

Diseña tu prueba

☑ **4.** Dibuja cómo prepararás tus modelos del día y la noche, de las estaciones y de las fases de la Luna. Incluye flechas para mostrar el movimiento de cada objeto.

☑ **5.** Haz una lista de los pasos en el orden en que los harás.

☑ **6.** Sigue los pasos que escribiste.

☑ **7. Anota** tus resultados en la tabla.

Reúne y anota información

☑ **8.** Reúne información usando tus modelos del sistema del Sol, la Tierra y la Luna. Dibuja lo que ves. Completa la tabla.

Interpreta la información

9. Describe tus modelos. ¿Cómo representaste diferentes movimientos y posiciones del Sol, la Tierra y la Luna?

....

....

....

....

Plantea tu conclusión

10. Comunica ideas Analiza la información usando tus modelos del sistema del Sol, la Tierra y la Luna. ¿Qué aprendiste al usar estos modelos para estudiar el Sol, la Tierra y la Luna? ¿Cuáles son algunas desventajas de usar estos modelos?

....

....

....

....

....

....

Trabaja como un científico

La comunicación entre los científicos es importante. Habla con tus compañeros. Comenten y comparen los resultados obtenidos analizando, evaluando y criticando las explicaciones y las evidencias de cada uno.

Ciencias de la vida

¿Cómo pueden vivir los árboles en el lago Caddo?

Plantas

Lección 1 ¿Cómo se clasifican las plantas?

Lección 2 ¿Cómo usan las plantas sus hojas para producir alimento?

Lección 3 ¿Cómo usan las plantas sus raíces y tallos para crecer?

Lección 4 ¿Cuál es el ciclo de vida de algunas plantas?

ENFOQUE TEKS

10C

¿Cómo crecen y cambian las plantas?

El lago Caddo se encuentra en el noreste de Texas. Los cipreses pueden vivir y crecer en agua que fluya lentamente.

¿Cómo hacen los cipreses para vivir y crecer en el agua?

....

....

....

Conocimientos y destrezas esenciales en Texas

TEKS: 10A Examinar cómo las estructuras y las funciones de las plantas y animales les permiten sobrevivir en un medio ambiente en particular.

TEKS de apoyo: 10C Investigar y comparar cómo animales y plantas sufren una serie de cambios ordenados en sus diversos ciclos de vida, tales como los de las plantas de tomate, las ranas y los escarabajos.

TEKS de proceso: 1A, 2A, 2B, 2C, 2F, 3D, 4A

Indagación preliminar

¿Cómo cambian las plantas?

☑ **1.** Coloca una toalla de papel húmeda en una bolsa plástica con cierre hermético. Agrega tres frijoles pintos entre la toalla y la bolsa.

☑ **2.** Cierra bien la bolsa. Pégala con cinta adhesiva a una ventana.

☑ **3. Observa** Reúne información al observar la bolsa. Dibuja y **anota** tus observaciones cada dos días.

Materiales

toallas de papel húmedas
bolsa plástica con cierre hermético
frijoles pintos
cinta adhesiva

 Texas: Seguridad
EN EL LABORATORIO

No comas ni bebas en el laboratorio.

Destreza de indagación

Al observar el crecimiento de las plantas, **reúnes datos** para mostrar cómo cambian.

Tabla de datos	
Día	**Observaciones**

☑ **4.** Escoge una **variable** que vas a cambiar cuando a las semillas les salgan raíces. Por ejemplo, cambia la dirección de la bolsa, la cantidad de luz que recibe la bolsa o la temperatura dentro de la bolsa.

☑ **5. Predice** cómo cambiarán tus plantas.

....

....

Explica los resultados

6. Comunica ideas Explica cómo tus plantas reaccionaron al cambio.

....

....

Enfoque en Elementos del texto

En este capítulo practicarás el uso de los **elementos del texto** como estrategia de lectura. Los elementos del texto tales como encabezados, palabras resaltadas, ilustraciones y pies de ilustración o leyendas, te dan pistas sobre lo que leerás.

El **encabezado** indica de qué trata el contenido que sigue.

La **ilustración** muestra algo sobre lo que leerás.

La **leyenda** da información específica sobre una ilustración.

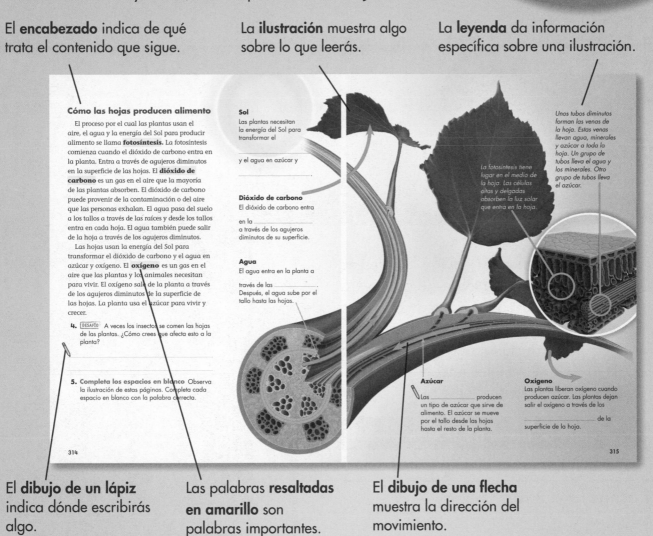

Cómo las hojas producen alimento

El proceso por el cual las plantas usan el aire, el agua y la energía del Sol para producir alimento se llama **fotosíntesis.** La fotosíntesis comienza cuando el dióxido de carbono entra en la planta. Entra a través de agujeros diminutos en la superficie de las hojas. El **dióxido de carbono** es un gas en el aire que la mayoría de las plantas absorben. El dióxido de carbono puede provenir de la contaminación o del aire que las personas exhalan. El agua pasa del suelo a los tallos a través de las raíces y desde los tallos entra en cada hoja. El agua también puede salir de la hoja a través de los agujeros diminutos.

Las hojas usan la energía del Sol para transformar el dióxido de carbono y el agua en azúcar y oxígeno. El **oxígeno** es un gas en el aire que las plantas y los animales necesitan para vivir. El oxígeno sale de la planta a través de los agujeros diminutos de la superficie de las hojas. La planta usa el azúcar para vivir y crecer.

4. DESAFÍO A veces los insectos se comen las hojas de las plantas. ¿Cómo crees que afecta esto a la planta?

5. **Completa los espacios en blanco** Observa la ilustración de estas páginas. Completa cada espacio en blanco con la palabra correcta.

314

Sol
Las plantas necesitan la energía del Sol para transformar el

y el agua en azúcar y

Dióxido de carbono
El dióxido de carbono entra

en la
a través de los agujeros diminutos de su superficie.

Agua
El agua entra en la planta a

través de las
Después, el agua sube por el tallo hasta las hojas.

La fotosíntesis tiene lugar en el medio de la hoja. Las células altas y delgadas absorben la luz solar que entra en la hoja.

Unos tubos diminutos forman las venas de la hoja. Estas venas llevan agua, minerales y azúcar a toda la hoja. Un grupo de tubos lleva el agua y los minerales. Otro grupo de tubos lleva el azúcar.

Azúcar
Las _____ producen un tipo de azúcar que sirve de alimento. El azúcar se mueve por el tallo desde las hojas hasta el resto de la planta.

Oxígeno
Las plantas liberan oxígeno cuando producen azúcar. Las plantas dejan salir el oxígeno a través de los _____ de la superficie de la hoja.

315

El **dibujo de un lápiz** indica dónde escribirás algo.

Las palabras **resaltadas en amarillo** son palabras importantes.

El **dibujo de una flecha** muestra la dirección del movimiento.

¡Practícalo!

Lee los elementos del texto que aparecen en la tabla de abajo. Escribe la pista que te da cada elemento sobre el contenido.

Elemento del texto	Pista
resaltado en amarillo	
dibujo de un lápiz	
dibujo de una flecha	

¿Cómo se clasifican las plantas?

Voy a aprender TEKS 10A
Voy a examinar cómo clasificar las plantas en grupos según las estructuras que les permiten sobrevivir en su medio ambiente. (También **1A**, **2B**, **4A**)

Vocabulario

estructura
angiosperma
espora

Conexión con Matemáticas

🔲 **TEKS de Matemáticas 1E, 4A, 5A**

En Texas crecen muchos tipos diferentes de flores silvestres. En una tarde de primavera, una familia divisó 15 macizos de altramuces de Texas y 3 macizos de mantas indias. También vieron 6 macizos de tabaco indio y 6 macizos de castillejas. Usa esta información para completar la tabla de frecuencia siguiente.

Observaciones de flores silvestres	
tabaco indio	
altramuz de Texas	
mantas indias	
castillejas	

¿Qué tipo de flor silvestre se vio la mitad del tiempo? Muestra tu trabajo.

....

....

....

....

TEKS 10A, 1A, 2B, 4A

¿De cuántas maneras puedes clasificar las plantas?

☑ **1.** Sal a investigar. Busca plantas que puedas observar y clasificar.

☑ **2. Observa** cada planta. Usa una lupa para estudiar las hojas, el tallo y otras estructuras que ayudan a las plantas a sobrevivir en su medio ambiente.

☑ **3. Reúne información** Usa un cuaderno y una cámara para reunir y **anotar** información acerca de las plantas. Toma notas sobre tus observaciones en un cuaderno. Usa una cámara para tomar fotografías de todas las plantas que observes o dibújalas en tu cuaderno.

☑ **4. Clasifica** Regresa a tu salón de clases. Trabaja con un compañero para **analizar** la información que reuniste usando el cuaderno y la cámara. Clasifica las plantas que observaste. Agrupa las fotografías de las plantas que se parecen en algo.

Explica los resultados

5. Comunica ideas Describe a la clase cómo clasificaste las plantas. **Compara** tu manera de clasificarlas con la manera en que otros grupos clasificaron las plantas.

6. Haz una lista de las diferentes maneras en que se pueden clasificar las plantas.

Materiales

lupa
cuaderno
cámara

Texas: Seguridad
EN EL LABORATORIO
Quédate en el área que indique tu maestro.

Clasificar plantas

En los supermercados, los alimentos se agrupan. De esta manera, las personas pueden encontrar los alimentos fácilmente. Los científicos clasifican los seres vivos, como las plantas, de un modo similar. Los científicos clasifican las plantas ordenándolas en grupos. Esto nos ayuda a identificar las plantas.

Clasificas plantas basándote en las características que comparten. Puedes clasificar las plantas en grupos según el color, el tamaño y la forma. Puedes clasificar las plantas según el modo en que se reproducen, o producen plantas nuevas. Puedes clasificar las plantas según sus flores o sus semillas. También puedes clasificar las plantas por sus **estructuras,** o la organización de sus partes. Las estructuras de las plantas incluyen raíces, tallos y hojas. La mayoría de las estructuras tienen una función específica. Muchas estructuras y funciones de la planta la ayudan a sobrevivir en su medio ambiente. El medio ambiente de una planta es todo lo que la rodea.

2. Clasifica Los nenúfares tienen hojas grandes que flotan en el agua. ¿Cuáles son dos maneras en las que puedes clasificar nenúfares?

....

....

....

....

1. Elementos del texto Observa los elementos del texto de esta página. Identifica un elemento del texto y la pista que te da.

Elemento del texto	Pista
encabezado	Me indica que aprenderé cómo se clasifican las plantas.

Clasificar plantas en medio ambientes húmedos

Los nenúfares viven en el agua. Sus hojas anchas y planas los ayudan a flotar. Las hojas tienen una apertura diminuta en la parte superior (no en la parte inferior como la mayoría de las plantas) para absorber aire. Las raíces de los nenúfares son largas para poder atravesar el agua y llegar al fondo lleno de lodo. Los tallos son largos para permitir que las hojas floten sobre la superficie del agua. Puedes clasificar las plantas que viven en medio ambientes húmedos según los tipos de hojas, raíces y tallos que las ayudan a sobrevivir.

Clasificar plantas en medio ambientes áridos

Las plantas de yuca crecen en el desierto. Sus hojas tienen una cubierta gruesa y cerosa que retiene el agua. Las raíces de yuca son anchas y crecen profundamente para absorber el agua que es escasa. Estas estructuras ayudan a las plantas a sobrevivir en su medio ambiente árido. Puedes clasificar las plantas del desierto según sus hojas, raíces y otras estructuras.

Las hojas de la yuca apuntan hacia arriba y hacia afuera. Esto ayuda a las hojas a dirigir el agua de lluvia hacia abajo, al centro de la planta.

Laboratorio rápido

Estructuras de las plantas

Encuentra una planta cerca de donde vives. Dibújala. Escribe tres características que veas en la planta e investígalas. Examina de qué manera la estructura y las funciones de la planta la ayudan a sobrevivir en su medio ambiente. Anota tus observaciones. **TEKS 10A**

3. **Explica** ¿De qué manera la estructura de las raíces del nenúfar y de la yuca ayudan a las plantas a sobrevivir en sus medio ambientes?

....

....

....

....

....

Angiospermas

Un modo de clasificar las plantas es según si la planta produce flores o no. Un naranjo y un cactus no se parecen, pero ambos son angiospermas. Las **angiospermas** son plantas con semillas que producen flores. Los naranjos producen flores con semillas. Estas semillas pueden convertirse en plantas nuevas.

Hay diferentes grupos de angiospermas. Cada grupo tiene diferentes tipos de raíces, tallos, hojas y flores. Por ejemplo, el cornejo es un árbol cuyo tallo es fuerte y leñoso. Este tallo permite que el cornejo sea más alto. Los lirios no tienen tallos leñosos. Los lirios crecen más cerca del suelo.

Las hojas del cornejo caen durante el otoño. Las hojas vuelven a crecer en la primavera. Los árboles cuyas hojas caen y luego vuelven a crecer de esta manera se llaman árboles de hoja *caduca*.

4. (**Encierra en un círculo**) las palabras que dan información sobre las angiospermas.

5. **Elementos del texto** ¿Por qué la palabra *caduca* se ve diferente del resto de las palabras de esta página?

....

....

Los cornejos pueden llegar a medir más de 6 metros de altura. Los cornejos producen flores. Estas flores producen semillas. Las semillas pueden desarrollarse y formar cornejos nuevos.

Grupos de angiospermas

Un tipo de angiosperma es la magnolia.
Este árbol produce flores coloridas. Algunas
magnolias son árboles de hoja caduca. Otras
mantienen sus hojas durante todo el invierno.
El tallo de las magnolias es fuerte y leñoso.
Este tallo permite que el árbol sea muy alto.
La altura de la magnolia varía desde árboles
de menos de 3 metros hasta árboles de más
de 20 metros de altura.

El tallo de los lirios es largo y delgado y sus
hojas son delgadas. Este tallo permite que la
planta se incline cuando sopla el viento. En el
otoño, los lirios pierden el tallo y las hojas.
Las raíces sobreviven durante el invierno.
En la primavera, el tallo y las hojas vuelven a
crecer desde las raíces. Durante la primavera,
los lirios producen flores coloridas.

Los rosales son otro tipo de angiosperma.
Crecen como arbustos pequeños o como
enredaderas largas. El tallo del rosal es fuerte
y tiene espinas afiladas. Estos tallos permiten
que los rosales sean altos. Las espinas
protegen a la planta. La mayoría de las flores
del rosal son coloridas.

6. **Compara y contrasta** Observa las angiospermas de esta página. ¿En qué se
parecen y en qué se diferencian?

....

....

7. **Evalúa** ¿Cuál es una ventaja de un tallo delgado?

....

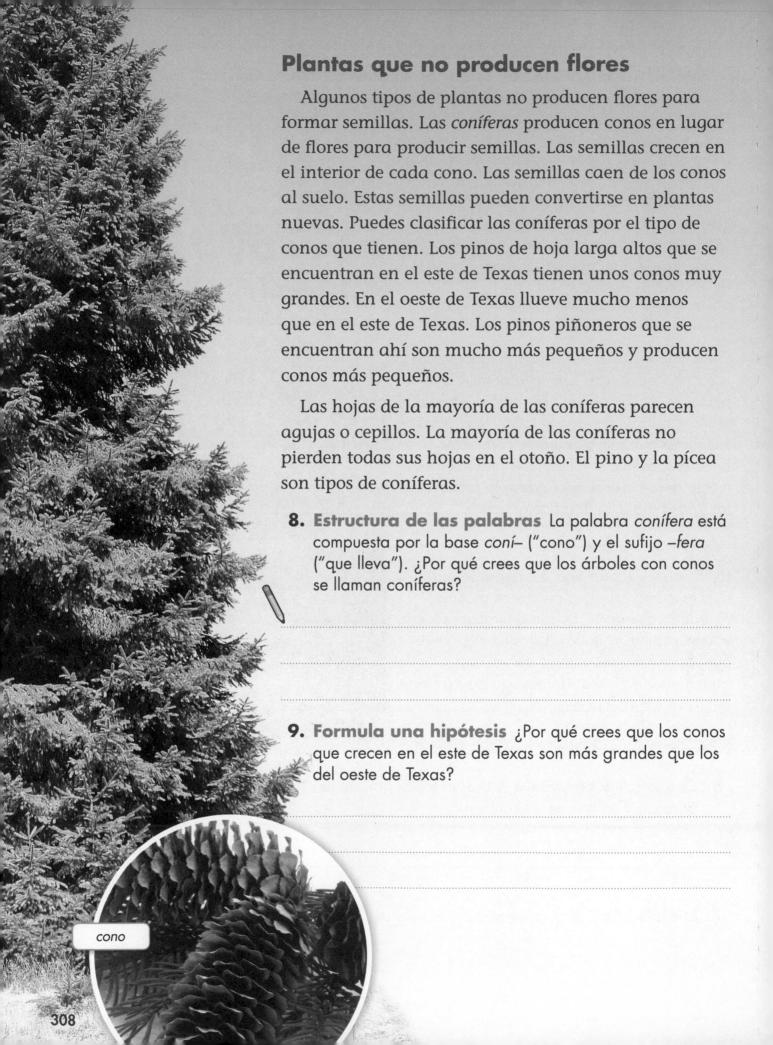

Plantas que no producen flores

Algunos tipos de plantas no producen flores para formar semillas. Las *coníferas* producen conos en lugar de flores para producir semillas. Las semillas crecen en el interior de cada cono. Las semillas caen de los conos al suelo. Estas semillas pueden convertirse en plantas nuevas. Puedes clasificar las coníferas por el tipo de conos que tienen. Los pinos de hoja larga altos que se encuentran en el este de Texas tienen unos conos muy grandes. En el oeste de Texas llueve mucho menos que en el este de Texas. Los pinos piñoneros que se encuentran ahí son mucho más pequeños y producen conos más pequeños.

Las hojas de la mayoría de las coníferas parecen agujas o cepillos. La mayoría de las coníferas no pierden todas sus hojas en el otoño. El pino y la pícea son tipos de coníferas.

8. **Estructura de las palabras** La palabra *conífera* está compuesta por la base *coní–* ("cono") y el sufijo *–fera* ("que lleva"). ¿Por qué crees que los árboles con conos se llaman coníferas?

....

....

9. **Formula una hipótesis** ¿Por qué crees que los conos que crecen en el este de Texas son más grandes que los del oeste de Texas?

....

....

....

cono

Esporas

Los helechos y los musgos son dos tipos de plantas que no producen semillas. Se reproducen formando esporas. Una **espora** es una célula pequeña que se convierte en una planta nueva. Los musgos producen esporas en las puntas de sus tallos. Los helechos producen esporas en el lado de abajo de sus hojas.

10. Infiere ¿Cómo ayudan las esporas a que una planta sobreviva en su medio ambiente?

espora

helecho

musgo

Los musgos y los helechos se reproducen mediante esporas.

¿Entiendes?

11. Generaliza ¿Por qué no todas las plantas tienen los mismos tipos de hojas, raíces, tallos y conos?

12. Explica ¿Cuáles son algunas de las estructuras y características que podemos usar para clasificar plantas?

◻ **¡Para!** Necesito ayuda

⏸ **¡Espera!** Tengo una pregunta

▶ **¡Sigue!** Ahora sé

Texas

LECCIÓN 2

¿Cómo usan las plantas sus hojas para producir alimento?

Voy a aprender TEKS 10A
Voy a aprender que las hojas ayudan a las plantas a sobrevivir en su medio ambiente produciendo alimento. (También **1A**, **2A**, **2B**, **2F**, **4A**)

Vocabulario
fotosíntesis
dióxido de carbono
oxígeno

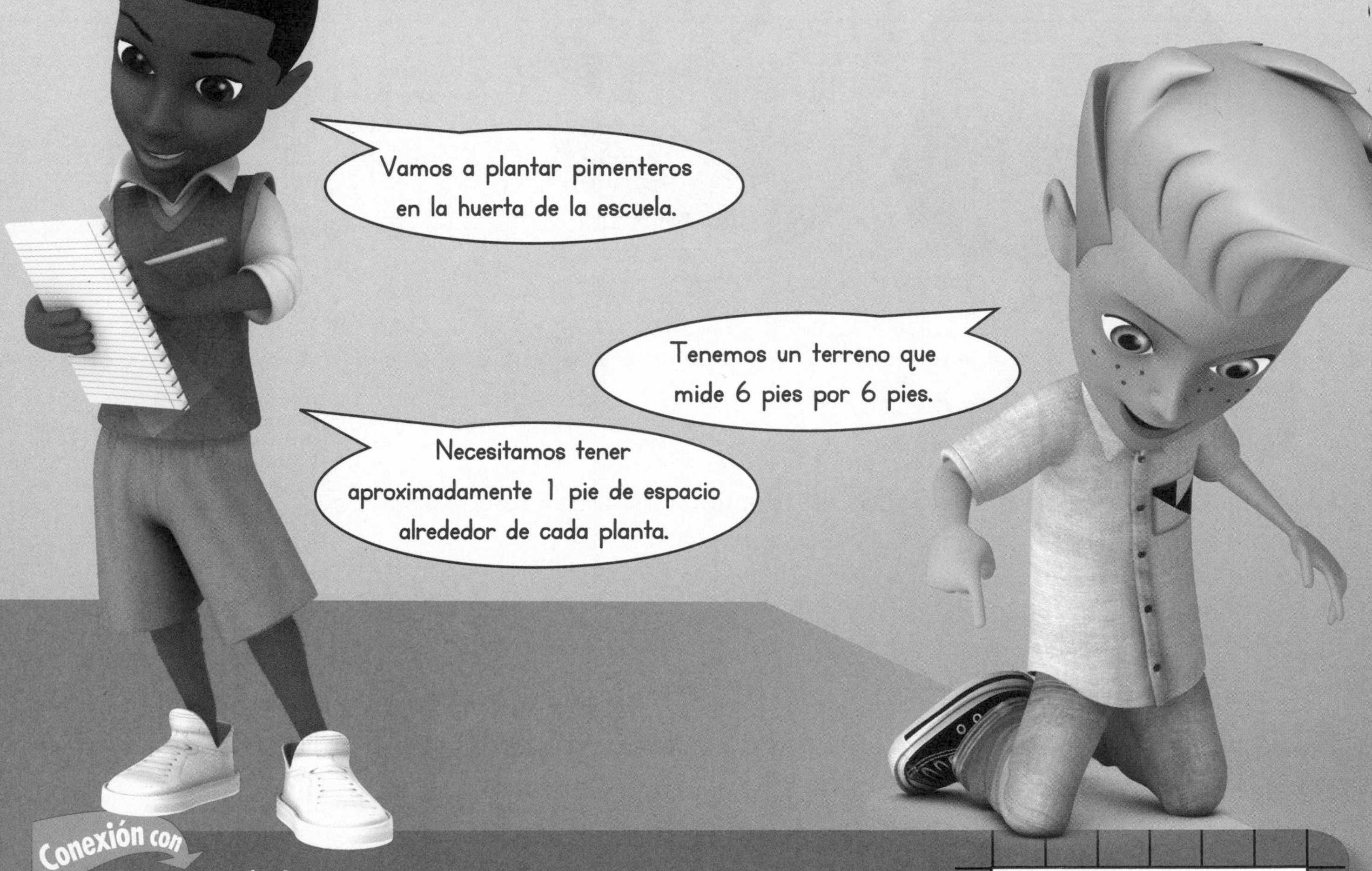
Vamos a plantar pimenteros en la huerta de la escuela.
Tenemos un terreno que mide 6 pies por 6 pies.
Necesitamos tener aproximadamente 1 pie de espacio alrededor de cada planta.

Conexión con
Matemáticas

TEKS de Matemáticas 1A, 1C, 1E, 4D, 4E

Muestra tu trabajo Dibuja puntos que muestren cuántas plantas van a caber. Asegúrate de dejar aproximadamente 1 pie de espacio alrededor de cada planta.

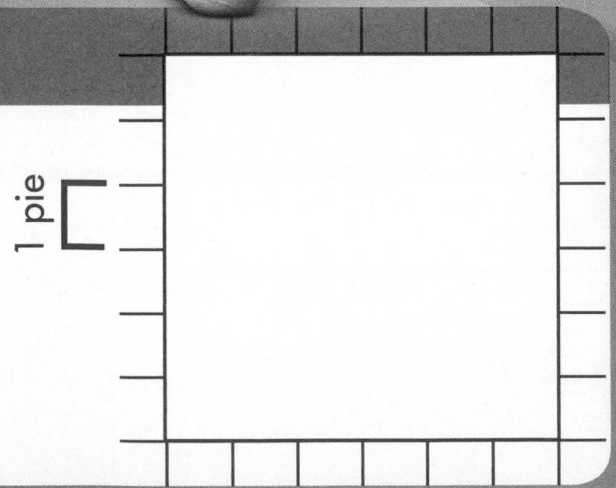
1 pie

Laboratorio rápido

¿Cómo puedes examinar la necesidad de luz solar de una planta?

Materiales

planta
cámara
papel de aluminio

☑ **1. Observa** una hoja verde de la planta. Usa una cámara para tomarle una foto. Envuelve suavemente toda la hoja con un pedazo de papel de aluminio. Asegúrate de que el papel de aluminio no se caiga.

 Texas: Seguridad
EN EL LABORATORIO
Lávate bien las manos al terminar la actividad.

☑ **2.** Coloca la planta cerca de una ventana soleada. Espera una semana.

☑ **3.** Quita el papel de aluminio. Observa. Toma una foto de la hoja. Compara las fotos. **Anota** lo que observaste antes y después de cubrir la hoja.

....

....

Explica los resultados

4. Infiere ¿Qué crees que le pasó a la hoja? Explica tu respuesta.

....

....

....

Lo que las plantas necesitan

Las plantas necesitan alimento, aire, agua y espacio para vivir y crecer. Muchas plantas viven y crecen en el suelo. El suelo las provee de agua, nutrientes y espacio para vivir. Algunas plantas viven en el agua. Obtienen agua, nutrientes y espacio para vivir de su medio ambiente en el agua. Otras plantas viven en rocas o incluso sobre otras plantas. Obtienen humedad y nutrientes del aire.

No importa dónde viva una planta, sus diferentes estructuras la ayudan a obtener las cosas necesarias para sobrevivir. Las partes principales de una planta son las raíces, tallos y hojas. Las hojas juegan un papel importante en la provisión de alimento para la planta.

1. **Elementos del texto** Observa los elementos del texto de esta página. Identifica un elemento del texto y la pista que te da.

El musgo español no tiene raíces. Se aferra a los árboles como apoyo. Obtiene del aire y la lluvia lo que necesita para sobrevivir.

Elemento del texto	Pista
encabezado	Me indica que voy a leer sobre lo que las plantas necesitan.

Al igual que los animales, las plantas necesitan alimento para sobrevivir. A diferencia de los animales, las plantas producen su propio alimento. La energía del Sol entra en las hojas de las plantas. Las hojas usan esta energía para producir alimento. Absorben agua, aire y energía del Sol para producir un tipo de azúcar. Sin luz solar, las plantas no pueden hacer este alimento. Sin luz solar, las plantas no pueden vivir y crecer.

2. **Compara y contrasta** ¿En qué se parecen y en qué se diferencian las necesidades de plantas y animales?

....

....

....

....

....

3. **Identifica** ¿Qué estructura absorbe la energía del Sol que las plantas necesitan para sobrevivir?

....

Las bromelias son como las demás plantas. Usan la energía del Sol para producir alimento.

Cómo las hojas producen alimento

El proceso por el cual las plantas usan el aire, el agua y la energía del Sol para producir alimento se llama **fotosíntesis.** La fotosíntesis comienza cuando el dióxido de carbono entra en la planta. Entra a través de agujeros diminutos en la superficie de las hojas. El **dióxido de carbono** es un gas en el aire que la mayoría de las plantas absorben. El dióxido de carbono puede provenir de la contaminación o del aire que las personas exhalan. El agua pasa del suelo a los tallos a través de las raíces y desde los tallos entra en cada hoja. El agua también puede salir de la hoja a través de los agujeros diminutos.

Las hojas usan la energía del Sol para transformar el dióxido de carbono y el agua en azúcar y oxígeno. El **oxígeno** es un gas en el aire que las plantas y los animales necesitan para vivir. El oxígeno sale de la planta a través de los agujeros diminutos de la superficie de las hojas. La planta usa el azúcar para vivir y crecer.

4. DESAFÍO A veces los insectos se comen las hojas de las plantas. ¿Cómo crees que afecta esto a la planta?

....

....

5. **Completa los espacios en blanco** Observa la ilustración de estas páginas. Completa cada espacio en blanco con la palabra correcta.

Sol

Las plantas necesitan la energía del Sol para transformar el

....

y el agua en azúcar y

....

Dióxido de carbono

El dióxido de carbono entra

en la ....
a través de los agujeros diminutos de su superficie.

Agua

El agua entra en la planta a

través de las ....
Después, el agua sube por el tallo hasta las hojas.

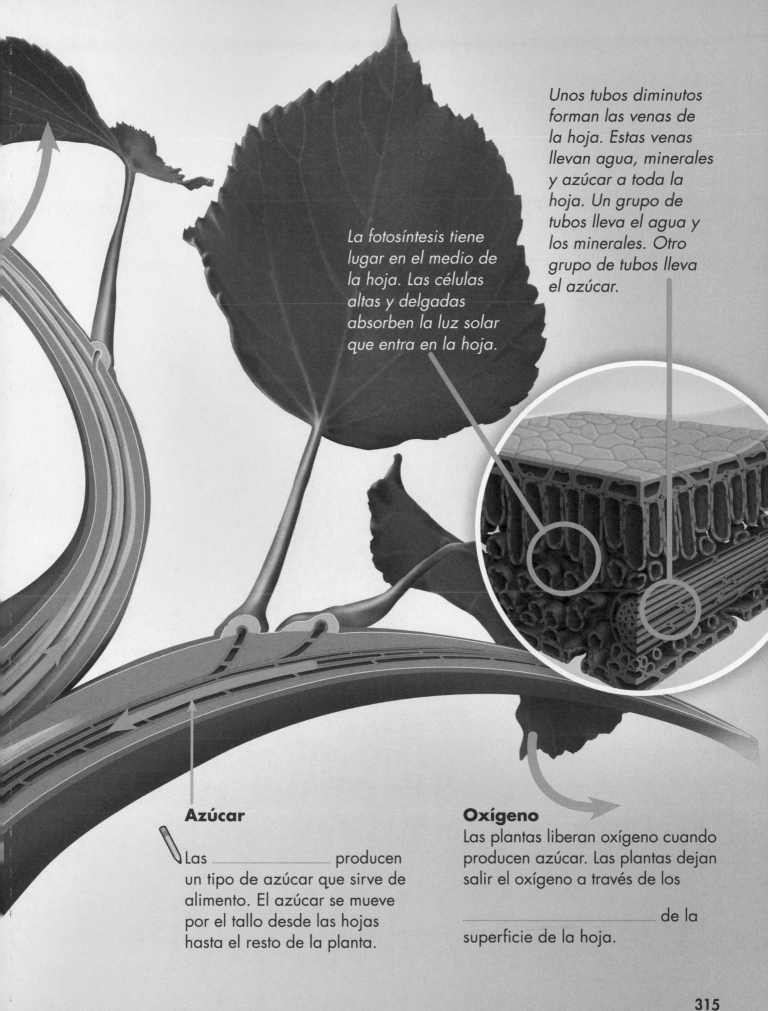

La fotosíntesis tiene lugar en el medio de la hoja. Las células altas y delgadas absorben la luz solar que entra en la hoja.

Unos tubos diminutos forman las venas de la hoja. Estas venas llevan agua, minerales y azúcar a toda la hoja. Un grupo de tubos lleva el agua y los minerales. Otro grupo de tubos lleva el azúcar.

Azúcar

Las .... producen un tipo de azúcar que sirve de alimento. El azúcar se mueve por el tallo desde las hojas hasta el resto de la planta.

Oxígeno

Las plantas liberan oxígeno cuando producen azúcar. Las plantas dejan salir el oxígeno a través de los

.... de la superficie de la hoja.

Otras funciones importantes de las hojas

Las hojas ayudan a las plantas a sobrevivir de otras formas. Las hojas pueden controlar la cantidad de agua que tiene la planta. Si las plantas tienen demasiada agua, las hojas dejan salir un poco de agua por los agujeros diminutos de su superficie. Una planta puede detener la pérdida de agua cerrando estos agujeritos. Las plantas de medio ambientes secos suelen tener hojas cubiertas con una capa de cera o de pelusa. Esta capa permite retener el agua. Las plantas suculentas tienen hojas con una capa cerosa para retener el agua.

Las hojas de la planta pueden proteger a la planta de que la coman. Las hojas pueden ser venenosas, afiladas o duras para masticar. Las hojas afiladas pueden tener espinas. Los animales hambrientos no comerán una planta con hojas afiladas.

6. **Identifica** Haz una lista de dos formas en que una hoja puede ayudar a la planta.

....

....

....

Laboratorio rápido

Las hojas y el aire
Pon una bolsa transparente de sándwiches sobre las hojas de la rama de un árbol. Observa la bolsa durante dos días. Di qué ves. Explica tus observaciones.

🔻 **TEKS 10A, 2B, 2F**

planta suculenta

7. Dibuja Piensa en una planta de tu vecindario. Dibuja una hoja de esta planta. Describe a un compañero cómo crees que la hoja ayuda a la planta

La hiedra venenosa es una enredadera leñosa. Se encuentra en los bosques de América del Norte. Tocar la hiedra venenosa puede producir en las personas un sarpullido que causa picazón, ampollas y ardor en la piel.

¿Entiendes? ⬥ TEKS 10A

8. Haz una lista de cinco cosas que necesitan las plantas para producir alimento.

....

....

9. Piensa en lo que has aprendido sobre las plantas en esta lección. ¿Cómo ayudan las hojas a las plantas a sobrevivir?

....

....

....

⬛ **¡Para!** Necesito ayuda ....

⏸ **¡Espera!** Tengo una pregunta ....

▶ **¡Sigue!** Ahora sé ....

¿Cómo usan las plantas sus raíces y tallos para crecer?

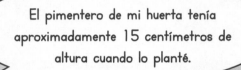

Voy a aprender TEKS 10A
Voy a aprender que las raíces y los tallos ayudan a las plantas a sobrevivir al absorber, transportar y almacenar agua y nutrientes. (También **1A**, **2A**, **2B**)

Vocabulario
nutriente
raíz pivotante
raíz fibrosa

El pimentero de mi huerta tenía aproximadamente 15 centímetros de altura cuando lo planté.

Creció 3 centímetros la primera semana y 4 centímetros la segunda semana.

Esta semana es la tercera y creció otros 4 centímetros.

Conexión con

Matemáticas

 TEKS de Matemáticas 1C, 4A, 5A

Muestra tu trabajo ¿Cuál es la altura del pimentero ahora? Escribe una ecuación para resolver el problema de palabras. Luego resuelve la ecuación.

Laboratorio rápido

¿Cómo puedes examinar hacia dónde crecerán las raíces?

☑ **1.** Dobla las toallas de papel y ponlas en el vaso. Humedece las toallas.

☑ **2.** Examina posiciones diferentes para las semillas. Pon las semillas orientadas en diferentes direcciones. Cambia el medio ambiente de una de las semillas poniendo un objeto debajo de ella para bloquear su crecimiento hacia abajo.

☑ **3.** **Observa** las semillas todos los días durante una semana. Mira la dirección en que crecen las raíces. Busca un patrón.

Explica los resultados

4. Infiere Escribe lo que aprendiste sobre cómo crecen las raíces.

....

....

....

....

....

Materiales

2 toallas de papel
vaso plástico
agua
4 semillas de frijol
objeto pequeño

 Texas: Seguridad
EN EL LABORATORIO
Nunca comas ni bebas nada en el laboratorio.

Cómo ayudan las raíces a las plantas

Observa todas las raíces del abeto de la fotografía. Las plantas necesitan raíces y tallos para absorber y transportar los materiales que necesita una planta para vivir y crecer.

Las plantas no tienen una sola raíz. Tienen un sistema de raíces. El sistema de raíces de una planta suele estar bajo el suelo. Por lo general, no puedes verlo. Algunos sistemas de raíces tienen una raíz principal grande de donde crecen raíces pequeñas. Otros sistemas de raíces tienen muchas raíces del mismo tamaño. Algunas plantas, como el arbusto de la creosota que crece en el desierto de Chihuahua en el oeste de Texas, tiene un sistema de raíces que incluye ambos tipos de raíces. Las raíces mantienen firme a la planta en el suelo. Las raíces almacenan el alimento que producen las hojas de la planta. La planta puede después usar este alimento para crecer. Las raíces también absorben el agua y los materiales del suelo llamados minerales. La planta obtiene nutrientes del agua y los minerales. Un **nutriente** es cualquier sustancia que los seres vivos necesitan para obtener energía, crecer y reponerse. Las plantas necesitan nutrientes para vivir y crecer.

Las raíces del abeto absorben los nutrientes del suelo.

1. **Determina** Observa la fotografía de las raíces del abeto. ¿Qué pasaría si las raíces de la planta no almacenaran alimentos?

....

....

....

2. **Subraya** tres formas en que las raíces ayudan a las plantas.

Las raíces de algunas plantas se pueden usar como alimento. ¿Has comido zanahorias, remolachas o batatas? Son raíces de plantas que tienen alimento almacenado.

Las raíces mantienen a las plantas firmemente en su lugar. Durante tormentas intensas como los huracanes, los vientos y la lluvia pueden ser lo suficientemente fuertes como para arrancar plantas y árboles del suelo.

Tipos de raíces

Muchas plantas tienen una sola raíz grande llamada *raíz pivotante*. La **raíz pivotante** es una raíz única y grande que crece profundamente en el suelo. Crece hacia el centro de la Tierra debido a la gravedad. Estas raíces pivotantes absorben el agua y los nutrientes del suelo. Las raíces también almacenan el alimento que produce la planta. Las zanahorias y los dientes de león tienen raíces pivotantes.

Algunas plantas, como el pasto y los pinos, tienen raíces fibrosas. Una **raíz fibrosa** es una raíz que se extiende en muchas direcciones. Al igual que las raíces pivotantes, las raíces fibrosas almacenan alimento, absorben agua y nutrientes y crecen hacia el centro de la Tierra debido a la gravedad. Las raíces fibrosas de una misma planta son todas casi del mismo tamaño. Son más largas que las raíces pivotantes. Las raíces fibrosas también crecen cerca de la superficie para absorber el agua que queda después de la lluvia.

pelo radicular

3. **Completa los espacios en blanco** Observa la ilustración de la raíz. Completa cada espacio en blanco con la palabra correcta.

El _____ entra en la raíz a través de los pelos radiculares. Todas las raíces tienen pelos radiculares. Mientras más pelos radiculares tenga una planta, mayor será la cantidad de agua que la planta puede absorber. Las raíces con muchos pelos radiculares crecen profundamente dentro del suelo para obtener el agua y los _____.

4. [DESAFÍO] ¿Qué tipo de raíz podría ayudar más a una planta de una zona árida: una raíz fibrosa o una raíz pivotante?

_____

tallo de la calabaza

5. Analiza ¿Cuál es la función del tallo de la calabaza?

Cómo ayudan los tallos a las plantas a sobrevivir

Los tallos sostienen las hojas, las flores y los frutos de las plantas. Los tallos suelen crecer hacia arriba y hacia la luz, que es su principal fuente de energía. La mayoría de los tallos de las plantas tienen tubos diminutos que transportan el agua y los minerales desde las raíces hasta las hojas. Otros tubos transportan el alimento desde las hojas hasta los tallos y las raíces.

Algunos tallos son delgados y crecen sobre la superficie del suelo. Por ejemplo, del tallo de la calabaza crecen raíces y una planta nueva. De otros tallos, llamados enredaderas, crecen partes que se enroscan alrededor de los objetos que sostienen a la planta. La hiedra es una enredadera que crece sobre el suelo o sobre las paredes de los edificios.

Lab zone® Laboratorio rápido

Observar raíces de plantas
Trabaja con un adulto. Corta una zanahoria por la mitad. Observa el corte transversal. Haz una lista de las estructuras que ves. Haz lo mismo con otra raíz. En la misma hoja de papel, haz una lista de las estructuras de la otra raíz.

TEKS 2B

Tipos de tallos

Los tallos de las plantas tienen muchas formas, tamaños y colores diferentes. Algunos tallos crecen bajo el suelo. Otros tallos, como el tallo de este cactus, crecen sobre el suelo. Observa el grosor que puede llegar a tener el tallo de un cactus. Los tallos de los cactus se hinchan para almacenar agua. A medida que el cactus usa el agua almacenada, el tallo se encoge. Los tallos del cactus son gruesos y cerosos. Esto evita que pierdan agua. Los tallos de los cactus los ayudan a sobrevivir en un desierto.

6. Elementos del texto

¿Qué elementos del texto de esta página te ayudan a comprender los tipos de tallos?

....

....

....

Más agua hace que los tallos se hinchen hacia afuera.

En esta área se almacena el agua proveniente de las raíces.

Las espinas que salen del tallo de este cactus son un tipo especial de hoja.

El agua de las raíces sube por estos tubos.

Algunos tallos tienen partes que crecen bajo el suelo. ¿Has comido papas? Comes la parte del tallo que almacenó alimento bajo el suelo. Los tallos que crecen bajo el suelo pueden producir tallos nuevos a partir de un brote, como el "ojo" de la papa. Estos brotes crecen hacia arriba, salen a la superficie y se convierten en plantas nuevas.

7. Compara Observa el tallo del cactus y el tallo de la papa. ¿Cómo ayudan estos tallos a cada planta?

....

....

....

....

¿Entiendes? ◆ TEKS 10A

8. Formula una hipótesis ¿Cómo crecería una planta en un suelo con pocos minerales?

....

....

9. ¿Por qué son importantes las raíces y los tallos para la supervivencia y el crecimiento de una planta?

....

....

....

🔲 **¡Para!** Necesito ayuda ....

⏸ **¡Espera!** Tengo una pregunta ....

▶ **¡Sigue!** Ahora sé ....

¿Cuál es el ciclo de vida de algunas plantas?

Voy a aprender TEKS 10C
Voy a aprender cómo las plantas cambian durante sus ciclos de vida.
(También **1A, 2A, 2B, 2C, 2F**)

Vocabulario
ciclo de vida
polinizar
germinar

Conexión con Matemáticas

🖐 **TEKS de Matemáticas 1A, 1C**

Si plantas una semilla de habichuela verde, ¿cuándo podrás comer habichuelas verdes? Podrás comerlas cuando el fruto esté maduro. Las diferentes plantas tienen diferentes períodos de crecimiento de semilla a fruto. Usa la tabla y los calendarios para contestar las preguntas.

Resuelve Si plantas semillas de pepino el 21 de mayo, ¿cuándo podrás comer pepinos?

Resuelve Si comes tomates maduros el 29 de julio, ¿cuándo se plantaron las semillas?

MAYO

Dom	Lu	Ma	Mie	Jue	Vie	Sa
1	2	3	4	5	6	7
8	9	10	11	12	13	14
15	16	17	18	19	20	21
22	23	24	25	26	27	28
29	30	31				

JUNIO

Dom	Lu	Ma	Mie	Jue	Vie	Sa
			1	2	3	4
5	6	7	8	9	10	11
12	13	14	15	16	17	18
19	20	21	22	23	24	25
26	27	28	29	30		

JULIO

Dom	Lu	Ma	Mie	Jue	Vie	Sa
					1	2
3	4	5	6	7	8	9
10	11	12	13	14	15	16
17	18	19	20	21	22	23
24	25	26	27	28	29	30
31						

Días transcurridos entre la semilla y el fruto	
semillas de habichuela verde	58 días
semillas de pepino	55 días
semillas de tomate	59 días

Laboratorio rápido

TEKS 10C, 1A, 2C, 2F

¿En qué se parecen y en qué se diferencian los ciclos de vida de las plantas?

☑ **1.** Trabajen en grupos pequeños para plantar semillas de angiospermas. Cada grupo tendrá un tipo diferente de planta. Sigue las instrucciones de tu maestro para plantar la semilla. Pon la maceta en un lugar soleado y mantén el suelo húmedo.

☑ **2.** A medida que la planta crece, dibuja cada etapa de su ciclo de vida: semilla, plántula, planta con flores y planta adulta.

☑ **3.** Usa los dibujos y una cartulina gruesa para organizar tus datos. Construye un organizador gráfico del ciclo de vida de la planta. Usa como ejemplo el diagrama del ciclo de vida de la página 330. El organizador gráfico debe incluir las etapas de la vida de la planta, con flechas que muestren el orden de estas etapas.

Explica los resultados

4. Comunica ideas Usa tu organizador gráfico para examinar y evaluar tus datos. Comenta con la clase el ciclo de vida de las diferentes plantas que investigaron. ¿En qué se parecen los ciclos de vida? ¿En qué se diferencian?

....

....

....

....

Materiales

semillas de angiospermas
maceta con tierra de jardinería
lápices o marcadores de color
papel
tijeras
pegamento o cinta adhesiva
cartulina gruesa

Texas: Seguridad
EN EL LABORATORIO
Maneja con cuidado los objetos filosos. Lávate bien las manos al terminar la actividad.

327

Ciclo de vida de las plantas

Los seres vivos cambian durante su vida. La mayoría de los seres vivos nacen pequeños y luego van creciendo. Crecen y se convierten en adultos y desarrollan ciertas características. Se reproducen para hacer más seres vivos del mismo tipo. Con el tiempo, los seres vivos mueren. Los estados por los que pasa un ser vivo durante su vida se llaman **ciclo de vida.**

La mayoría de las plantas pasan por estados parecidos durante sus ciclos de vida. Pero los ciclos de vida de las plantas pueden diferir de maneras importantes. Por ejemplo, las plantas se reproducen, o hacen más del mismo tipo, de diferentes maneras. La mayoría de las plantas se reproducen a través de semillas. Algunas plantas se reproducen a través de esporas en vez de semillas. Las plantas que se reproducen de diferentes maneras tienen ciclos de vida diferentes.

1. **Elementos del texto** (Encierra en un círculo) tres elementos del texto de esta página.

Todas las bellotas tienen una semilla. La semilla puede convertirse en un roble nuevo. La mayoría de los robles crecen durante al menos 20 años antes de producir semillas.

Polinización

Las angiospermas tienen flores que producen semillas. Las flores tienen diferentes partes. Una parte produce polen. Otra parte, los pétalos, atrae abejas y otros animales hacia la flor. Los animales o el viento pueden **polinizar**, o llevar polen, a otra flor. La polinización ocurre cuando los animales o el viento llevan el polen a la parte de la flor que produce semillas.

germinación de la semilla

Germinación

Las semillas necesitan aire, una cantidad apropiada de agua y la temperatura correcta para **germinar**, o empezar a crecer. Con las condiciones apropiadas, la planta joven, o plántula, germina. La plántula usa el alimento almacenado en la semilla para crecer.

2. Secuencia ¿Qué ocurre primero, la polinización o la germinación? Explica tu respuesta.

....

....

....

....

....

....

El polen se pega al cuerpo de las abejas cuando buscan alimento. Las abejas pueden llevar este polen a la parte de otra flor que produce semillas.

Ciclo de vida de las angiospermas

Una planta de tomates es un tipo de angiosperma. El ciclo de vida de una planta de tomates tiene varias etapas, como se muestra en el diagrama.

 Germinación de la semilla

La semilla del tomate germina cuando tiene agua, oxígeno y la temperatura es cálida. El tallo crece hacia arriba y las raíces crecen hacia abajo.

2 Crecimiento

A la planta joven le salen hojas y comienza a producir azúcar como alimento. Crece y se convierte en una planta adulta con flores.

 Planta adulta con semillas

El tomate es el fruto que produce la planta de tomates. Contiene las semillas que se formaron después de la polinización. Las semillas pueden convertirse en plantas nuevas.

3 Polinización

Algunas flores del tomate producen polen. Otras flores usan ese polen para producir semillas. La polinización ocurre cuando el polen se pasa de una flor de tomate a otra.

3. Infiere En la etapa 3, ¿qué es probable que lleve el polen de una flor a otra?

....

....

Ciclo de vida de las coníferas

Los pinos son coníferas. Las coníferas tienen conos en lugar de flores para producir semillas.

 1 **Germinación de la semilla**

Una semilla de pino necesita agua, oxígeno y temperatura cálida para germinar. Una plántula crece de la semilla que germinó.

4 **Planta adulta con semillas**

Las semillas se desarrollan en los conos de semillas. Cuando el cono se abre, las semillas caen al suelo. Las semillas pueden convertirse en plantas nuevas.

2

La plántula del pino crece durante muchos años hasta convertirse en un árbol adulto. El árbol produce conos pequeños de polen y conos grandes de semillas.

3

Los conos pequeños de polen producen polen. El viento lleva el polen a los conos grandes, donde se forman las semillas.

4. Compara Compara los dos ciclos de vida que se muestran en estas páginas. Luego, en los espacios en blanco, escribe títulos para las etapas 2 y 3 del ciclo de vida del pino.

331

5. **Dibuja** En el recuadro, dibuja un ciclo de vida simple de una planta de hoja del aire.

Ciclo de vida de otras plantas

Algunas plantas tienen dos tipos de ciclos de vida. Producen semillas que se pueden convertir en plantas nuevas. Pero también se pueden reproducir de otra manera. El tallo de una planta de fresas se inclina hasta tocar el suelo. En el tallo se forman raíces nuevas. Las raíces nuevas crecen en el suelo y se forma una planta de fresas nueva. Las plantas de diente de león usan sus raíces para reproducirse. Sus raíces envían tallos hacia arriba, fuera del suelo. Los tallos crecen y se convierten en dientes de león nuevos.

Algunas plantas usan sus hojas para reproducirse. La planta de hoja del aire que se muestra abajo se reproduce de esta manera. En los bordes de las hojas de la planta adulta crecen plantas nuevas diminutas. Estas plantas diminutas caen y forman raíces dentro del suelo.

Los helechos y los musgos producen esporas en lugar de semillas. Una espora comienza a crecer cuando cae al suelo. Allí crece un helecho nuevo o un musgo nuevo.

Esta planta de hoja del aire forma plantas nuevas diminutas en los bordes de las hojas.

Duración del ciclo de vida

Algunas plantas viven solo durante un período de tiempo corto. Por ejemplo, muchas plantas del desierto crecen, florecen y producen semillas en unas pocas semanas. Sus semillas germinan solo cuando llueve. Otras plantas tienen un ciclo de vida de un año o dos. Por ejemplo, los agricultores tienen que plantar nuevas semillas de habichuelas verdes todas las primaveras.

Muchos árboles pueden vivir más tiempo que los humanos. La tabla de la derecha muestra la duración promedio del ciclo de vida de algunos de estos árboles.

Tipo de árbol	Duración promedio del ciclo de vida
Olmo americano	de 175 a 200 años
Pino erizo	3,000 años
Abeto Douglas	300 años
Secuoya	500 años

6. Secuencia Observa la tabla. Haz una lista de los nombres de los árboles en orden de menor a mayor ciclo de vida.

¿Entiendes? ✦ TEKS 10C

7. Compara ¿En qué se parecen los ciclos de vida de las angiospermas y de las coníferas?

8. Piensa en lo que aprendiste sobre los ciclos de vida de las plantas en esta lección. ¿Cómo crecen y cambian las plantas?

⏹ **¡Para!** Necesito ayuda

⏸ **¡Espera!** Tengo una pregunta

▶ **¡Sigue!** Ahora sé

Investigación de laboratorio

TEKS 10A, 1A, 2A, 2B, 2F, 4A

¿Cómo pasa el agua a través del apio?

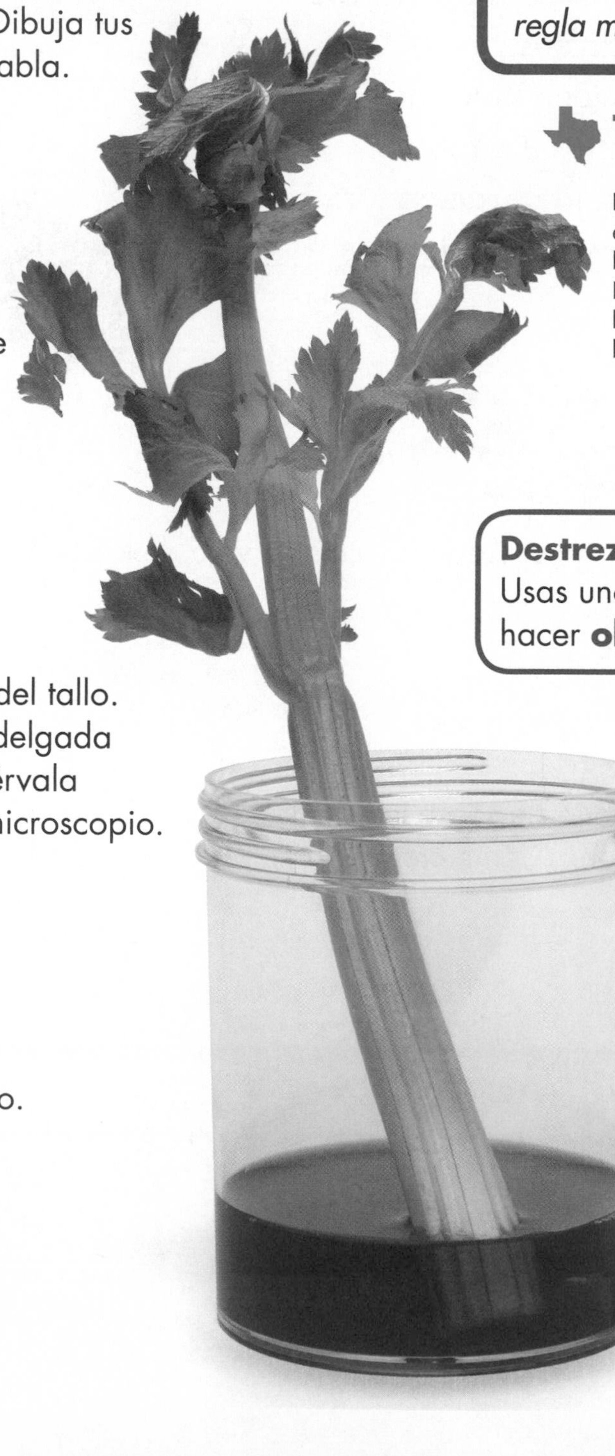

Materiales

delantal de laboratorio
tijeras
tallo de apio
lupa
microscopio (opcional)
agua con colorante vegetal azul
regla métrica

Sigue el procedimiento

1. Corta una tajada delgada de la punta de un tallo de apio. **Reúne** y **analiza** la información usando una lupa o un microscopio. Dibuja tus **observaciones** en la tabla.

2. Coloca el tallo de apio en el agua con colorante vegetal azul. Espera 24 horas.

3. Corta 2 cm de la punta del tallo. Luego corta una tajada delgada de la punta nueva. Obsérvala con una lupa o con un microscopio. Dibuja lo que ves.

4. Observa el tallo completo. Dibuja lo que ves.

Texas: Seguridad
EN EL LABORATORIO

Durante las investigaciones en el salón de clases, demuestra las prácticas de seguridad. Nunca comas ni bebas en el laboratorio. Maneja con cuidado los objetos filosos.

Destreza de indagación
Usas uno o más sentidos al hacer **observaciones.**

Observaciones sobre el apio

Tajada antes del colorante	Tajada después del colorante	Tallo completo después del colorante

Analiza y saca conclusiones

5. Compara ¿En qué se diferencian las dos tajadas?

....

....

....

6. Describe Durante esta **investigación,** ¿qué le sucedió al tallo de apio en el agua azul?

....

....

....

7. Infiere ¿Qué partes de las plantas llevan agua a las hojas para ayudar a las plantas a sobrevivir?

....

....

....

TEKS 3D

Científico de plantas

Los astronautas entrenan en Texas antes de ir a trabajar en la Estación Espacial Internacional (ISS, por sus siglas en inglés). Viven en la estación durante meses. ¿Qué sucede si los astronautas se quedan sin alimento durante sus largas misiones espaciales? ¡Cultivan más alimento en la nave! Los científicos de plantas han puesto a prueba maneras de cultivar trigo a bordo de la estación espacial. También pusieron a prueba la capacidad de las plantas para limpiar el aire y el agua que usan los astronautas.

Sin embargo, cultivar plantas en el espacio es difícil. Cuando las semillas germinan en la Tierra, las raíces crecen hacia abajo y los tallos crecen hacia arriba. En el espacio, no hay arriba ni abajo. Si fueras científicos de plantas, te podrían pedir que resuelvas problemas como este.

Los científicos de plantas ayudan a preparar los experimentos que irán a la Estación Espacial Internacional. También estudian los descubrimientos de los astronautas en la estación espacial.

Los científicos ponen a prueba el crecimiento de las plantas en el espacio en un invernadero de la ISS.

Infiere ¿Qué otros problemas se deben resolver para que las plantas puedan crecer en el espacio?

....

....

Altramuces de Texas

La mayoría de los estados tienen una flor estatal. Texas tiene seis, ¡y todas son altramuces!

En 1901, los legisladores del estado declararon flor del estado a un tipo de altramuz. Pero muchas personas pensaban que otro tipo de altramuz era más bonito. Después de setenta años, los legisladores decidieron poner fin a la discusión. Designaron flor del estado a ambos tipos de altramuz. También declararon que "cualquier otra variedad de altramuz no registrado hasta ahora" también se convertiría en la flor del estado. Se han identificado otros cuatro tipos de altramuz. ¡En total son seis!

Los altramuces crecen junto a los caminos y en los campos de gran parte de Texas. Sus flores de color azul brillante con forma de gorrito florecen en primavera.

Investiga cómo las plantas sufren una serie de cambios ordenados en sus ciclos de vida. Investiga y dibuja el ciclo de vida del altramuz.

Plantas verdes

Cuando cuidas el ambiente, tomas decisiones que ayudan a mantener un medio ambiente sano. Las plantas verdes son signo de una Tierra saludable.

Las plantas ayudan a la Tierra de muchas maneras. Algunas plantas reducen la erosión. El pasto y otras plantas se siembran en las laderas de las montañas. Sus raíces evitan que el suelo se erosione cuesta abajo. En el oeste de Texas, a veces se plantan árboles en los campos agrícolas y en los ranchos. Estos árboles impiden que la tierra se vuele con el viento.

Algunas plantas pueden mejorar los nutrientes del suelo. Los agricultores de Texas dejan de plantar cultivos en una parte de sus campos. En cambio, plantan pasto y dejan que el suelo "descanse" varios años.

Plantar una huerta es otra manera de cuidar el ambiente. También lo es comprar los alimentos en un mercado de agricultores locales. Cuando las personas comen alimentos producidos cerca, se transportan menos alimentos en camiones que recorren largas distancias. Eso significa que se consume menos combustible.

Aplica Piensa en una manera en que puedes usar a las plantas para cuidar el ambiente.

....

....

....

....

Tarjetas de vocabulario

angiosperma

ciclo de vida

dióxido de carbono

espora

estructura

fotosíntesis

germinar

nutriente

oxígeno

polinizar

raíz fibrosa

raíz pivotante

¡Vamos a jugar!

Recorta las Tarjetas de vocabulario.

Trabaja con un compañero. Extiende las Tarjetas de vocabulario sobre una mesa. Pide a tu compañero que escoja una tarjeta y lea la palabra. Usa la palabra en una oración. Consulta la definición si la palabra no te resulta conocida.

Pide a tu compañero que repita la actividad con otra Tarjeta de vocabulario.

photosynthesis

fotosíntesis

structure

estructura

carbon dioxide

dióxido de carbono

flowering plant

angiosperma

oxygen

oxígeno

spore

espora

the arrangement of parts	the process by which plants use air, water, and energy from sunlight to make food
Nombra dos estructuras de las plantas.	Haz un dibujo.
. . . .	
. . . .	
. . . .	
organización de las partes de un conjunto	**proceso por el cual las plantas usan el aire, el agua y la energía del Sol para producir alimento**

Vocabulario interactivo

¡Haz un recuadro de palabras!

Escoge una palabra de vocabulario y escríbela en el centro del recuadro. Escribe o dibuja detalles sobre la palabra de vocabulario en los espacios que la rodean.

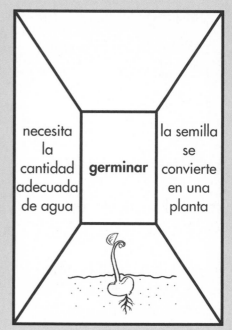

necesita la cantidad adecuada de agua — **germinar** — la semilla se convierte en una planta

a plant with seeds that grow flowers	a gas in air that is absorbed by most plants
Dibuja un ejemplo.	Escribe una oración con este término.
	. . . .
	. . . .
	. . . .
planta con semillas que produce flores	**gas en el aire que la mayoría de las plantas absorben**

a small cell that grows into a new plant	a gas in the air that plants and animals need to live
Escribe una oración con esta palabra.	Escribe una oración con esta palabra.
. . . .	. . . .
. . . .	. . . .
. . . .	. . . .
célula pequeña que se convierte en una planta nueva	**gas en el aire que las plantas y los animales necesitan para vivir**

life cycle

ciclo de vida

nutrient

nutriente

pollinate

polinizar

taproot

raíz pivotante

germinate

germinar

fibrous root

raíz fibrosa

any material needed by living things for energy, growth, and repair

Escribe dos palabras relacionadas con esta palabra.

....

....

cualquier sustancia que los seres vivos necesitan para obtener energía, crecer y reponerse

---

the stages through which a living thing passes during its life

Escribe una oración con esta palabra.

....

....

....

estados por los que pasa un ser vivo durante su vida

....

....

....

---

one large root that grows deep into the soil

Escribe un ejemplo.

....

....

raíz única y grande que crece profundamente en el suelo

---

to carry pollen to

Dibuja un ejemplo.

llevar polen de un lugar a otro

....

....

....

---

a root that spreads out in many directions

Dibuja un ejemplo de una planta con raíces fibrosas.

raíz que se extiende en muchas direcciones

---

to begin to grow

Dibuja un ejemplo.

empezar a crecer

....

....

....

Lección 1 ⬦ TEKS 10A

¿Cómo se clasifican las plantas?

1. **Compara y contrasta** ¿Qué tienen en común las flores y los conos?

....

....

2. **Explica** Observa la planta de yuca. ¿Cuáles son dos maneras en que las partes de una planta de yuca la ayudan a sobrevivir en un medio ambiente árido?

....

....

....

....

....

Lección 2 ⬦ TEKS 10A

¿Cómo usan las plantas sus hojas para producir alimento?

3. **Elementos del texto** ¿Qué te indican las leyendas de las ilustraciones de una lección?

....

....

4. **Escríbelo** ¿Cómo ayudan las hojas a la planta a sobrevivir? Usa en tu explicación las palabras *dióxido de carbono, oxígeno* y *fotosíntesis.*

....

....

....

....

....

....

....

....

....

....

....

....

Práctica de TEKS

Lección 3 TEKS 10A

¿Cómo usan las plantas sus raíces y tallos para crecer?

5. Explica ¿Cómo responde el tallo de una planta a la luz?

....

....

6. Analiza Describe una manera en que los tallos ayudan a una planta.

....

....

....

7. Compara y contrasta ¿En qué se parecen y en qué se diferencian las raíces y los tallos?

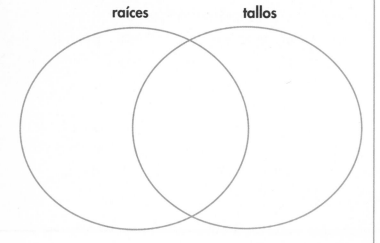

raíces   tallos

Lección 4 TEKS 10C

¿Cuál es el ciclo de vida de algunas plantas?

8. Vocabulario Cuando una planta _____, sus raíces crecen y una plántula comienza a crecer.
A. se reproduce
B. se disemina
C. germina
D. sopla

9. Infiere Las abejas ayudan a polinizar los manzanos. Si una enfermedad matara a las abejas, ¿qué le pasaría al número de manzanas que tienen los árboles? Explica tu respuesta.

....

....

....

....

....

10. Identifica En el ciclo de vida de una conífera, ¿qué etapa debe ocurrir antes de que la planta pueda producir semillas?

....

Práctica de TEKS

11. Determina ¿Todas las plantas comienzan su ciclo de vida en forma de semilla? Explica tu respuesta.

....

....

....

....

12. Compara y contrasta ¿En qué se parecen los ciclos de vida de una planta de tomates y de una conífera? ¿En qué se diferencian sus ciclos de vida?

....

....

....

....

....

....

....

Lección 1 ¿Cómo se clasifican las plantas?

En la Lección 1 aprendiste que las plantas se pueden clasificar según sus características. Por ejemplo, algunas plantas producen semillas y otras plantas producen esporas.

👉 **TEKS 10A**

Lección 2 ¿Cómo usan las plantas sus hojas para producir alimento?

En la Lección 2 aprendiste que las hojas usan aire, agua y energía del Sol para producir alimento para las plantas. Las hojas también ayudan a controlar la cantidad de agua que hay en la planta.

👉 **TEKS 10A**

Lección 3 ¿Cómo usan las plantas sus raíces y tallos para crecer?

En la Lección 3 aprendiste que las raíces mantienen a las plantas en el suelo, almacenan alimento y absorben agua y nutrientes. Los tallos sostienen a las plantas y transportan materiales.

👉 **TEKS 10A**

Lección 4 ¿Cuál es el ciclo de vida de algunas plantas?

En la Lección 4 aprendiste que las etapas que pasa una planta durante su vida forman su ciclo de vida. Las plantas que se reproducen de diferentes maneras tienen ciclos de vida diferentes.

👉 **TEKS de apoyo 10C**

★ Práctica de TEKS: Repaso del capítulo

Lee cada pregunta y encierra en un círculo la mejor respuesta.

1 Observa la etiqueta de un paquete de sándwiches.

> **Sándwiches frescos de la granja de Flor**
> **Pavo asado**
> Ingredientes: pan, pavo asado, lechuga, tomate, cebolla, brotes de frijoles, mayonesa

¿Qué ingrediente del sándwich es una fruta que contiene semillas de una planta adulta?

A lechuga

B cebolla

C tomate

D ninguna de estas

2 Una planta tiene hojas grandes y redondas que flotan en el agua. ¿En qué tipo de lugar crecería bien esta planta?

F desierto árido

G laguna sombreada

H llanura nevada

J ladera rocosa

3 Antonio tiene una rana como mascota. Su rana vive en una pecera con plantas vivas. Para cuidar a la rana, Antonio le da alimento y agua. ¿Qué otra cosa debe hacer para mantener vivas a las plantas?

A dejar que sus raíces reciban luz

B dejar que sus raíces reciban azúcar

C dejar que sus hojas reciban agua

D dejar que sus hojas reciban luz

4   ¿Qué imagen muestra una polea realizando trabajo?

F

G

H

J

Si tienes dificultades con...				
Pregunta	1	2	3	4
Ve el capítulo (lección)	6 (4)	6 (1)	6 (2)	3 (6)
TEKS	10C	10A	10A	6B

¿Por qué los **pumas** tienen que **alimentar** a sus **crías?**

Seres vivos

Lección 1 ¿Cómo se clasifican los animales?

Lección 2 ¿En qué se parecen los hijos a sus padres?

Lección 3 ¿Cuál es el ciclo de vida de algunos animales?

ENFOQUE TEKS

10A

¿Cómo crecen y cambian los seres vivos?

Cuando un puma nace, no sabe cómo encontrar comida para alimentarse. Todavía no ha aprendido a cazar. Tampoco es lo suficientemente rápido o fuerte para perseguir y atrapar a otros animales para comer. Durante las primeras semanas de vida, una cría de puma depende de la leche de su madre para crecer y desarrollarse.

¿Qué podría suceder si la madre de la cría de puma no estuviese cerca para alimentarla?

....

....

....

Conocimientos y destrezas esenciales de Texas

TEKS: 10A Examinar cómo las estructuras y las funciones de las plantas y animales les permiten sobrevivir en un medio ambiente en particular. **10B** Examinar que algunas características de los organismos son heredadas, tales como la cantidad de extremidades en un animal o el color de una flor, y reconocer que algunos comportamientos son aprendidos como resultado de vivir en cierto medio ambiente, como cuando un animal usa herramientas para obtener alimento.

TEKS de apoyo: 10C Investigar y comparar cómo animales y plantas sufren una serie de cambios ordenados en sus diversos ciclos de vida, tales como los de las plantas de tomate, las ranas y los escarabajos.

TEKS de proceso: 1A, 2A, 2B, 2D, 2F, 3C, 4A

◆ **TEKS 10B, 2A, 2B, 2D**

¿Qué características de las plantas comparten padres e hijos?

☑ **1. Observa** las fotografías de las plantas en flor.

☑ **2. Compara y contrasta** las características de las plantas. Observa características tales como la forma y cantidad de hojas y la forma, cantidad y color de las flores.

☑ **3. Anota** tus observaciones.

◆ **Texas: Seguridad**
EN EL LABORATORIO
Si es necesario, pregunta para aclarar los procedimientos.

Destreza de indagación
Cuando los científicos observan, usan sus sentidos para estudiar objetos o eventos.

Características iguales	Características diferentes

Explica los resultados

4. Infiere ¿Por qué las plantas padre e hijo comparten algunas características?

....

....

....

5. Observa otras plantas que sean del mismo tipo. ¿Qué características comparten estas plantas?

....

....

....

hijo

padre

Enfoque en Secuencia

En este capítulo practicarás el uso de la **secuencia** como estrategia de lectura. La secuencia es el orden en que ocurren los eventos. Las palabras clave como *primero*, *después*, *luego* y *finalmente* pueden ayudarte a descubrir la secuencia de los eventos.

Clasificar animales

Los científicos pueden clasificar los animales de acuerdo con su conducta, es decir cómo actúan, y con sus características físicas, como el pelo. Los científicos pueden clasificar una babosa como la que se muestra abajo. Primero, los científicos pueden identificar si la babosa tiene o no tiene columna vertebral. Después, pueden averiguar qué come la babosa. Finalmente, los científicos pueden comparar y contrastar la babosa con otros animales.

¡Practícalo!

Completa el organizador gráfico para mostrar la secuencia de la clasificación de animales.

Primero

Después

Finalmente

babosa de mar

Texas

LECCIÓN

1

¿Cómo se clasifican los animales?

Voy a aprender TEKS 10A
Voy a aprender cómo las estructuras de los animales los ayudan a sobrevivir en su medio ambiente. Voy a aprender a clasificar los animales según su estructura y comportamiento. (También **1A, 2B, 2D, 3C**)

Vocabulario
rasgo
vertebrado
anfibio
invertebrado
molusco
artrópodo

Conexión con
Matemáticas

🔖 **TEKS de Matemáticas 4A, 4K**

Imagina que alguien te pregunta qué es este animal. Probablemente respondas "¡Es ganado Texas longhorn (cuernos largos), desde luego!" ¿Cómo lo supiste? Usaste tus sentidos para observar las características del animal. Sus cuernos te indicaron exactamente qué clase de animal era. Los cuernos del ganado Texas cuernos largos a menudo miden unos 5 pies (1.5 metros) de punta a punta. ¡Algunos llegan a medir hasta 7 pies (2.1 metros)!

Cada pie tiene 12 pulgadas. ¿A cuántas pulgadas equivalen 5 pies?

¿A cuántas pulgadas equivalen 7 pies?

Averigua cuánto mides de alto en pulgadas. ¿Cabrías entre los extremos de los cuernos de un ejemplar de ganado cuernos largos?

PEARSON Texas.c⊙m

Laboratorio rápido

¿Cómo se mueve una columna vertebral?

Materiales

limpiapipas
10 rueditas de pasta
9 caramelos de goma

☑ **1. Haz un modelo** de una columna vertebral. Haz un nudo en uno de los extremos del limpiapipas.

☑ **2.** Pon una ruedita de pasta y luego un caramelo de goma.

☑ **3.** Continúa hasta usar todas las rueditas y los caramelos.

☑ **4.** Haz un nudo en el otro extremo del limpiapipas.

 Texas: Seguridad
EN EL LABORATORIO
Nunca comas ni bebas en el laboratorio.

Explica los resultados

5. Observa cómo se mueve el **modelo.** Comenta y explica cómo se mueve una columna vertebral.

....

....

....

....

....

....

....

Características de los animales

Los animales tienen distintas características físicas. Algunos, por ejemplo, tienen pelaje. Otros tienen plumas o escamas. Algunos tienen cuatro patas. Otros tienen dos. Estas características físicas forman la estructura del cuerpo del animal. Casi todas las partes de la estructura del cuerpo de un animal cumplen una función. La estructura del cuerpo de un animal y su función le ayudan a sobrevivir en su medio ambiente.

La estructura del cuerpo de un perro de las praderas sirve para protegerlo de posibles peligros.

Los perros de las praderas, por ejemplo, viven en pastizales. Los animales que cazan perros de las praderas pueden descubrirlos fácilmente. Los perros de las praderas se protegen excavando hoyos en el suelo llamados madrigueras. De esta manera es más difícil descubrirlos. En las madrigueras duermen y crían a sus crías. Sus garras largas y afiladas los ayudan a excavar. Los perros de las praderas pueden pararse sobre sus patas traseras. Esta estructura del cuerpo los ayuda a advertir el peligro desde una distancia segura.

Los pájaros carpinteros de pecho rojo viven en el bosque. Sus patas tienen dos dedos que apuntan hacia adelante y otros dos que apuntan hacia atrás. Esta estructura de la pata los ayuda a trepar los troncos de los árboles. El pico, largo y afilado, sirve para hacer hoyos en los troncos. Estos hoyos se convierten en sus nidos. Los pájaros carpinteros aprovechan su larga lengua para atrapar insectos y alimentarse de ellos.

La estructura del cuerpo de un pájaro carpintero de pecho rojo lo ayuda a sobrevivir en su medio ambiente.

1. Saca conclusiones
La liebre americana vive en el desierto. Sus orejas largas le ayudan a mantener su cuerpo fresco. ¿De qué manera estas orejas podrían ayudar a la liebre americana a sobrevivir en su medio ambiente?

Clasificar animales

Los animales se clasifican en grupos según sus características. A menudo, los animales se clasifican según su apariencia. Los científicos identifican características físicas, tales como orejas largas o pelo corto, y características dentro del cuerpo de los animales para clasificarlos.

Los animales se pueden clasificar según el lugar donde viven. Los animales del desierto pueden ser un grupo. Los animales del bosque lluvioso pueden ser otro grupo. Algunos animales viven en los árboles. Otros viven en el agua salada del océano.

Los animales también se pueden clasificar por cómo actúan. Algunos animales, como los pumas, cazan otros animales para comérselos. Otros solo comen plantas. Otros se trasladan de un lugar a otro en ciertas épocas del año. Las maneras en que los animales se comportan, o actúan, son características de comportamiento.

Un animal puede ubicarse en diferentes grupos. Por ejemplo, un grupo de animales que come ratones puede incluir a las serpientes, los halcones y los búhos. Un grupo de animales que vuela puede incluir a los halcones y los búhos pero no a las serpientes.

Las características se transmiten de padres a hijos. Se le llama **rasgo** a una característica que pasa de padres a hijos entre los seres vivos. Los científicos clasifican a los animales basándose en sus rasgos. Los rasgos incluyen características físicas y de comportamiento.

2. Sugiere Nombra otra razón por la cual no clasificarías a una serpiente junto con los halcones y los búhos.

....

....

3. **Encierra en un círculo** algunas de las maneras en que se clasifican los animales.

Animales con columna vertebral

Uno de los principales rasgos que los científicos usan para clasificar los animales es si tienen o no columna vertebral. Un animal que tiene columna vertebral se llama **vertebrado**. Por ejemplo, los gatos, las aves y los peces son vertebrados. La apariencia de los vertebrados puede ser diferente, pero todos tienen columna vertebral y otros huesos. Los huesos crecen a medida que los animales crecen. Los huesos sostienen el cuerpo. Esto permite que algunos vertebrados crezcan mucho.

4. **Infiere** ¿Qué permite que la jirafa sea tan alta?

....

....

Lee la siguiente página. Luego contesta estas preguntas.

5. **Diferencia** ¿Cuál es una diferencia entre los reptiles y los anfibios?

....

....

....

6. **Encierra en un círculo** dos rasgos que tenga un animal para poder clasificarlo como mamífero.

Grupos de vertebrados

Peces

Los peces son vertebrados que viven en el agua. La mayoría de los peces tiene escamas resbalosas, respiran a través de branquias y desovan. Los peces son vertebrados de sangre fría. Los animales de sangre fría no regulan su temperatura corporal.

7. Ilustra Dibuja un pez.

Anfibios

Los **anfibios** son vertebrados de sangre fría. Su piel es lisa y húmeda. Nacen de huevos. Las ranas, los sapos y las salamandras son anfibios. La mayoría de las crías de los anfibios viven en el agua. Obtienen oxígeno a través de sus branquias y la piel. La mayoría de los anfibios desarrollan pulmones para respirar aire fuera del agua.

Reptiles

Las serpientes, los lagartos, las tortugas y los cocodrilos son reptiles. Los reptiles son vertebrados de sangre fría. Tienen piel seca y escamosa. Respiran aire a través de pulmones. La mayoría de los reptiles ponen huevos.

8. Ilustra Dibuja un reptil.

Aves

Las aves son vertebrados de sangre caliente. Los animales de sangre caliente regulan su temperatura corporal. Las plumas ayudan a las aves a mantener el calor. A la mayoría de las aves, las plumas y los huesos livianos les permiten volar. Respiran aire a través de pulmones. Todas las aves nacen de huevos.

Mamíferos

Probablemente, los mamíferos son los vertebrados que más conoces. Los mamíferos son vertebrados de sangre caliente. Por lo general tienen pelo que los ayuda a mantener el calor. Los mamíferos respiran aire a través de pulmones y alimentan a sus crías con leche. La mayoría de los mamíferos nacen vivos en vez de nacer de huevos.

Animales sin columna vertebral

La mayoría de los animales no tienen huesos ni esqueletos. Los animales que no tienen columna vertebral se llaman **invertebrados**. Las estrellas marinas, las mariposas y las arañas son invertebrados.

Los invertebrados tienen otras estructuras que no son huesos que les dan forma. Una bolsa blanda llena de líquido sostiene a los gusanos y a las ortigas de mar. Un caparazón duro sostiene a las almejas y a las langostas. Una cubierta dura cubre a los insectos. Estas estructuras no pueden sostener a animales grandes. Los invertebrados suelen ser más pequeños que los vertebrados.

Quizá no puedas ver algunos invertebrados porque son muy pequeños. Pero viven por toda la Tierra. De hecho, hay más invertebrados que vertebrados. Por ejemplo, en un metro cuadrado de tierra pueden vivir varios millones de gusanos redondos.

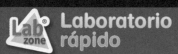

Laboratorio rápido

Clasificar animales
Dibuja un vertebrado y un invertebrado. Compara las características de los dos animales. Examina y describe cómo las estructuras y las funciones de los animales les ayudan a sobrevivir en su medio ambiente.

➡ TEKS 10A

9. [DESAFÍO] ¿Por qué crees que la Tierra puede dar sustento a más invertebrados que vertebrados?

....

....

....

....

....

babosa

orangután

Ortigas de mar

Las ortigas de mar tienen un cuerpo blando y partes del cuerpo largas y punzantes. El cuerpo de una ortiga de mar está compuesto principalmente por agua. Una ortiga de mar aturde a su presa antes de llevarla hacia su estómago. La mayoría de las ortigas de mar viven en el océano.

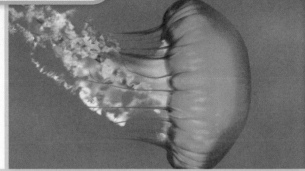

Gusanos

Los gusanos son animales de cuerpos largos, blandos y sin patas. ¿Alguna vez viste una lombriz de tierra en el suelo? Estos invertebrados ayudan a mantener la tierra saludable.

Moluscos

Los **moluscos** son invertebrados de cuerpos blandos. Algunos moluscos son los pulpos, los calamares, las babosas, las almejas y los caracoles. Muchos moluscos tienen conchas duras y ojos.

10. Ilustra Dibuja un molusco.

Artrópodos

Los artrópodos son el grupo más grande de invertebrados. Un **artrópodo** es un animal que tiene el cuerpo envuelto por una cubierta dura. Los cuerpos de los artrópodos tienen más de una parte principal y sus patas tienen articulaciones. Los insectos, las arañas y los cangrejos son artrópodos.

11. Clasifica Mira las fotografías de la izquierda. ¿Cómo clasificarías cada animal?

....

....

Nacimiento de los animales

Otro rasgo que ayuda a los científicos a clasificar los animales es la forma en que nacen. La mayoría de los animales comienzan su vida en pequeños huevos. El tamaño de los huevos es diferente. Luego las crías nacen de distintas maneras.

Huevos

Muchos animales nacen de huevos. Por ejemplo, todas las aves nacen de huevos. También la mayoría de los peces, los anfibios y los reptiles nacen de huevos. Los cocodrilos ponen huevos, al igual que la mayoría de los otros reptiles. Luego de crecer dentro de los huevos durante dos o tres meses, las crías de cocodrilo rompen el cascarón y nacen.

Crías vivas

La mayoría de los mamíferos son vivíparos. Esto significa que la cría nace viva en lugar de nacer de un huevo. Quizá viste imágenes de una leona con sus cachorros. Sus cachorros nacieron vivos después de estar embarazada unos cuatro meses.

12. Clasifica ¿Cómo clasificarías a una tortuga?

....

....

13. Secuencia ¿Qué dos cosas suceden antes de que un cocodrilo nazca de un huevo?

....

....

....

....

....

Matemáticas

TEKS de Matemáticas 1E

Analiza una gráfica de barras

Diferentes peces nadan a distintas velocidades. En general, un pez más grande nada más rápido que un pez más pequeño. Usa la gráfica de barras sobre las velocidades de los peces para contestar estas preguntas.

1 **Resuelve** ¿Cuál es la velocidad del pez más rápido?

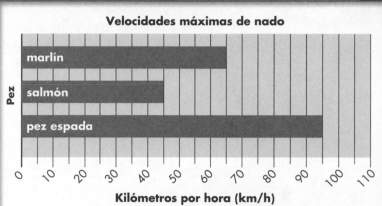

Velocidades máximas de nado

Pez: marlín, salmón, pez espada

Kilómetros por hora (km/h)

2 **Ordena** En base a los datos de la gráfica, haz una lista de los peces del más lento al más rápido.

¿Entiendes? ✦ TEKS 10A

14. Categoriza Tanto la serpiente de cascabel como la araña viuda negra producen veneno. ¿Por qué pueden clasificarse en diferentes grupos?

15. Sintetiza ¿Cómo ayudan a los animales las plumas y el pelo?

◼ **¡Para!** Necesito ayuda

❙❙ **¡Espera!** Tengo una pregunta

▶ **¡Sigue!** Ahora sé

¿En qué se parecen los hijos a sus padres?

Voy a aprender TEKS 10A, 10B
Voy a aprender que algunas características son heredadas y otras son adquiridas o aprendidas. (También **2A, 2B, 2F, 4A**)

Vocabulario
hijo
heredar
instinto

Nuestra gata tuvo cuatro gatitos.

Tres de ellos son negros, como la madre.

Uno de ellos es anaranjado, como el padre.

Conexión con

Matemáticas

Escribe una fracción que indique cuántos de los 4 gatitos son negros. **TEKS de Matemáticas 3A**

Laboratorio rápido

TEKS 10B, 2A, 2B, 2F, 4A

¿Qué comportamientos de los animales son aprendidos?

Material
computadora

☑ **1. Observa** Usa una computadora para reunir y analizar información, observando en Internet videos sobre el comportamiento de los animales.

 Texas: Seguridad
EN EL LABORATORIO
Usa sitios de Internet aprobados por tu maestro.

☑ **2. Infiere** Reconoce que ciertos comportamientos son aprendidos como resultado de vivir en un medio ambiente determinado. ¿Qué comportamientos debe aprender un animal? ¿Qué comportamientos sabe hacer un animal al nacer?

☑ **3. Anota** tus conclusiones.

Comportamiento aprendido	Sabe hacer al nacer

Explica los resultados

4. Infiere ¿Por qué crees que los animales saben hacer algunas cosas al nacer?

....

....

....

Tan iguales como diferentes

¿Por qué los gatitos se ven como gatos y no como perros? ¿Por qué una semilla de maíz crece y se convierte en una planta de maíz y no en una de tomate? A las plantas y a los animales jóvenes se les llama **hijo.** La mayoría de los hijos crecen y se ven como sus padres. Algunas plantas y animales se ven como sus padres incluso cuando son muy jóvenes.

El antílope joven de la fotografía comparte muchos rasgos con su padre. Por ejemplo, la forma del cuerpo del antílope joven es igual a la de su padre. Tiene el mismo número de patas. El largo de su pelo también es casi igual.

El antílope joven también se diferencia en algunos aspectos. Por ejemplo, sus cuernos son mucho más pequeños que los de su padre. Los cuernos del antílope joven se harán más largos a medida que crezca. Pero incluso cuando sea un adulto, es posible que sus cuernos no tengan exactamente la misma forma o tamaño que los de su padre.

1. **Compara y contrasta** Describe otros aspectos en los que el antílope joven y su padre se parecen y se diferencian.

El color y el tamaño del pollito son diferentes a los de su madre.

Pequeñas diferencias en los rasgos

Por lo general los hijos se parecen a sus padres. Los hijos también pueden parecerse entre sí. Pero el parecido no es exacto. Diferentes animales del mismo tipo pueden verse diferente y actuar de manera diferente. Por ejemplo, dos conejos cafés pueden tener crías cafés. También pueden tener crías blancas o grises.

Algunas diferencias en la apariencia o el comportamiento de un animal pueden ayudarlo a sobrevivir y a reproducirse. Por ejemplo, los ratones de abazones viven en hábitats rocosos en zonas desérticas. Unos hábitats tienen rocas cafés y otros rocas negras. Los ratones tienen pelo café claro o negro. Los científicos han descubierto que los ratones son del color de las rocas de su hábitat. ¿A qué se debe esto? Los búhos cazan ratones y los comen. Los búhos no pueden ver a los ratones color café claro sobre las rocas del mismo color ni pueden ver a los ratones negros sobre las rocas negras.

2 (**Encierra en un círculo**) al ratón cuyo color de pelo lo ayuda a sobrevivir en la arena de color claro. Comenta en qué tipo de hábitat no sobreviviría.

3. Describe Escribe una leyenda para la fotografía de abajo.

....

....

....

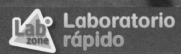
Parecidos

Reúne imágenes que muestren características o rasgos parecidos entre los padres y sus hijos. Las imágenes pueden ser de plantas o de animales. Escribe una lista de las características que son parecidas entre padres e hijos. Examina las diferencias entre los rasgos que creas que son heredados.

TEKS 10B

Características heredadas

¿Por qué los hijos se suelen ver como sus padres? Las plantas y los animales heredan muchas de sus características. **Heredar** significa recibir de uno de los padres. Una característica que se hereda pasa de padres a hijos. Una característica que se hereda también se llama rasgo. Los animales heredan rasgos como el color, el número de patas y la forma de las partes de sus cuerpos. Las plantas heredan rasgos como la forma de las hojas y el color de las flores. Los rasgos de un animal o una planta por lo general los ayudan a sobrevivir en su medio ambiente.

Los humanos también heredamos rasgos. Tú heredaste de tus padres rasgos como el color del cabello o de los ojos.

4. **Subraya** las palabras que dicen qué significa *heredar*.

5. **Analiza** La rana heredó el color de su piel. ¿Cómo ayuda esto a la rana a sobrevivir?

....

....

Los pinos jóvenes heredan de los pinos adultos las hojas verdes que parecen agujas.

Características adquiridas

No todas las características se heredan de los padres. Imagina que una mujer tiene sus orejas perforadas. Sus hijos no nacerán con las orejas perforadas. Las orejas perforadas son una característica adquirida. Las adquieres, o las obtienes, durante tu vida. Solo las características con las que naces se pueden transmitir a tus hijos.

Las plantas y los animales desarrollan características adquiridas a través de sus interacciones con el medio ambiente. Por ejemplo, las hojas de una planta pueden volverse cafés si la planta recibe demasiada luz solar. Las hojas cafés son una característica adquirida. Los hijos de la planta no tendrán hojas cafés.

6. **Haz una lista** Mira el árbol de la fotografía. Escribe una característica heredada y una característica adquirida del árbol.

....

....

Las cicatrices del cuerpo de este elefante marino se deben a sus peleas con otros elefantes marinos. Las cicatrices son una característica adquirida.

Los tremendos vientos han contribuido a darle a este árbol su forma inclinada

367

Comportamientos heredados

Los comportamientos son las cosas que los animales hacen. Un comportamiento que tiene un animal desde que nace se llama **instinto.** Los instintos son comportamientos que se heredan. Un ejemplo de instinto es la respuesta de un animal ante el hambre. Por ejemplo, las aves bebés abren sus bocas cuando sus padres traen alimento. Los cachorros saben cómo amamantarse desde que nacen.

Algunos animales tienen un instinto que los lleva a cambiar de lugar, o migrar, con el cambio de estaciones. Algunas mariposas migran a través de miles de millas. Vuelan hacia lugares cálidos para sobrevivir al invierno. Otros animales, como los murciélagos, tienen un instinto que los lleva a hibernar durante el invierno. Cuando los animales hibernan, los sistemas de su cuerpo se hacen más lentos. Esto ahorra energía. Los animales no necesitan tanto alimento para sobrevivir.

Desde que nacen, los pichones saben cómo abrir la boca para recibir alimento.

La mayoría de las arañas tienen el instinto de tejer telarañas.

7. **Explica** Explica con tus propias palabras qué significa *migrar*.

....

....

8. **Aplica** Explora que algunas características de los organismos son heredadas. Describe un comportamiento de los perros que creas que es un instinto. Explica por qué crees que el comportamiento es heredado.

....

....

Comportamientos aprendidos

Los animales aprenden algunos comportamientos de sus padres y otros adultos. Algunos comportamientos son aprendidos como resultado de vivir en cierto medio ambiente. Por ejemplo, los chimpancés aprenden cómo usar un palito como herramienta. Usan el palito para atrapar insectos y comerlos. Los chimpancés no saben usar estas herramientas cuando nacen. Aprenden a usarlas al mirar a otros chimpancés.

Los humanos aprenden muchos comportamientos de sus padres o de otros adultos. Aprendiste a leer y a usar las matemáticas en la escuela. Uno de tus padres quizá te enseñó a atarte los cordones de tus zapatos o a comer con cuchara. No sabías cómo hacer estas cosas cuando naciste.

Un chimpancé introduce un palito en un nido de insectos. Saca el palito. Luego se come los insectos que hay en el palito.

9. **Infiere** Algunas nutrias de mar usan rocas para abrir la concha de las almejas. ¿Por qué crees que aprendieron a usar este instrumento?

....

....

¿Entiendes? ⭐ TEKS 10A, 10B

10. **Explica** ¿Cómo aprenden los animales, como el chimpancé, ciertos comportamientos?

....

....

11. **Aplica** Los patos heredan patas palmeadas. ¿Cómo ayudan a sobrevivir a los patos las patas palmeadas?

....

....

⬜ **¡Para!** Necesito ayuda ....

⏸ **¡Espera!** Tengo una pregunta ....

▶ **¡Sigue!** Ahora sé ....

Rastreando las tortugas de mar STEM

Los científicos rastrean las tortugas de mar del golfo de México. Quieren saber a dónde viajan las tortugas. Los científicos también quieren saber cómo sobreviven las tortugas mientas viajan de un sitio a otro.

En primer lugar, los científicos colocan un rastreador en la espalda de una tortuga. Cuando la tortuga sube a la superficie del agua durante al menos tres minutos, el rastreador envía una señal. Esta señal va hasta un satélite que está muy alto por sobre la Tierra. La señal muestra dónde se encuentra la tortuga. Luego, el satélite manda los datos a una estación receptora en la Tierra. Los científicos analizan la información usando computadoras. El rastreo satelital ayuda a los científicos a estudiar el comportamiento de las tortugas de mar que están viajando.

Ilustra Haz un dibujo. Muestra cómo la señal del rastreador viaja desde una tortuga que se encuentra cerca de Texas, primero hacia el espacio y luego a una estación receptora en la Tierra.

Una tortuga de mar con un rastreador.

El Museo Perot de Naturaleza y Ciencia

¿Alguna vez viste qué aspecto tiene una cría de tu animal favorito? Los animales heredan características y comportamientos de sus padres. Por eso, los hijos se parecen y actúan de manera similar a los animales adultos. Pero, a menudo existen diferencias.

Ciertos rasgos ayudan a los animales a sobrevivir en su medio ambiente. Por ejemplo, la altura de las jirafas les permite alimentarse de las ramas más altas de los árboles. Por supuesto que algunas jirafas son más altas que otras y pueden llegar a árboles más altos.

En el Museo Perot de Naturaleza y Ciencia puedes explorar la herencia de rasgos. Aprenderás acerca de los distintos rasgos que ayudan a los animales a sobrevivir y desarrollarse. En una de las exhibiciones puedes crear tu propia cría de un animal digital. Puedes investigar qué rasgos heredó y comentar qué efectos podrían tener sobre la cría.

Explica Describe de qué manera uno de tus rasgos te ayuda a sobrevivir y desarrollarte en tu medio ambiente.

....

....

....

....

Trece grandes y coloridas esculturas de ranas se colocarán en el exterior del Museo Perot de Naturaleza y Ciencia. Las ranas tienen rasgos que les ayudan a sobrevivir en su medio ambiente. Los ojos de la rana están en la parte superior de su cabeza, para poder ver mientras el resto de su cuerpo queda escondido bajo el agua.

371

¿Cuál es el ciclo de vida de algunos animales?

 Voy a aprender TEKS 10C
Voy a aprender cómo los animales crecen y cambian durante su ciclo de vida.
(También **1A, 2B, 2F, 4A**)

Vocabulario
larva
pupa
crisálida
metamorfosis

Conexión con
Matemáticas

🔖 **TEKS de Matemáticas 4H, 4K**

Las catarinas adultas no nacen con alas rojas y negras. Su vida comienza en un diminuto huevo amarillo. Se necesitan 33 días para que la catarina salida del huevo se convierta en adulto. Entre medio, la catarina pasa por otras 2 etapas de su ciclo de vida.

¿Por cuántas etapas pasa la catarina en su ciclo de vida?

_____

¿Alrededor de cuántos días han transcurrido si una catarina está a mitad de camino entre las etapas de huevo y de adulta de su ciclo de vida? Muestra tu trabajo. Redondea tu respuesta a un número entero.

_____

_____

PEARSON Texas.com

Lab zone®

🔺 TEKS 10C, 1A, 2B, 2F, 4A

¿Cuál es el ciclo de vida de una catarina?

A las crías de catarina que salen de los huevos se les llama larvas. La etapa de la larva viene después de la etapa del huevo y antes de la etapa de la pupa y de la etapa adulta. Investiga cómo la catarina sufre una serie de cambios ordenados en su ciclo de vida.

☑ **1. Observa** varias larvas de catarina. **Anota** la etapa que ves.

☑ **2.** Observa las larvas durante unas 3 semanas.

☑ **3.** Dibuja cada etapa nueva que veas.

Materiales

larvas de catarina en un hábitat creado en un vaso

lupa

crayones o marcadores

🔺 **Texas: Seguridad**
EN EL LABORATORIO

Asegúrate de regresar el equipo de laboratorio a su lugar.

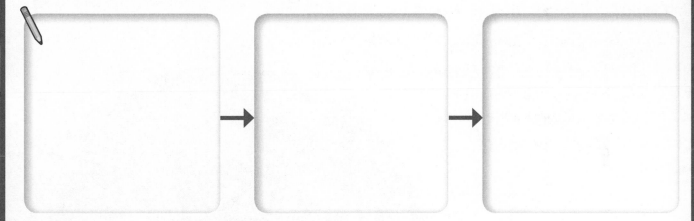

Explica los resultados

4. Interpreta la información ¿Cómo cambiaron las larvas de catarina?

....

....

....

....

....

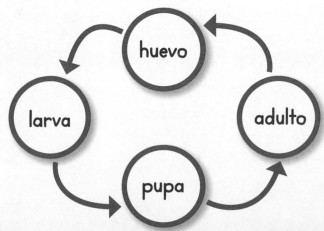

huevo · larva · adulto · pupa

Ciclos de vida

La vida de un animal comienza en un óvulo. En ocasiones el óvulo se desarrolla dentro del cuerpo de la madre. Luego, la madre da a luz a un hijo vivo.

Algunos animales dan a luz a hijos que están muy desarrollados. Las vacas dan a luz de esta manera. Un ternero recién nacido a menudo, puede ponerse de pie y caminar a la hora de haber nacido.

Algunos animales dan a luz a hijos que no están tan desarrollados. Los osos tienen sus hijos de esta manera. La osa da a luz a dos o tres oseznos en la mitad del invierno. Los oseznos nacen ciegos e indefensos. Los oseznos y su madre permanecen en su guarida invernal hasta que llega la primavera.

Algunas crías están listas para caminar poco después de nacer. Otros animales necesitan más tiempo para desarrollarse.

1. **Rotula** las imágenes de la izquierda del 1 al 3 para mostrar la secuencia correcta en el ciclo de vida de un águila americana.

En otros animales, la madre pone un huevo fuera de su cuerpo. El hijo nace del huevo después de cierto tiempo. Así tienen las águilas a sus crías. Primero, el águila madre pone un huevo. Después, el aguilucho, un águila joven, se desarrolla dentro del huevo. Finalmente, el aguilucho nace del huevo cuando está listo.

Luego de nacer, un animal crece. Se desarrolla hasta convertirse en adulto y luego puede reproducirse. Finalmente, muere. Su ciclo de vida se completa.

2. **Secuencia** Completa el organizador gráfico con la secuencia del nacimiento del águila.

Primero

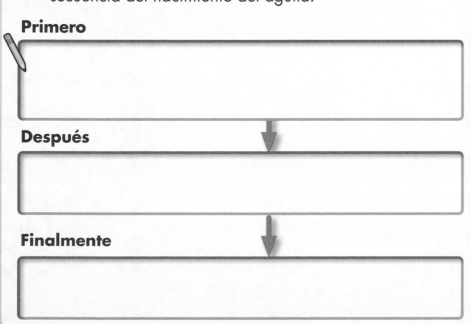

Después

Finalmente

Después de nacer, los oseznos crecen más y se desarrollan hasta convertirse en adultos.

Ciclo de vida de una mariposa

El ciclo de vida de una mariposa tiene cuatro etapas, como se muestra en el diagrama. La mariposa es muy diferente en cada etapa de su vida. También se comporta de maneras diferentes.

Por ejemplo, compara las etapas de larva y de adulto del diagrama. La **larva** es la segunda etapa del ciclo de vida de algunos insectos. La larva de mariposa se llama oruga. Su cuerpo es parecido al de un gusano. Se alimenta de plantas. Debe comer mucho para crecer y almacenar energía.

La **pupa** es la etapa de la vida de un insecto entre larva y adulto. La pupa de mariposa se protege dentro de una envoltura dura llamada **crisálida.** No come y casi no se mueve.

La mariposa adulta que sale de la crisálida no se parece en nada a la larva que entró. Tiene alas, patas largas y antenas. Algunas mariposas adultas se alimentan del néctar de las flores. Otras no comen nada. Después de poner huevos, la mariposa adulta morirá.

3. Aplica En los espacios en blanco, escribe el título de la etapa 2 y de la etapa 3 del ciclo de vida de la mariposa.

4. Infiere ¿Por qué es importante que la larva de mariposa almacene energía comiendo mucho?

....

....

....

5. Identifica Marca con una ✕ la etapa del ciclo de vida en la que crecen las alas de la mariposa.

Huevo

Una mariposa comienza su vida dentro de un huevo diminuto. El huevo de esta fotografía está ampliado, es decir, se ve más grande.

4 Mariposa adulta

La mariposa adulta sale de la crisálida. Se va volando para encontrar pareja. Si es hembra, pondrá huevos. Finalmente, la mariposa morirá.

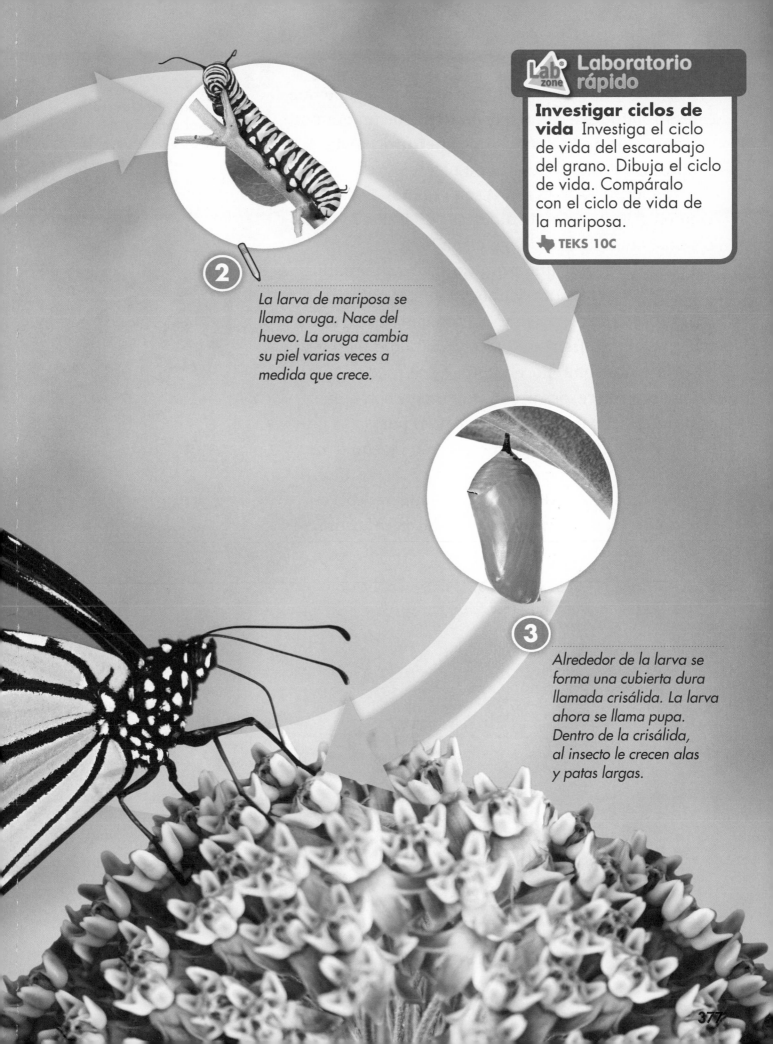

Lab zone **Laboratorio rápido**

Investigar ciclos de vida Investiga el ciclo de vida del escarabajo del grano. Dibuja el ciclo de vida. Compáralo con el ciclo de vida de la mariposa.

TEKS 10C

2

La larva de mariposa se llama oruga. Nace del huevo. La oruga cambia su piel varias veces a medida que crece.

3

Alrededor de la larva se forma una cubierta dura llamada crisálida. La larva ahora se llama pupa. Dentro de la crisálida, al insecto le crecen alas y patas largas.

Ciclo de vida de una rana

Algunos animales cambian de forma a medida que se desarrollan. Este cambio de la forma de un animal durante su ciclo de vida se llama **metamorfosis.** Muchos insectos atraviesan una metamorfosis. También las ranas. Las ranas son anfibios. Los anfibios viven en el agua durante algunas partes de su vida. En otras partes de la vida, viven en la tierra.

El ciclo de vida de una rana comienza con un huevo. La rana joven que nace del huevo se llama renacuajo. El renacuajo tiene partes del cuerpo que le permiten vivir en el agua. Tiene una cola para nadar. Respira con branquias como hacen los peces. A medida que el renacuajo crece, desarrolla partes del cuerpo que le permiten vivir en la tierra. Le crecen patas. La cola desaparece. Los pulmones reemplazan a las branquias. Finalmente, se forma una rana adulta. Usa sus patas para saltar. Una rana adulta desova en el agua. Algunas ranas se reproducen muchas veces antes de morir.

6. **Identifica** Marca con una ✗ la etapa del ciclo de vida en la que la rana vive en la tierra.

1 Huevos

Las ranas hembras suelen desovar cientos o miles de huevos en el agua. Los huevos están rodeados por un material parecido a la jalea.

4 Rana adulta

La rana adulta vive en la tierra y en el agua. Regresa al agua para desovar.

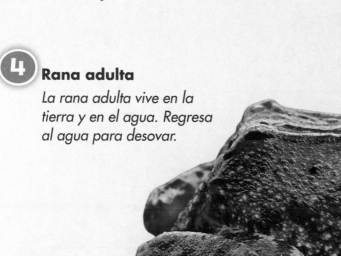

7. Determina los factores Haz una lista con las partes del cuerpo y otros materiales del diagrama que ayudan a las ranas a mantenerse vivas y saludables.

....

....

8. Compara Compara y contrasta cómo una rana y una planta sufren una serie de cambios ordenados en sus diversos ciclos de vida.

....

....

....

....

....

....

....

2 Renacuajo

De cada huevo de rana nace un renacuajo. Los renacuajos viven bajo el agua y respiran con branquias.

3 Renacuajo en crecimiento

El renacuajo cambia a medida que crece. Su cola se acorta y sus patas comienzan a crecer. Se le desarrollan los pulmones para respirar y sus branquias desaparecen.

Lab zone **Laboratorio rápido**

Hábitat de ranas
Un hábitat es el lugar donde vive una planta o un animal. Averigua dónde viven las ranas. Haz una lista con las cosas que debe tener un hábitat para que las ranas puedan completar su ciclo de vida. Divide la lista entre las cosas que la rana necesita en cada etapa de su ciclo. Luego explica cómo puedes ayudar a proteger los hábitats de las ranas. ➡ **TEKS 10C**

Ciclo de vida de un mamífero

A diferencia de los anfibios y los insectos, las crías de los mamíferos no cambian mucho a medida que se convierten en adultos. Muchos mamíferos se parecen a sus padres cuando nacen. Como tú, van creciendo al hacerse mayores.

9. Compara ¿En qué se parece una cría de lince a un lince adulto?

....

10. Contrasta ¿En qué se diferencia un lince adulto de una cría de lince?

....

....

....

....

1 Huevo

Las crías de lince se desarrollan a partir de huevos dentro del cuerpo de su madre. Nacen cuando están preparados para vivir fuera del cuerpo de la madre.

2 Gatito

Las crías de lince se llaman gatitos. El cuerpo de la madre lince produce leche. Los gatitos beben la leche.

3 Crecimiento

Las crías de lince crecen en tamaño. La madre lince los cuida.

4 Adulto

Cuando las crías de lince se convierten en adultos, pueden reproducirse.

Algunos animales pasan rápidamente por su ciclo de vida completo. Por ejemplo, la mayoría de los insectos vive menos de un año. Otros animales viven mucho más tiempo. La duración de la vida de un animal se llama expectativa de vida. La gráfica de abajo muestra las expectativas de vida de algunos animales.

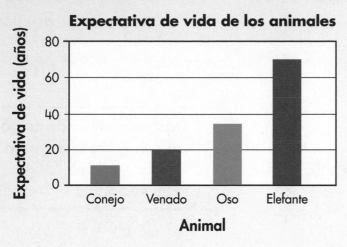

Expectativa de vida de los animales

11. Analiza ¿Qué patrón ves en la gráfica?

....

....

....

....

¿Entiendes? 🔹 TEKS 10C

12. Compara ¿En qué se diferencia el ciclo de vida de un mamífero del ciclo de vida de una rana o de una mariposa?

....

....

....

13. Describe ¿Cómo debe cambiar el cuerpo de una rana para que pueda vivir en la tierra?

....

....

⬜ **¡Para!** Necesito ayuda ....

⏸ **¡Espera!** Tengo una pregunta ....

▶ **¡Sigue!** Ahora sé ....

Investigación de laboratorio

TEKS 10A, 1A, 2B, 2F

¿Qué tienen en común las hojas?

Sigue el procedimiento

☐ **1.** Extiende sobre una mesa las hojas. **Obsérvalas**. ¿Cuáles tienen formas parecidas?

☐ **2.** Haz un círculo con lana para cada tipo de forma. Puedes tener entre 3 y 5 grupos.

☐ **3. Clasifica** Pon en el mismo círculo las hojas que tienen formas parecidas.

☐ **4. Anota** Dibuja cada hoja en su grupo. Explica en qué se parecen las hojas de cada grupo.

Materiales

10 hojas o fotos de hojas
5 círculos de lana

 Texas: Seguridad
EN EL LABORATORIO
Mantén limpia tu área de trabajo.

Destreza de indagación
Los científicos **clasifican** objetos mediante la observación de sus rasgos.

A

B

C

D

E

F

G

H

I

J

Observaciones sobre las hojas

Dibujos o letras de hojas	¿En qué se parecen las formas de las hojas?
Grupo A	
Grupo B	
Grupo C	
Grupo D	
Grupo E	

Analiza y saca conclusiones

5. Describe otra manera de **clasificar** las hojas.

....

....

6. ¿Por qué crees que es útil clasificar las hojas?

....

....

APLICACIÓN
TEKS
10A

El armadillo de nueve bandas

¿Conoces algún gemelo? Los gemelos son dos crías o bebés nacidos de la misma madre en el mismo parto. Se desarrollan a partir del mismo óvulo. Heredan las mismas características, por lo tanto tienen exactamente el mismo aspecto.

¡Una hembra de armadillo de nueve bandas siempre tiene *cuatro* gemelos! Cada cría de armadillo hereda un caparazón óseo muy duro. El caparazón protege al armadillo de los animales que lo cazan. Cada cría también hereda garras largas y afiladas. Estas garras le permiten al armadillo excavar una madriguera para refugiarse. También ayudan al armadillo a excavar en busca de insectos para alimentarse.

El armadillo de nueve bandas se encuentra a lo largo de casi todo el estado de Texas. De hecho, es el mamífero pequeño oficial del estado.

Investiga Investiga el ciclo de vida del armadillo de nueve bandas. Comparte en clase la información que halles.

....

....

....

....

....

Tarjetas de vocabulario

anfibio
artrópodo
crisálida
heredar
hijo
instinto
invertebrado
larva
metamorfosis
molusco
pupa
rasgo
vertebrado

¡Vamos a jugar!

Recorta las Tarjetas de vocabulario.

Trabaja con un compañero. Extiende sobre una mesa dos grupos de Tarjetas de vocabulario. Un grupo debe mostrar la definición y el otro debe mostrar la palabra.

Pide a tu compañero que tome una tarjeta y busque la definición que corresponde a la palabra.

Pide a tu compañero que repita la actividad con otra palabra.

invertebrate

invertebrado

trait

rasgo

mollusks

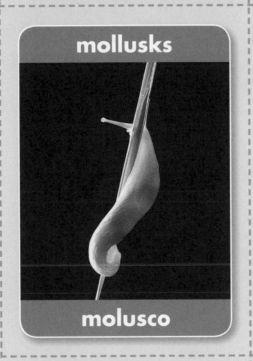

molusco

vertebrate

vertebrado

arthropod

artrópodo

amphibians

anfibio

a characteristic passed on to a living thing from its parents

Usa un diccionario. Busca tantos sinónimos de esta palabra como sea posible.

....

....

....

característica que pasa de padres a hijos entre los seres vivos

---

an animal without a backbone

¿Cuál es el prefijo de esta palabra?

....

¿Qué significa este prefijo?

....

animal que no tiene columna vertebral

Vocabulario interactivo

¡Haz un recuadro de palabras!

Escoge una palabra de vocabulario y escríbela en el centro del recuadro. Escribe la definición en la casilla de arriba. Escribe ejemplos en la casilla de la izquierda. Escribe algunas cosas que no sean ejemplos en la casilla de la derecha. Escribe algo que te ayude a recordar esta palabra en la casilla de abajo.

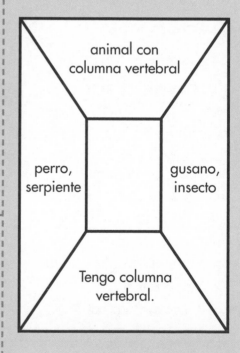

animal con columna vertebral

perro, serpiente

gusano, insecto

Tengo columna vertebral.

---

an animal with a backbone

Escribe tres ejemplos.

....

....

....

....

animal que tiene columna vertebral

---

invertebrates with soft bodies that may have eyes and hard shells

Escribe dos ejemplos.

....

....

invertebrado que tiene el cuerpo blando y que puede tener ojos y una concha dura

---

cold-blooded vertebrates that have smooth, moist skin and hatch from eggs

Dibuja un ejemplo.

vertebrado de sangre fría que tiene la piel lisa y húmeda y que nace de un huevo

---

an animal that has a hard covering outside its body

Escribe una oración con esta palabra.

....

....

....

animal que tiene el cuerpo envuelto por una cubierta dura

metamorphosis

metamorfosis

larva

larva

offspring

hijo

pupa

pupa

inherit

heredar

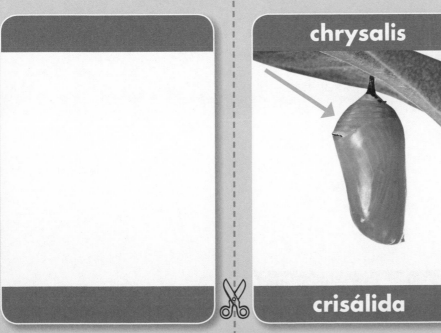

chrysalis

crisálida

instinct

instinto

young plants and animals

Usa un diccionario. Busca tantos sinónimos de esta palabra como sea posible.

....

....

....

planta o animal joven

second stage of the life cycle of some insects

Escribe una oración con esta palabra.

....

....

....

segunda etapa del ciclo de vida de algunos insectos

a change in form during an animal's life cycle

Menciona dos animales que pasan por una metamorfosis.

....

....

....

cambio de la forma de un animal durante su ciclo de vida

to receive from a parent

Escribe un ejemplo de una característica heredada.

....

....

....

recibir de uno de los padres

stage of an insect's life cycle between larva and adult

Dibuja un ejemplo.

etapa de la vida de un insecto entre larva y adulto

a behavior an animal is born able to do

Escribe un oración con esta palabra.

....

....

....

comportamiento que tiene un animal desde que nace

a hard covering around a pupa

Escribe una oración con esta palabra.

....

....

....

envoltura dura que rodea la pupa

Práctica de TEKS

Texas

Capítulo 7

Lección 1 TEKS 10A

¿Cómo se clasifican los animales?

1. **Vocabulario** _____
   es un animal que no tiene columna
   vertebral.
   A. Un vertebrado
   B. Una ballena
   C. Un invertebrado
   D. Un mamífero

2. **Categoriza** ¿Por qué los animales
   pueden agruparse de más de una
   manera?

Conexión con
Matemáticas

3. ¿Cuál es la diferencia de velocidad
   entre la barracuda y el atún del sur?

   ....

   ....

   ....

Velocidades máximas de nado

Pez

Barracuda

Atún del sur

| 0 | 10 | 20 | 30 | 40 | 50 | 60 | 70 |

Kilómetros por hora (km/h)

4. **Analiza** ¿Cómo ayudan las branquias
   de un pez a sobrevivir en su medio
   ambiente?

   ....

   ....

   ....

Práctica de TEKS

Lección 2 ⬩ TEKS 10A, 10B

¿En qué se parecen los hijos a sus padres?

5. Compara y contrasta ¿En qué se parecen y en qué se diferencian las crías de lince y sus padres?

....

....

....

....

....

6. Identifica ¿Cuál de las siguientes es una característica adquirida?
   A. quemadura de sol
   B. color de ojos
   C. color de cabello
   D. estatura

7. Identifica Nombra un comportamiento aprendido y un comportamiento heredado de un chimpancé.

....

....

....

....

8. Secuencia El ciclo de vida de una mariposa monarca tiene cuatro etapas. ¿Cuál es el orden correcto?
   A. huevo, pupa, adulto, larva
   B. huevo, pupa, larva, adulto
   C. huevo, larva, pupa, adulto
   D. huevo, adulto, pupa, larva

9. Vocabulario El cambio de la forma durante el ciclo de vida de la rana se llama _____.
   A. anfibio
   B. metamorfosis
   C. renacuajo
   D. expectativa de vida

10. Analiza ¿En qué se diferencia el nacimiento de un pollito del nacimiento de un gatito?

....

....

....

....

....

....

Práctica de TEKS

Lección 3 — TEKS 10C

¿Cuál es el ciclo de vida de algunos animales?

11. Explica Describe qué sucede durante la etapa de pupa del ciclo de vida de una mariposa.

....

....

....

....

....

....

....

12. Escríbelo Describe las etapas del ciclo de vida de un perro.

....

....

....

....

....

....

....

Capítulo 7

Lección 1 ¿Cómo se clasifican los animales?

En la Lección 1 aprendiste que los animales se pueden clasificar según sus características, tal como si tienen columna vertebral. Los rasgos que ayudan a los animales a sobrevivir en su medio ambiente se transmiten de padres a hijos. Algunos animales nacen de un huevo. Otros nacen vivos.

TEKS 10A

Lección 2 ¿En qué se parecen los hijos a sus padres?

En la Lección 2 aprendiste que los animales y las plantas heredan de sus padres ciertas características. Otras características son adquiridas. Los comportamientos de los animales pueden ser heredados o aprendidos.

TEKS 10A, 10B

Lección 3 ¿Cuál es el ciclo de vida de algunos animales?

En la Lección 3 aprendiste que algunos insectos y anfibios cambian de forma a medida que se convierten en adultos. Este proceso se llama metamorfosis. Los mamíferos no cambian demasiado a medida que se convierten en adultos.

TEKS de apoyo 10C

Práctica de TEKS: Repaso del capítulo

Lee cada pregunta y encierra en un círculo la mejor respuesta.

---

1 ¿En qué se parecen los ciclos de vida de una rana y de una planta de tomate?

A La rana y la planta tienen tres etapas en sus ciclos de vida.

B Ambas viven toda su vida sobre la tierra.

C La rana adulta y la planta adulta heredan características de sus padres.

D Ambas atraviesan una metamorfosis en sus ciclos de vida.

---

2 Las ballenas tienen una gruesa capa de grasa debajo de la piel. ¿De qué manera esta grasa ayuda a las ballenas a sobrevivir?

F Las ayuda a mantener el calor.

G Las hace demasiado grandes para ser comidas por otro animal.

H Les ayuda a nadar más rápido para conseguir alimento.

J Hace que a los predadores les resulte más difícil verlas.

---

3 Carlos examina una mariposa. Anota sus observaciones en la tabla.

Parte de la mariposa	Mediciones y observaciones
Alas	• Cada una tiene 4 cm de ancho. • Una está rota. • Ambas tienen manchas anaranjadas y negras.
Antenas	• Cada una tiene 1 cm de largo. • Ambas son negras.

Si la mariposa tuviera hijos, ¿qué rasgo **NO** tendrá el hijo cuando sea adulto?

A el ala rota

B las antenas negras

C las antenas de aproximadamente 1 cm de largo

D las alas con manchas anaranjadas y negras

4   El diagrama muestra parte del ciclo de vida de una planta conífera.

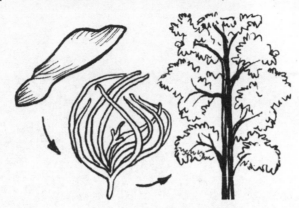

¿Qué etapa del ciclo de vida de una planta conífera falta en el diagrama?

F   la floración

G   la germinación

H   la polinización de los conos

J   el crecimiento de las esporas

---

5   La imagen muestra un modelo de la Luna, la Tierra y la luz solar.

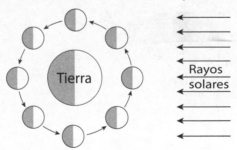

¿Qué ayuda a explicar este modelo?

A   la duración de un día

B   la duración de un año

C   el cambio de estaciones

D   el cambio de fases de la Luna

Si tienes dificultades con...					
Pregunta	1	2	3	4	5
Ve el capítulo (lección)	7 (3)	7 (1)	7 (2)	6 (4)	5 (2)
TEKS	10B	10A	10B	10C	8C

¿Por qué el pasto necesita del bisonte?

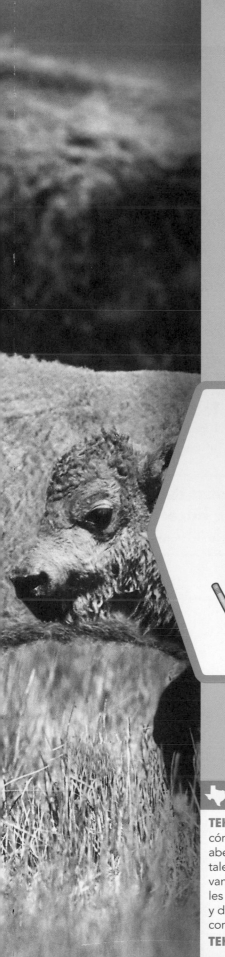

Ecosistemas

Lección 1 ¿Qué es un ecosistema?

Lección 2 ¿Cómo obtienen energía los seres vivos?

Lección 3 ¿Cómo cambian los ecosistemas?

ENFOQUE TEKS 9A

¿Cómo interactúan los seres vivos?

El bisonte americano vive en las praderas de los Estados Unidos. Al igual que muchos otros animales de las praderas, necesita pasto para alimentarse.

¿Cómo crees que los bisontes ayudan a las plantas de las praderas a crecer y mantenerse saludables?

....

....

Conocimientos y destrezas esenciales en Texas

TEKS: 9B Identificar y describir el flujo de energía en una cadena alimenticia y pronosticar cómo los cambios en la cadena alimenticia, tales como quitar las ranas de un estanque o las abejas de un campo, afectan al ecosistema. **9C** Describir los cambios en el medio ambiente, tales como inundaciones y sequías, donde algunos organismos prosperan y otros perecen o se van a un nuevo lugar. **10A** Examinar cómo las estructuras y las funciones de las plantas y animales les permiten sobrevivir en un medio ambiente en particular. **TEKS de apoyo: 9A** Observar y describir las características del medio ambiente y cómo éstas sustentan a poblaciones y comunidades dentro de un ecosistema.

TEKS de proceso: 1A, 1B, 2A, 2B, 2F, 3C, 4A, 4B

TEKS 7D, 1B, 2A

¿Cómo puedes reciclar y reutilizar algunos materiales?

Toma decisiones informadas en el uso y conservación de los recursos naturales. Recicla y reutiliza materiales para conservar recursos naturales.

☑ 1. **Observa** los materiales.

☑ 2. Haz una lluvia de ideas de los inventos que podrías hacer con estos materiales.

....

....

....

☑ 3. Elige un invento que puedas hacer con estos materiales.

☑ 4. **Haz un modelo** dibujando un diagrama de tu invento en tu cuaderno.

Materiales

delantal de laboratorio
cinta adhesiva
tijeras
latas de aluminio vacías
hojas de papel para escribir usadas
marcador
pegamento
botellas plásticas vacías
cuaderno

Texas: Seguridad
EN EL LABORATORIO
Usa un delantal de laboratorio.

Destreza de indagación
Puedes **hacer un modelo** para ilustrar tus ideas.

Explica los resultados

5. **Comunica ideas** Describe cómo reutilizaste materiales en tu invento para conservar recursos naturales.

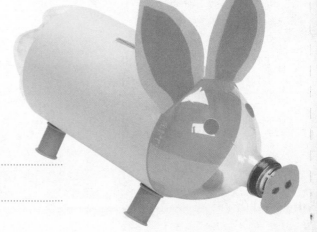

....

....

....

6. **Explora** ¿Cómo puedes reciclar los materiales o los inventos que no usaste?

....

....

....

Enfoque en Causa y efecto

En este capítulo practicarás reconocer **causa y efecto** como estrategia de lectura. Una causa es por qué ocurre algo. Un efecto es lo que ocurre. Cuando lees, a veces las palabras clave como *debido a*, *porque* o *ya que* indican una relación de causa y efecto.

El gran incendio

El incendio forestal comenzó cuando un rayo cayó sobre un árbol. Debido a que el fuego se extendió rápidamente, los bomberos tuvieron dificultades para apagarlo. El incendio destruyó cientos de acres de bosques. Destruyó árboles, pastos y otras plantas. Los animales se mudaron a otros lugares porque no podían encontrar alimento ni refugio.

¡Practícalo!

Usa el organizador gráfico de abajo para escribir una causa y un efecto que hayas encontrado en el párrafo de ejemplo.

Causa

Efecto

Texas

LECCIÓN

1

¿Qué es un ecosistema?

 Voy a aprender TEKS 9A

Voy a aprender cómo el medio ambiente sustenta a poblaciones y comunidades dentro de un ecosistema. (También **1A**, **2A**, **2B**, **2F**, **3C**, **4A**)

Vocabulario

medio ambiente
ecosistema
hábitat
población
comunidad

Nuestra casa en la costa de Texas fue construida sobre pilotes de madera que la elevaron a 6 metros del suelo.

¿Eso los protege de las inundaciones cuando hay tormenta?

Sí, pero tenemos que irnos de la casa cuando las crecidas suben demasiado.

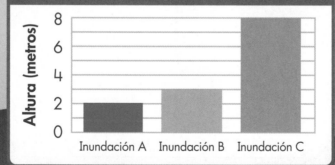

Marejadas ciclónicas

Altura (metros)

8
6
4
2
0

Inundación A   Inundación B   Inundación C

Conexión con

Matemáticas

🔷 **TEKS de Matemáticas 1A, 8B**

¿En cuál inundación la familia de la niña deberá irse de la casa? Explica tu respuesta.

....

....

....

PEARSON Texas.com

398

TEKS 9A, 1A, 2A, 2B, 2F, 3C, 4A

¿Qué es importante para el medio ambiente de un pez?

El medio ambiente es todo lo que rodea a un ser vivo, incluyendo su hábitat. El hábitat es el lugar donde un ser vivo establece su hogar. Los hábitats pueden estar sobre la tierra o en el agua, según el lugar donde el animal consigue lo que necesita para vivir.

Materiales

guantes de seguridad
frasco plástico transparente
conjunto de conchas marinas
agua
planta
peces
alimento para peces

 Texas: Seguridad
EN EL LABORATORIO
No toques los peces. Lávate bien las manos al terminar la actividad.

☑ 1. **Construye un modelo** Construye un lugar donde los peces puedan vivir. Añade conchas marinas, plantas y luego agua al frasco. Con cuidado, pon los peces en el agua.

☑ 2. **Observa** Reúne información sobre el hábitat de los peces. Observa cómo interactúan los peces unos con otros y con su medio ambiente físico. Anota o dibuja tus observaciones en tu cuaderno.

☑ 3. **Describe** ¿En qué se diferencia tu modelo de algún lugar donde hayas visto peces?

....

Explica los resultados

4. **Saca conclusiones** Analiza la información sobre el hábitat del pez. ¿De qué les sirven a los peces el agua y las conchas marinas?

....

....

5. **Infiere** Los peces y las plantas necesitan oxígeno para sobrevivir. ¿Qué crees que pasaría si le pusieras una tapa al frasco?

....

....

Lugares para los seres vivos

¿En qué se diferencia el lugar donde vive un oso del lugar donde vive una lombriz de tierra? Cada tipo de ser vivo necesita un determinado medio ambiente. El **medio ambiente** es todo lo que rodea a un ser vivo. Un medio ambiente tiene partes vivas y partes inertes. Las partes vivas incluyen las plantas, los animales y otros seres vivos.

La luz solar es una parte inerte de un medio ambiente. Los rayos del Sol calientan otras partes inertes, como el aire, el agua y el suelo. Debido al calor del Sol, el aire de la Tierra, el agua y el suelo se calientan lo suficiente para los seres vivos.

1. **Causa y efecto** ¿Qué partes de un medio ambiente se ven afectadas por el calor del Sol?

....

....

2. **Describe** Explica cómo interactúan los osos con los seres vivos y con los objetos inertes.

....

....

Las Grandes Llanuras cubren varios estados, incluyendo Texas. La porción de Texas de las Grandes Llanuras abarca desde la parte norte del estado hasta la frontera mexicana. El suelo es fértil para sembrar algodón y granos.

El oso es uno de los muchos seres vivos e inertes de las montañas y cuencas de Texas. Esta zona es la más montañosa y árida. En esta región puedes encontrar antílopes y liebres americanas. Las plantas varían desde nopales hasta árboles de pinos ponderosa.

3. Describe las características físicas del medio ambiente en el que vives.

....

....

....

....

....

....

....

....

Muchas personas viven en las Llanuras Centrales del norte de Texas. Allí se encuentra la extensa área metropolitana de Dallas-Fort Worth. Las colinas ondulantes de poca altura y las praderas son características de algunas partes del área.

Grandes
Llanuras

Llanuras
Centrales
del norte

montañas
y cuencas

llanuras
costeras

Las llanuras costeras son la región más grande de Texas. Gran parte de esta área bordea el golfo de México. Allí encontrarás unas aves llamadas garcetas blancas que viven a lo largo de la costa.

Partes de un ecosistema

Las partes vivas e inertes de un medio ambiente interactúan entre sí. *Interactuar* significa actuar juntos. Todos los seres vivos y objetos inertes que interactúan en un medio ambiente forman un **ecosistema.** Las ilustraciones de estas páginas muestran un pantano. Un pantano es un tipo de ecosistema de humedal.

Las partes vivas de un ecosistema dependen de las partes inertes. Por ejemplo, las plantas necesitan luz solar, suelo, aire y agua para crecer. Las partes vivas también dependen unas de otras. Por ejemplo, los animales se alimentan de otros seres vivos. Algunos animales usan las plantas como refugio.

Las tortugas de caja viven en la tierra cercana a los pantanos. Las tortugas de pantanos y estanques viven en el agua.

4. **Identifica** Dibuja otro ser vivo que podrías encontrar en este pantano. Comenta cómo interactúa con el ecosistema.

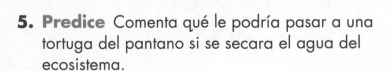

El agua es una parte inerte de los pantanos. Las plantas y los animales necesitan agua para vivir y crecer.

5. **Predice** Comenta qué le podría pasar a una tortuga del pantano si se secara el agua del ecosistema.

Los pastos crecen en los pantanos. Los pastos necesitan luz solar, aire y mucha agua.

Las garcetas blancas comen peces, ranas y otros animales pequeños que viven en el pantano.

6. Describe ¿Cuáles son las características físicas de los humedales de pantano?

....

....

....

....

7. Predice ¿Cómo podría este mapache interactuar con los seres vivos y con los objetos inertes de este pantano?

....

....

....

....

....

Los mapaches comen plantas, peces y animales pequeños que viven en el pantano. Los mapaches suelen dormir en los árboles cercanos.

Hábitats

El lugar donde un ser vivo establece su hogar es su **hábitat.** Un hábitat tiene todo lo que una planta o un animal necesitan para vivir. Un hábitat puede ser el agua de un pantanal. Puede ser el suelo que está debajo de una roca o incluso una grieta en una acera.

8. **Describe** ¿Cuál es el hábitat del pez mariposa de la fotografía de abajo?

El hábitat de este mono son los árboles del bosque lluvioso.

9. **Observa** la fotografía de abajo. ¿Qué características físicas del medio ambiente ves que ayuden a sustentar tanto a los peces rosas como a los peces amarillos?

Grupos dentro de los ecosistemas

Todos los seres vivos de la misma especie que viven en el mismo lugar forman una **población.** El ecosistema del arrecife de coral que se muestra abajo incluye muchas poblaciones diferentes. Por ejemplo, todos los peces mariposa que viven alrededor del arrecife forman una población. En un arrecife de coral también puede haber poblaciones de cangrejos, almejas, tiburones y otros animales.

Todas las poblaciones que conviven en el mismo lugar forman una **comunidad.** Las poblaciones de una comunidad dependen unas de otras.

Tres peces mariposa nadan sobre un arrecife de coral.

Los ecosistemas cambian

Los ecosistemas pueden cambiar con el paso del tiempo. Cuando una parte de un ecosistema cambia, otras partes también se ven afectadas. Por ejemplo, un huracán puede dañar los árboles frutales de un bosque donde viven los monos. Los monos quizá no puedan hallar suficientes frutas para alimentarse. La población de monos puede disminuir. Entonces, habría menos alimento para los animales que se alimentan de monos. Sus poblaciones también podrían disminuir.

10. Causa y efecto En el texto, (encierra en un círculo) una causa. **Subraya** un efecto.

11. Sugiere ¿De qué otra manera podría destruirse un ecosistema?

Laboratorio rápido

Ecosistema local
Observa el ecosistema de un terrario o de un acuario. En un cuaderno, haz una lista de las características físicas del medio ambiente. Identifica los seres vivos y los objetos inertes. Describe cómo estas características sustentan a las poblaciones que existen dentro de la comunidad. Escribe cómo esos seres vivos obtienen lo que necesitan del ecosistema.

⬇ **TEKS 9A, 4A**

¿Entiendes? 🢂 TEKS 9A

12. Aplica Piensa en lo que has aprendido en esta lección. ¿Cómo interactúan los seres vivos?

13. Describe ¿Cómo cubre un arrecife de coral las necesidades de una población de cangrejos en una comunidad en el océano?

⬛ **¡Para!** Necesito ayuda

⏸ **¡Espera!** Tengo una pregunta

▶ **¡Sigue!** Ahora sé

¿Cómo obtienen energía los seres vivos?

Voy a aprender TEKS 9B
Voy a aprender cómo fluye la energía a través de los ecosistemas de una cadena alimenticia. Voy a aprender cómo los cambios en una cadena alimenticia afectan al ecosistema. (También 1A, 2A, 4A)

Vocabulario
productor
consumidor
descomponedor
cadena alimenticia
red alimenticia

Conexión con
Estudios Sociales

🌟 **TEKS de Estudios Sociales 1A, 4D**

La primera reserva nacional se creó en Texas en 1974. Esta área silvestre, llamada Reserva Nacional Big Thicket, incluye diez ecosistemas diferentes que albergan muchas plantas y animales únicos. La reserva cuenta con más de 100 peces diferentes y 175 aves diferentes. Además, en la reserva pueden encontrarse unas 1,300 clases diferentes de árboles, pastos y arbustos. Muchos animales dependen de estas plantas para alimentarse. Otros animales se comen a los animales que se alimentan de las plantas.

¿Por qué es importante conservar todas las plantas diferentes que crecen en la Reserva Nacional Big Thicket?

....

....

PEARSON Texas.com

Laboratorio rápido

TEKS 9B, 1A, 2A, 4A

¿Cómo obtiene energía un descomponedor?

☑ **1.** Espolvorea $\frac{1}{2}$ cucharada de levadura sobre una rebanada de sandía.

☑ **2.** Pon la rebanada de sandía en la bolsa. Ciérrala. Ponla en un lugar cálido. **Observa** con una lupa

☑ **3.** Después de 1, 2 y 3 horas, observa la levadura. **Anota** todos los cambios.

Materiales

cuchara
levadura
rebanada de sandía
bolsa plástica
lupa

Texas: Seguridad
EN EL LABORATORIO
Nunca bebas ni comas nada en el laboratorio.

Observaciones de la levadura	
Tiempo	**Aspecto de la levadura sobre la sandía**
Después de 1 hora	
Después de 2 horas	
Después de 3 horas	

Explica los resultados

4. Infiere ¿De dónde sacó energía la levadura para crecer?

....

....

Funciones energéticas en los ecosistemas

Todos los seres vivos necesitan energía para mantenerse vivos y crecer. Los seres vivos obtienen energía de diferentes maneras. Las plantas verdes usan la luz solar junto con el aire y el agua para producir azúcar. El azúcar es el alimento de las plantas. Les da a las plantas la energía que necesitan. Un ser vivo se llama **productor** si genera, o produce, su propio alimento.

Muchos seres vivos no pueden producir alimento. Obtienen energía de los alimentos que comen, o consumen. Un ser vivo que se alimenta de otros organismos se llama **consumidor.**

Cuando las plantas o los animales mueren, su energía almacenada queda sin usar. Los descomponedores usan esta energía. Un **descomponedor** es un ser vivo que destruye residuos y materia de animales y vegetales muertos.

1. **Rotula** Escribe si el ser vivo de cada fotografía es un productor, un consumidor o un descomponedor.

Los hongos destruyen un árbol muerto para obtener energía.

Los hongos crecen en lugares oscuros y húmedos. Las áreas costeras con árboles son lugares perfectos para que crezcan.

2. Identifica Encierra en un círculo los seres vivos que no pueden crear su propio alimento.

Las garcetas blancas comen peces para obtener energía.

....

La costa de Texas es el hogar de las garcetas níveas. La caza de esta clase de garceta está prohibida por ley.

Un helecho absorbe luz solar para producir alimento.

....

Los helechos se pueden encontrar a lo largo de la costa de Texas. Son plantas verdes que crecen por todo Texas.

Cadenas alimenticias

La mayoría de los ecosistemas obtienen energía de la luz solar. Las plantas y otros productores transforman la energía del Sol en energía alimenticia. Esta energía alimenticia de los productores puede transferirse a lo largo de una cadena alimenticia. Una **cadena alimenticia** es la transmisión de energía de un ser vivo a otro.

En el diagrama de una cadena alimenticia, las flechas muestran el flujo de la energía. El primer eslabón de la cadena alimenticia de estas páginas es el Sol. Un productor, como el alga, es el siguiente eslabón. El productor usa la energía del Sol para producir alimento. Luego, un consumidor, como el caracol, come al productor. El productor transfiere energía al consumidor. Luego otro consumidor, como una rana, puede comer a ese consumidor. Y la rana puede ser comida por otro consumidor, como un águila. De esta manera, la energía de un productor puede pasar de un consumidor a otro.

En una cadena alimenticia, los consumidores se pueden clasificar según lo que comen. Algunos consumidores solo comen plantas. Se llaman *herbívoros*. Otros consumidores solo comen otros animales. Se llaman *carnívoros*. Otros consumidores comen tanto plantas como animales. Se llaman *omnívoros*.

3. **Explica** Completa los rótulos del diagrama para identificar cómo fluye la energía en esta cadena alimenticia.

4. **Identifica** Marca con una ✕ el consumidor que come a un productor. **Encierra en un círculo** los consumidores que comen a otros consumidores.

5. **Describe** Identifica y describe el flujo de energía en la cadena alimenticia que se muestra en este ecosistema de estanque.

....

Ecosistema de estanque

Una cadena alimenticia comienza con la energía del

....

El alga usa el aire, el agua y la energía del

....

para producir alimento.

6. Predice En una cadena alimenticia de la pradera, algunas aves comen abejas. Si se quitaran del ecosistema todas las abejas, ¿qué pasaría con las plantas que las abejas polinizan?

....

....

....

....

....

....

Las águilas comen ranas.

La energía pasa de la ....

al ....

Las ranas comen caracoles.

La energía pasa del ....

a la ....

Los caracoles comen algas.

La energía pasa del ....

al ....

Redes alimenticias

¿Comes los mismos alimentos en todas las comidas? Algunos animales tampoco comen siempre las mismas cosas. En los ecosistemas hay muchas cadenas alimenticias. Las cadenas alimenticias se combinan y forman una red alimenticia. Una **red alimenticia** es un sistema de cadenas alimenticias entrelazadas en un ecosistema. Las redes alimenticias muestran que en un ecosistema la energía fluye en muchas direcciones. La energía puede fluir de un productor a muchos consumidores. Muchos otros consumidores pueden comer un consumidor.

7. En esta red alimenticia **marca** con una ✗ el consumidor que es omnívoro.

8. Identifica Haz una lista de los consumidores de esta red alimenticia que comen perros de la pradera.

....

....

....

serpiente

águila real

tejón

hurón de patas negras

vaca

ratón

coyote

saltamontes

perro de la pradera

energía del Sol

pasto

Este diagrama muestra un ejemplo de una red alimenticia de las llanuras.

412

Cambios en las redes alimenticias

Todos los seres vivos de una red alimenticia están conectados. Si se quita o se cambia una parte de una red alimenticia, las demás partes también cambian. Por ejemplo, los perros de la pradera forman colonias en las llanuras cubiertas de pastos. Pero las personas también se establecen en estas llanuras. Esto reduce el hábitat de los perros de la pradera. Su población puede disminuir. Con menos perros de la pradera para comer, los hurones de patas negras quizá no tengan el alimento que necesitan. Los hurones podrían desaparecer. Este cambio puede afectar a los tejones que comen hurones. Los tejones quizá deban buscar otro tipo de alimento.

9. **Causa y efecto** **Subraya** en el texto dos efectos que pueden ocurrir si se reduce el número de perros de la pradera.

Laboratorio rápido

Describir una red alimenticia
Elige una red alimenticia de un ecosistema, como un bosque o un océano. Describe cómo fluye la energía de un ser vivo a otro en la red alimenticia. Pronostica qué pasaría si desaparece parte de la red alimenticia.

 TEKS 9B

¿Entiendes? 🔺 TEKS 9B

10. **Compara y contrasta** ¿En qué se parecen y en qué se diferencian las cadenas alimenticias y las redes alimenticias?

....

....

11. **Describe** Piensa en lo que has aprendido sobre las cadenas alimenticias y las redes alimenticias. ¿Cómo interactúan los seres vivos?

....

....

⬛ **¡Para!** Necesito ayuda ....

⏸ **¡Espera!** Tengo una pregunta ....

▶ **¡Sigue!** Ahora sé ....

Excursión

Los pandas rojos del Zoo de Houston

APLICACIÓN
TEKS
9A

Es maravilloso ver a los animales en su medio ambiente natural. Sin embargo, no siempre existe la posibilidad de visitarlos allí. Por ejemplo, no todos pueden ir a las montañas de China para ver a los pandas rojos en su hábitat natural. Pero puedes visitar el Zoo de Houston para ver a los pandas. No dejes de mirar las ramas de los árboles. ¡Los pandas rojos son expertos trepadores de árboles! Y no te sorprendas si los ves masticando frutas o nueces. Estos pandas no comen solamente hojas de bambú.

Los trabajadores del zoológico intentan proveer a los animales un hábitat en el que se encuentren a gusto. También protegen y estudian a los animales. Comparten la información con otros científicos y con el público.

Explora ¿Qué clase de hábitat crees que el Zoo de Houston tiene para los pandas rojos?

Los pandas rojos se alimentan principalmente de bambú. Viven en bosques frescos y pasan la mayor parte del tiempo en los árboles.

ZOO ENTRANCE

Poblaciones en vías de desaparecer

El halcón fajado es un ave poderosa. Es un consumidor que se alimenta de otros consumidores. Caza otras aves y se las come. Este halcón habita en el oeste y el sur de Texas, en hábitats tales como praderas o sabanas de arbustos o árboles. Pero los halcones comenzaron a desaparecer durante la década de 1930. En la actualidad, los científicos crían halcones jóvenes para ayudar a hacer crecer la población de estas aves. Cada año, se liberan más de 100 halcones fajados a lo largo de la costa del golfo de Texas y en las praderas.

El Zoo de Fort Worth cuenta con un área especial dedicada solamente a los animales de los ecosistemas de Texas. Esta exposición se llama Texas Salvaje. Puedes ver halcones fajados en la sección Montañas y Desiertos.

Los halcones fajados están en riesgo de desaparecer de Texas.

Sugiere ¿Por qué crees que disminuyó la población de halcones fajados?

....

....

....

¿Por qué los científicos liberan los halcones a lo largo de la costa del golfo de Texas y en las praderas?

....

Texas

LECCIÓN

3

¿Cómo cambian los ecosistemas?

 Voy a aprender TEKS 9C
Voy a aprender cómo cambian los ecosistemas. Voy a aprender que algunos cambios ayudan a los seres vivos. Voy a aprender que algunos cambios dañan a los seres vivos. (También **1A**, **2A**, **2B**, **4A**, **4B**)

Vocabulario
sequía
adaptación

> Los lobos mexicanos solían vivir en casi todo el oeste de Texas.

> A medida que más personas se establecen en Texas, el ecosistema del lobo cambió.

> A mediados del siglo XX, los lobos desaparecieron del estado.

> ¿Alguna vez volverán?

Estudios Sociales

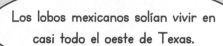 **TEKS de Estudios Sociales 4D**

Escribe una nota a los científicos que están liberando lobos en su hábitat natural. Comenta si el programa te parece una buena idea. Da una razón.

....

....

Laboratorio rápido

🔖 **TEKS 9C, 1A, 2B, 4A, 4B**

¿Cómo puede afectar la contaminación a un organismo?

☑ **1. Mide** Agrega 30 mL de agua al vaso A. Agrega 30 mL de vinagre al vaso B.

☑ **2.** Agrega 1 cucharada de azúcar y $\frac{1}{2}$ cucharada de levadura a ambos vasos. Revuelve suavemente.

30 mL de agua
$\frac{1}{2}$ cucharada de levadura

1 cucharada
de azúcar

30 mL de vinagre
$\frac{1}{2}$ cucharada de levadura

1 cucharada de azúcar

☑ **3.** Pon los vasos en un lugar cálido.

☑ **4.** Reúne y analiza información usando un reloj.
Observa la levadura después de 5, 10 y 15 minutos.

Explica los resultados

5. Infiere Has construido un modelo de un hábitat contaminado para la levadura. ¿Cuál vaso es el modelo? Explica tu respuesta.

....

....

....

....

Materiales

lentes de seguridad
agua
cilindro graduado
2 vasos plásticos rotulados A y B
vinagre
cuchara
azúcar
levadura
reloj

🔺 **Texas: Seguridad**
EN EL LABORATORIO
Usa lentes de seguridad. Nunca comas ni bebas nada en el laboratorio.

Cambios en el ecosistema

Los ecosistemas siempre cambian. Estos cambios pueden ser rápidos y extensos, como cuando un incendio quema un bosque. Pero incluso los cambios más pequeños pueden tener muchos efectos.

Piensa en lo que pasa cuando se cae un árbol de 200 años de edad durante una tormenta. Durante toda su vida, el árbol dio sombra al suelo del bosque. Ahora el suelo del bosque recibirá mucha más luz solar. Las plántulas que necesitan mucha luz solar tendrán la oportunidad de crecer. Otras plantas que crecen mejor a la sombra quizá no sobrevivan.

Este cambio también puede afectar a los animales. Las aves que hacían nidos en el árbol quizá tengan que buscar un hogar nuevo. Pero el árbol caído puede proveer un hábitat a las salamandras y a otros animales.

Un árbol caído provee refugio a una salamandra.

1. **Causa y efecto** Busca una causa y un efecto en el texto. Escríbelos en los recuadros de abajo.

Causa		Efecto
	→	

Seres vivos causan cambios

Todos los seres vivos necesitan recursos, tales como agua y alimento. Los seres vivos obtienen lo que necesitan de su medio ambiente. Cuando lo hacen, causan cambios en su medio ambiente. Por ejemplo, se talan árboles para construir casas. Se despeja la tierra para cultivar alimentos en campos abiertos. Pero las personas no son los únicos seres vivos que causan cambios.

Observa las marmotas de las ilustraciones. Las marmotas viven bajo tierra, en túneles o madrigueras. Cuando excavan sus madrigueras, cambian el medio ambiente. Estos cambios pueden ser dañinos. Las marmotas pueden dañar los cultivos, los jardines y las raíces de los árboles. Pero algunos seres vivos se benefician con los cambios que causan las marmotas. Los zorros, los conejos y otros animales suelen vivir en las madrigueras que hacen las marmotas. Estas también mejoran el suelo al mezclarlo cuando cavan. Esto beneficia a las plantas que crecen en el suelo.

2. **Evalúa** ¿Cuál es un efecto positivo de los cambios que causan las marmotas? ¿Cuál es un efecto negativo?

La madriguera de una marmota puede tener muchas habitaciones y entradas.

419

3. En el texto, **subraya** cuatro cosas que pueden cambiar los ecosistemas.

4. Infiere En algunas áreas, los guardias forestales comienzan incendios forestales a propósito. ¿Por qué crees que hacen esto?

....

....

....

....

5. Describe ¿Cómo afecta a los seres vivos una inundación?

....

....

....

Fenómenos naturales causan cambios

Los fenómenos naturales también pueden cambiar los ecosistemas. Los incendios pueden quemar bosques. Los huracanes pueden arrasar las playas y derribar árboles. También pueden causar inundaciones. Las inundaciones también cambian los ecosistemas. Matan a las plantas y destruyen los hábitats de los animales. Muchos animales se van a otros lugares después de una inundación.

Las sequías también pueden cambiar los ecosistemas. Una **sequía** es un período de tiempo durante el cual cae muy poca lluvia. Las plantas pueden morir o perecer por la falta de agua. Si los animales no encuentran agua, pueden morir o irse a otros lugares.

No todos los seres vivos son dañados por los cambios en los ecosistemas. Un incendio forestal destruye árboles y hogares de animales. Pero elimina la madera y las plantas muertas del suelo del bosque. Entonces los árboles que no sufrieron daños debido al incendio tienen más espacio para crecer. Las plantas que necesitan más luz solar también pueden crecer. La ceniza del incendio hace que el suelo sea saludable. La ceniza contiene minerales que necesitan las plantas.

Lab zone Laboratorio rápido

Conservar agua
Todos los seres vivos necesitan agua. Las sequías afectan a las personas, las plantas y los animales. Piensa en cómo usas el agua a diario. Haz una lista de maneras en que puedes ahorrar agua. Comparte tu lista con un compañero. → **TEKS 2A**

Estas plantas crecen en un área despejada por el fuego.

No todos los cambios dañan los ecosistemas. Las inundaciones depositan tierra fértil en el suelo y ayudan al crecimiento de las plantas. Las sequías ayudan a las plantas y a los animales que prosperan en condiciones áridas. Un cactus, por ejemplo, tiene hojas cerosas que ayudan a almacenar agua. Las hojas cerosas son una adaptación. Una **adaptación** es un rasgo de los seres vivos que los ayuda a sobrevivir en su medio ambiente.

Los hongos prosperan después de una inundación.

¿Entiendes? TEKS 9C

6. **Explica** Describe cambios en el medio ambiente donde algunos organismos prosperan. Comenta dos maneras en las que un incendio forestal puede ayudar a las plantas.

....

....

7. **Describe** ¿Cómo puede un cambio en el medio ambiente, como una sequía, dañar a los seres vivos?

....

....

⬛ **¡Para!** Necesito ayuda ....

⏸ **¡Espera!** Tengo una pregunta ....

▶ **¡Sigue!** Ahora sé ....

Investigación de laboratorio

¿Qué puedes encontrar en tu ecosistema local?

Sigue el procedimiento

☑ **1.** Usa 2 cordeles para dividir un metro cuadrado de terreno en 4 cuadrados. **Mide** la longitud de cada lado para asegurarte de que las secciones sean cuadradas. Usa tarjetas de fichero para rotular los cuadrados *A, B, C* y *D*.

☑ **2.** **Observa** las características físicas del cuadrado A. Usa una lupa para buscar seres vivos en el cuadrado A. **Reúne** y **analiza** la información usando una red para atrapar ejemplos. **Anota** los seres vivos que observes.

☑ **3.** Observa los objetos inertes. Anota los objetos que encuentres.

☑ **4.** Repite la actividad en cada cuadrado.

Materiales

2 pedazos de cordel
metro cuadrado de terreno
regla de un metro
4 tarjetas de fichero
marcador
lupa
red

 Texas: Seguridad
EN EL LABORATORIO
Lávate bien las manos al terminar la actividad.

Destreza de indagación
Cuando anotas la información que **observaste,** reúnes datos.

Observaciones		
Cuadrado	**Seres vivos**	**Objetos inertes**
A		
B		
C		
D		

Analiza y saca conclusiones

5. Describe ¿Qué seres vivos estaban presentes en la mayoría de los cuadrados? ¿Qué objetos inertes observaste?

....

....

....

....

6. ¿Qué observaste sobre tu ecosistema? ¿Cómo apoya el medio ambiente físico a las poblaciones y comunidades de seres vivos dentro del ecosistema?

....

....

....

....

....

....

Los devoradores de bambú

TEKS 10A

Los pandas gigantes tienen un aparato digestivo parecido al de los carnívoros. A diferencia de la mayoría de los herbívoros, sus intestinos son más cortos y no están tan preparados para digerir fibras vegetales. Pensaríamos que los pandas podrían comer carne para obtener la mayor parte de los nutrientes que necesitan. Pero el 99 por ciento de su alimentación es la planta de bambú.

¿Cómo sobreviven entonces los pandas alimentándose casi exclusivamente de hojas de bambú? ¡Estudios recientes del excremento del panda parecen tener la respuesta! Científicos han descubierto que los intestinos del panda contienen bacterias similares a las de los intestinos de los herbívoros. Estas bacterias ayudan a los pandas a obtener los nutrientes que necesitan del bambú.

¿Por qué los pandas no comen casi nada más que hojas de bambú? Algunos científicos han propuesto la siguiente explicación. Hace mucho tiempo, las personas llegaron al área donde vivían los pandas. Los pandas se fueron a un lugar nuevo, donde había una gran cantidad de bambú. En lugar de competir con los carnívoros por la carne, los pandas comenzaron a comer más hojas de bambú. Como los pandas tenían las mismas bacterias que los herbívoros, ¡lograron sobrevivir alimentándose solo con bambú!

¿Cómo respondieron los pandas a los cambios producidos en su medio ambiente?

La planta de bambú no provee demasiada energía a los pandas. Por eso los pandas no se mueven demasiado.

Tarjetas de vocabulario

adaptación
cadena alimenticia
comunidad
consumidor
descomponedor
ecosistema
hábitat
medio ambiente
población
productor
red alimenticia
sequía

¡Vamos a jugar!

Recorta las Tarjetas de vocabulario.

Trabaja con un compañero. Escoge una Tarjeta de vocabulario.

Escribe dos o tres oraciones con la palabra de vocabulario.

Pide a tu compañero que repita la actividad con otra Tarjeta de vocabulario.

425

population

población

environment

medio ambiente

community

comunidad

ecosystem

ecosistema

producer

productor

habitat

hábitat

everything that surrounds a living thing

Escribe dos ejemplos de algo en tu medio ambiente.

....

....

....

todo lo que rodea a un ser vivo

---

all the living things of the same kind that live in the same place

¿Cuál es el sufijo de esta palabra?

....

....

....

todos los seres vivos de la misma especie que viven en el mismo lugar

---

comunidad

seres vivos

interactúan **ecosistema**

objetos inertes

¡Haz una rueda de palabras!

Escoge una palabra de vocabulario y escríbela en el centro del organizador gráfico Rueda de palabras. Escribe sinónimos o palabras relacionadas en los rayos de la rueda.

---

the living and nonliving things that interact in an environment

Escribe un ejemplo de esta palabra.

....

....

todos los seres vivos y objetos inertes que interactúan en un medio ambiente

---

all the populations that live in the same place

Escribe una oración con esta palabra.

....

....

....

....

todas las poblaciones que conviven en el mismo lugar

---

the place where a living thing makes its home

Dibuja un ejemplo.

el lugar donde un ser vivo establece su hogar

---

a living thing that makes, or produces, its own food

Escribe una oración con esta palabra.

....

....

....

ser vivo que genera, o produce, su propio alimento

food web

red alimenticia

consumer

consumidor

drought

sequía

decomposer

descomponedor

adaptation

adaptacíon

food chain

cadena
alimenticia

a living thing that eats other organisms

Escribe el verbo de esta palabra.

....
....
....
....

ser vivo que se alimenta de otros organismos

---

a system of overlapping food chains

Dibuja un ejemplo.

sistema de cadenas alimenticias entrelazadas

....
....
....

---

a living thing that breaks down waste and dead plant and animal matter

Escribe un ejemplo de esta palabra.

....
....
....

ser vivo que destruye residuos y materia de animales y vegetales muertos

---

a period of time during which very little rain falls

Escribe una oración con esta palabra.

....
....
....

período de tiempo durante el cual cae muy poca lluvia

....
....
....

---

the transfer of energy from one living thing to another

Dibuja un ejemplo.

transmisión de energía de un ser vivo a otro

---

a trait that helps a living thing survive in its environment

Escribe un ejemplo de esta palabra.

....
....
....

rasgo de los seres vivos que los ayuda a sobrevivir en su medio ambiente

---

....
....
....

Práctica de TEKS

Lección 1 🔶 TEKS 9A

¿Qué es un ecosistema?

1. **Vocabulario** Todas las poblaciones que conviven en el mismo lugar forman _____.
   A. una comunidad
   B. un recurso
   C. un ecosistema
   D. un hábitat

2. **Predice** Las serpientes del desierto comen ratas canguro. ¿Qué crees que le pasaría a la población de ratas si aumentara la población de serpientes? ¿Por qué?

   ....

   ....

   ....

   ....

3. **Escríbelo** Describe cómo interactúa un mapache en un pantano con una parte viva y con una parte inerte del ecosistema.

   ....

   ....

   ....

   ....

   ....

Lección 2 🔶 TEKS 9B

¿Cómo obtienen energía los seres vivos?

4. **Vocabulario** Un ser vivo que destruye residuos y materia de animales y vegetales muertos se llama _____.
   A. carnívoro
   B. productor
   C. consumidor
   D. descomponedor

5. **Identifica** ¿Cuál de los siguientes es un ejemplo de un herbívoro?
   A. coyote
   B. águila real
   C. saltamontes
   D. serpiente

6. **Sugiere** Haz una lista de tres seres vivos que podrían ser parte de una cadena alimenticia de pradera. Describe cómo obtienen energía.

   ....

   ....

   ....

   ....

   ....

   ....

   ....

Práctica de TEKS

Lección 2 continuación → TEKS 9B

7. Predice Pronostica cómo los cambios en una cadena alimenticia afectan un ecosistema. ¿Qué podría pasar con la cadena alimenticia de un estanque si todas las ranas del estanque desaparecieran?

....

....

....

8. Identifica ¿Cuál de estos enunciados describe el flujo de energía en una cadena alimenticia?

A. Los perros de la pradera construyen una colonia.

B. La serpiente produce su propia comida.

C. El caracol obtiene su energía del águila.

D. La energía se transfiere del Sol a la planta.

Lección 3 → TEKS 9C

¿Cómo cambian los ecosistemas?

Conexión con Matemáticas

9. Describe La gráfica de abajo muestra los cambios en la población de lobos durante un proyecto de crianza de lobos mexicanos para después liberarlos en su hábitat natural.

Describe el cambio general en la población de lobos desde el año 5 al año 10.

....

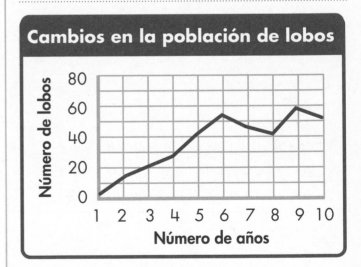

Cambios en la población de lobos

10. Explica ¿Cómo puede una sequía beneficiar un ecosistema?

....

....

....

....

Lección 3 continuación 🔺 TEKS 9C

11. Causa y efecto Los incendios forestales pueden cambiar los ecosistemas. Las plantas y los animales pueden morir o perecer, o los animales tienen que irse a otros lugares. Describe un efecto positivo y un efecto negativo de un incendio forestal.

....

....

....

....

....

12. Aplica Piensa en un ecosistema que pueda ser afectado por los humanos. Describe un ejemplo de cómo los humanos interactúan con los seres vivos del ecosistema.

....

....

....

....

....

Capítulo 8

Lección 1   ¿Qué es un ecosistema?

En la Lección 1 aprendiste que un ecosistema son todos los seres vivos y objetos inertes que interactúan en un medio ambiente. Los medio ambientes sustentan a poblaciones y comunidades dentro de los ecosistemas.

🔺 TEKS de apoyo 9A

Lección 2   ¿Cómo obtienen energía los seres vivos?

En la Lección 2 aprendiste que la energía fluye a través de los ecosistemas de una cadena alimenticia. Los cambios en una cadena alimenticia pueden afectar a los seres vivos y a los objetos inertes de los ecosistemas.

🔺 TEKS 9B

Lección 3   ¿Cómo cambian los ecosistemas?

En la Lección 3 aprendiste que los ecosistemas cambian. Algunos cambios ayudan a los seres vivos. Algunos cambios dañan a los seres vivos.

🔺 TEKS 9C

Lee cada pregunta y encierra en un círculo la mejor respuesta.

---

1 El dibujo muestra la cadena alimenticia de un ecosistema.

¿Qué es probable que pase si una enfermedad mata a las lagartijas?

A Habrá más árboles.

B Habrá menos aves.

C Habrá más lobos.

D Habrá menos saltamontes.

---

2 Un incendio quemó un bosque. Carmen está haciendo un modelo para mostrar el aspecto del bosque un año después del incendio. ¿Qué debe mostrar el modelo?

F muchas plantas y árboles pequeños creciendo

G árboles quemados y tierra negra sin nada creciendo

H muchos árboles grandes y nada que indique que hubo un incendio

J árboles que son aún más grandes de lo que eran antes del incendio

3 ¿Qué diagrama muestra el ciclo de vida de una rana?

A Rana adulta → Cría de rana → Rana adulta

B Rana adulta → Huevos → Cría de rana → Rana adulta

C Rana adulta → Renacuajo → Rana adulta

D Rana adulta → Huevos → Renacuajo → Rana adulta

---

4 La imagen muestra una planta que vive en un lugar caluroso y seco.

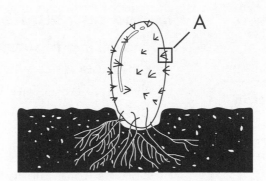

La parte A en la imagen es puntiaguda y cortante. ¿De qué manera esta parte ayuda a la planta a sobrevivir en el lugar donde vive?

F Ayuda a la planta a reunir agua.

G Ayuda a la planta a almacenar nutrientes.

H Evita que la planta se caiga.

J Protege a la planta de que los animales se la coman.

Si tienes dificultades con...				
Pregunta	1	2	3	4
Ve el capítulo (lección)	8 (2)	8 (3)	7 (3)	6 (2)
TEKS	9B	9C	10C	10A

TEKS 10A, 2A, 2B, 2F, 3A, 4A

Materiales

cilindro graduado
agua
3 toallas de papel
papel de aluminio
papel parafinado
cinta adhesiva

Texas: Seguridad
EN EL LABORATORIO

Mantén limpia tu área
de trabajo.

Destreza de indagación
Todos los experimentos
deben tener una **hipótesis,**
o un enunciado que se
pueda poner a prueba.

¿Cómo pueden las plantas sobrevivir en el desierto?

Algunas plantas tienen hojas planas. Muchas plantas de cactus tienen hojas con forma de agujas. Algunas hojas tienen una cubierta cerosa. La forma de las hojas ayuda a la planta a sobrevivir.

Formula una pregunta

¿Cómo ayuda a una planta la estructura de la hoja a retener el agua?

Plantea una hipótesis

☑ 1. Escribe una **hipótesis.** Encierra en un círculo una de las opciones y termina la oración. Si una hoja es angosta y delgada y tiene una cubierta cerosa, perderá agua
A. *más lentamente*
B. *más rápidamente*
que las hojas planas o las hojas sin una cubierta cerosa porque

....

....

....

Identifica y controla las variables

☑ 2. En un **experimento** cambias solo una **variable.** Todo lo demás debe quedar igual. ¿Qué debe quedar igual? Da un ejemplo.

....

....

☑ 3. Comenta cuál es el único cambio que harás.

....

....

Diseña tu prueba

4. Dibuja cómo prepararás tu prueba.

5. Haz una lista de los pasos en el orden en que los harás.

> **Trabaja como un científico**
> Es importante hacer observaciones cuidadosas. Anota todas tus observaciones. Usa tablas o gráficas como ayuda para anotarlas.

Reúne y anota información

☑ **8.** Después de un día, describe las toallas en la tabla de abajo.

Interpreta la información

9. Compara la humedad de las toallas después de un día.

....

....

....

10. Analiza ¿Cómo influyen la forma y el tamaño de una hoja en la rapidez con que la hoja pierde agua? ¿Por qué?

....

....

....

....

11. Evalúa ¿Cómo ayuda a la planta una cubierta cerosa?

....

....

Plantea tu conclusión

12. Realizaste un **experimento** para poner a prueba tu **hipótesis.** Compara tu hipótesis con tus resultados. **Comunica** tus conclusiones.

....

....

....

13. Infiere ¿Cuáles 2 adaptaciones que tienen los cactus los ayudan a sobrevivir en el desierto?

....

....

Medidas

Medidas del sistema métrico y del sistema usual

El sistema métrico es el sistema de medidas que se usa más comúnmente en las ciencias. Algunas veces se llama unidades SI al sistema de unidades métricas. SI significa Sistema Internacional. Se llama así porque son unidades que se usan en todo el mundo.

Los siguientes prefijos se usan en el sistema métrico:

kilo- significa *mil*
1 kilómetro = 1,000 metros

mili- significa *milésima*
1,000 milímetros = 1 metro, o 1 milímetro = 0.001 metros

centi- significa *centésima*
100 centímetros = 1 metro, o 1 centímetro = 0.01 metros

1 litro

1 taza

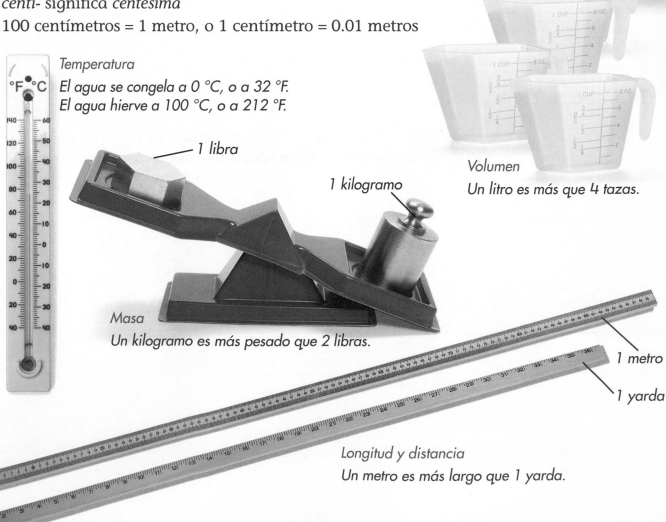

Temperatura
El agua se congela a 0 °C, o a 32 °F.
El agua hierve a 100 °C, o a 212 °F.

1 libra

1 kilogramo

Volumen
Un litro es más que 4 tazas.

Masa
Un kilogramo es más pesado que 2 libras.

1 metro

1 yarda

Longitud y distancia
Un metro es más largo que 1 yarda.

Glosario

Para escuchar estas palabras de vocabulario y sus definiciones, conéctate en línea al glosario digital.

A

absorber retener

absorb to take in

accidente geográfico formación sólida de la corteza terrestre

landform a solid feature of Earth's crust

adaptación rasgo de los seres vivos que los ayuda a sobrevivir en su medio ambiente

adaptation a trait that helps a living thing survive in its environment

anfibio vertebrado de sangre fría que tiene la piel lisa y húmeda y que nace de un huevo

amphibians cold-blooded vertebrates that have smooth, moist skin and hatch from eggs

angiosperma planta con semillas que produce flores

flowering plant a plant with seeds that grow flowers

año luz distancia que la luz viaja en un año

light-year the distance light travels in one year

artrópodo animal que tiene el cuerpo envuelto por una cubierta dura

arthropod an animal that has a hard covering outside its body

C

cadena alimenticia transmisión de energía de un ser vivo a otro

food chain the transfer of energy from one living thing to another

ciclo de vida estados por los que pasa un ser vivo durante su vida

life cycle the stages through which a living thing passes during its life

ciclo del agua movimiento de ida y vuelta que realiza el agua entre el aire y la superficie de la Tierra

water cycle the movement of water from Earth's surface into the air and back again

científico persona cuyo trabajo implica formular preguntas sobre el mundo y la naturaleza

scientist person who asks questions about the natural world

clima patrón que sigue el estado del tiempo de un lugar a lo largo de muchos años

climate the pattern of weather in a place over many years

comunicación intercambio de información

communication sharing information

comunidad todas las poblaciones que conviven en el mismo lugar

community all the populations that live in the same place

condensación cambio de un gas a líquido

condensation the change from a gas into a liquid

congelarse cambiar de líquido a sólido

freeze to change from a liquid to a solid

conservación intento de conservar o de proteger el medio ambiente de cambios dañinos

conservation an attempt to preserve or protect an environment from harmful changes

consumidor ser vivo que se alimenta de otros organismos

consumer a living thing that eats other organisms

crisálida envoltura dura que rodea la pupa

chrysalis a hard covering around a pupa

D

densidad propiedad de la materia que compara la masa de un objeto con su volumen

density the property of matter that compares an object's mass to its volume

derretirse cambiar de sólido a líquido

melt to change from a solid to a liquid

descomponedor ser vivo que destruye residuos y materia de animales y vegetales muertos

decomposer a living thing that breaks down waste and dead plant and animal matter

....

dióxido de carbono gas en el aire que la mayoría de las plantas absorben

carbon dioxide a gas in air that is absorbed by most plants

....

dureza descripción de la firmeza de un objeto

hardness a description of how firm an object is

E

ecosistema todos los seres vivos y objetos inertes que interactúan en un medio ambiente

ecosystem the living and nonliving things that interact in an environment

....

eje línea imaginaria alrededor de la cual gira la Tierra

axis an imaginary line around which Earth spins

energía capacidad de hacer trabajo o causar cambios

energy the ability to do work or to cause change

....

energía cinética energía del movimiento

kinetic energy energy of motion

....

energía del sonido energía que podemos oír

sound energy energy we can hear

....

energía potencial energía almacenada

potential energy stored energy

....

energía térmica energía cinética y energía potencial de las partículas que forman la materia

thermal energy the kinetic energy and potential energy of particles in matter

....

erosión movimiento de materiales que han sufrido degradación

erosion the movement of weathered materials

espora célula pequeña que se convierte en una planta nueva

spore a small cell that grows into a new plant

....

estado del tiempo condiciones al aire libre

weather what the air is like outside

....

estados de la materia formas que la materia puede tener

states of matter forms that matter can take

....

estrella bola gigante de gases calientes y brillantes que emiten energía

star a giant ball of hot, glowing gases that release energy

....

estructura organización de las partes de un conjunto

structure the arrangement of parts

....

evaporación cambio del agua en estado líquido a vapor de agua

evaporation the change from liquid water to water vapor

experimento tipo de investigación que se lleva a cabo bajo condiciones cuidadosamente controladas

experiment a kind of investigation carried out under carefully controlled conditions

— **F** —

fase de la Luna forma que la Luna parece tener en un momento dado

moon phase the shape the moon seems to have at a given time

....

fotosíntesis proceso por el cual las plantas usan el aire, el agua y la energía del Sol para producir alimento

photosynthesis the process by which plants use air, water, and energy from sunlight to make food

....

fuerza empujón o jalón

force a push or a pull

— **G** —

germinar empezar a crecer

germinate to begin to grow

globo terráqueo modelo de la Tierra

globe a model of Earth

....

gráfica de barras gráfica que ayuda a comparar datos y ver patrones

bar graph a graph that helps you compare data and see patterns

....

gravedad fuerza sin contacto que hace que los objetos se atraigan entre sí

gravity a noncontact force that pulls objects toward one another

---

H

hábitat el lugar donde un ser vivo establece su hogar

habitat the place where a living thing makes its home

....

heredar recibir de uno de los padres

inherit to receive from a parent

hervir cambiar de agua en estado líquido a burbujas de vapor

boil to change from liquid water into bubbles of water vapor

....

hijo planta o animal joven

offspring young plants and animals

....

humedad cantidad de vapor de agua que hay en el aire

humidity the amount of water vapor in the air

I

indagación proceso de formular preguntas

inquiry the process of asking questions

....

inferir sacar una conclusión

infer to draw a conclusion

....

instinto comportamiento que tiene un animal desde que nace

instinct a behavior that an animal is born able to do

instrumento objeto que se usa para trabajar

tool object used to do work

....

invertebrado animal que no tiene columna vertebral

invertebrate an animal without a backbone

....

investigar buscar respuestas

investigate to look for answers

—————————(L)—————————

larva segunda etapa del ciclo de vida de algunos insectos

larva second stage of the life cycle of some insects

—————————(M)—————————

marga suelo que contiene una mezcla de humus y minerales de la arena, cieno y arcilla

loam soil that contains a mixture of humus and mineral materials of sand, silt, and clay

masa cantidad de materia que un objeto tiene

mass the amount of matter an object has

....

materia todo lo que ocupa espacio y tiene masa

matter anything that takes up space and has mass

....

medio ambiente todo lo que rodea a un ser vivo

environment everything that surrounds a living thing

....

metamorfosis cambio de la forma de un animal durante su ciclo de vida

metamorphosis a change in form during an animal's life cycle

....

mezcla combinación de dos o más sustancias

mixture a combination of two or more substances

....

modelo copia de algo

model a copy of something

molusco invertebrado que tiene el cuerpo blando y que puede tener ojos y una concha dura

mollusks invertebrates with soft bodies that may have eyes and hard shells

....

movimiento cambio en la posición de un objeto

motion a change in the position of an object

nutriente cualquier sustancia que los seres vivos necesitan para obtener energía, crecer y reponerse

nutrient any material needed by living things for energy, growth, and repair

órbita camino que sigue un objeto mientras gira alrededor del Sol

orbit the path an object takes as it revolves around the sun

oxígeno gas en el aire que las plantas y los animales necesitan para vivir

oxygen a gas in the air that plants and animals need to live

planeta cuerpo de gran tamaño, con forma de bola, que se mueve alrededor del Sol

planet a large, ball-shaped body that revolves, or travels around, the sun

....

población todos los seres vivos de la misma especie que viven en el mismo lugar

population all the living things of the same kind that live in the same place

....

polea máquina que puede cambiar la dirección o la cantidad de fuerza necesaria para mover un objeto

pulley a machine that can change the direction or amount of force needed to move an object

....

polinizar llevar polen de un lugar a otro

pollinate to carry pollen to

posición ubicación de un objeto

position the location of an object

....

precipitación agua que cae a la Tierra

precipitation water that falls to Earth

....

procedimiento plan que se usa para poner a prueba una hipótesis

procedure a plan for testing a hypothesis

....

productor ser vivo que genera, o produce, su propio alimento

producer a living thing that makes, or produces, its own food

....

propiedad algo en la materia que puedes percibir con uno o más de tus sentidos

property something about matter that you can observe with one or more of your senses

....

pupa etapa de la vida de un insecto entre larva y adulto

pupa stage of an insect's life cycle between larva and adult

R

raíz fibrosa raíz que se extiende en muchas direcciones

fibrous root a root that spreads out in many directions

....

raíz pivotante raíz única y grande que crece profundamente en el suelo

taproot one large root that grows deep into the soil

....

rasgo característica que pasa de padres a hijos entre los seres vivos

trait a characteristic passed on to a living thing from its parents

....

recurso natural un material importante de la Tierra que los seres vivos necesitan

natural resource an important material from Earth that living things need

....

recurso no renovable recurso que no se puede reemplazar cuando se acaba

nonrenewable resource resource that cannot be replaced once it is used up

recurso renovable recurso que se puede reemplazar en poco tiempo

renewable resource resource that can be replaced in a fairly short time

red alimenticia sistema de cadenas alimenticias entrelazadas

food web a system of overlapping food chains

reflejar hacer rebotar algo

reflect to bounce off

refractar desviar o inclinar

refract to bend

rotación vuelta completa alrededor de un eje

rotation one complete spin on an axis

sistema solar el Sol, los ocho planetas con sus satélites y otros objetos que giran alrededor del Sol

solar system the sun, the eight planets and their moons, and other objects that revolve around the sun

Sol la estrella más cercana a la Tierra

sun the closest star to Earth

sombra región oscura que se forma cuando un objeto bloquea la luz que da sobre él

shadow a dark area that forms when an object blocks the light that hits it

suelo capa de material suelto que cubre la superficie de la Tierra

soil the layer of loose material that covers Earth's land

S

sequía período de tiempo durante el cual cae muy poca lluvia

drought a period of time during which very little rain falls

T

tabla tipo de lista

chart a kind of list

textura cómo se siente un objeto al tocarlo

texture how an object feels to the touch

tono cuán agudo o grave es un sonido

pitch how high or low a sound is

trabajo uso de una fuerza para mover un objeto, por cierta distancia

work the use of a force to move an object across a distance

traslación vuelta completa alrededor del Sol

revolution one complete trip around the sun

U

unidad de medida cantidad que se usa para medir

unit of measure quantity you use to measure

V

vertebrado animal que tiene columna vertebral

vertebrate an animal with a backbone

volumen espacio que ocupa un objeto

volume the amount of space an object takes up

Índice

Los números de página de las ilustraciones, fotos, tablas, diagramas, gráficas, mapas y su texto correspondiente aparecen en *letra cursiva*.

Reconocimientos

Every effort has been made to secure permission and provide appropriate credit for photographic material. The publisher deeply regrets any omission and pledges to correct errors called to its attention in subsequent editions.

Unless otherwise acknowledged, all photographs are the property of Pearson Education, Inc

COVER: Rolf Nussbaumer/Age Fotostock

Title l Creatix/Fotolia; Title c jojje11/Fotolia; TitleBkgrd Larry Landolfi/Science Source/Photo Researchers, Inc.; Title plant Image Studio/Getty Images; iv HG Photography/Fotolia; v Radius Images/Alamy; vii Jamesbenet /iStockphoto; viii Q-Images/Alamy; ix Jim Parkin/Shutterstock; x Bernd Zoller/Imagebroker/Alamy; xi Corey Hochachka/Vibe Images/Alamy; xvii br iStockphoto; xix b Bloomau/Fotolia; 000 Banner TX flag Brandon Seidel/Fotolia; 000Bkgd Masterfile; 002 Kim Karpeles/Alamy; 008 Laurent Renault/Fotolia, LLC; 008bkgd Joachim B. Albers/Fotolia, LLC; 008br illustrez vous/Fotolia, LLC; 008cr andrewsht/Fotolia, LLC; 008tr Marianne Mayer/Fotolia, LLC; 009br Doug Steley A/Alamy; 009tr Igor Semenov/Shutterstock; 011 Will & Deni McIntyre/ Photo Researchers, Inc.; 012 Witold Skrypczak/Lonely Planet Images/Getty Images; 014b dmac/Alamy Images; 014tr matthiasengelien/Alamy; 017tr Jeff Greenberg/Alamy; 020bkgd magann/Fotolia, LLC; 020bl Photononstop/Alamy Inc.; 021tr Aaron Haupt/Photo Researchers, Inc.; 024tl Alfred Pasieka/Photo Researchers, Inc.; 026 Jim Barber/Shutterstock; 028 Nicolaus Copernicus/Photo Researchers, Inc.; 029b Images & Stories/Alamy; 029t Chris Johnson/Alamy; 032t Ariel Skelley/Blend/Jupiter Images; 034 Kim Taylor/DK Images; 037bl Rangizzz/Fotolia; 037r Gary Kevin/DK Images; 038t ImageDJ/Alamy Royalty Free; 038t karandaev/Fotolia; 039b Emil Pozar/Alamy; 039c RTimages/Fotolia, LLC; 040bl Mike Dunning/DK Images; 040cl Matthew Cole/Fotolia, LLC; 040cr Ilya Akinshin/Fotolia; 040tr Ted Foxx/Alamy; 041b Dave King/DK Images; 041c Stephen Shott/DK Images; 041t Terex/Fotolia; 042b Andy Crawford/DK Images; 043tr imagebroker/Alamy; 046bkgd Richard Carey/Fotolia, LLC; 046bl aodaodaodaod/Shutterstock; 046cr Brad Thompson/Fotolia, LLC; 046t Andrea Poole/Fotolia, LLC; 047inset Holmberg/Sipa/Newscom; 047l Mari Tefre/Svalbard Global Seed Vault/Courtesy Ministry of Agriculture and Food, Oslo, Norway; 048bkgd adisa/Fotolia, LLC; 048br HandmadePictures/Fotolia, LLC; 048cr AlzaiL/Fotolia, LLC; 049cr Doug Steley A/Alamy; 049tl forestpath/Shutterstock; 049tl Jeff Greenberg/Alamy; 049tr Will & Deni McIntyre/Photo Researchers, Inc.; 051cl ImageDJ/Alamy Royalty Free; 051tr Images & Stories/Alamy; 064 David J. Philip/AP Images; 066 ImageState/Alamy Images; 069 Bronwyn Photo/Shutterstock; 072l Jupiter Images; 072R Getty Images; 073b humbak/Fotolia; 073c Markus Mainka/Fotolia; 073t Jiri Hera/Fotolia; 074 Pinchuk Alexey/Shutterstock; 075l Jupiter Images; 075r Getty Images; 076 sdubrov/Fotolia, LLC; 078l PunchStock; 079 Tom Grill/Getty Images; 080 Tom Silver/Corbis; 086 Prisma Bildagentur AG/Alamy; 090b Matthew Cole/Fotolia, LLC; 092 Dr. Ali Aliev; 092bkgd Radius Images/Glow Images; 093bkgd ailenn/Shutterstock; 093inset Blue Jean Images/Alamy; 096 Ron Chapple Stock/Alamy; 097 Picture Partners/Fotolia; 100 Martial Trezzini/Associated Press; 101br Pinchuk Alexey/Shutterstock; 101cr Getty Images; 101tl Jupiter Images; 101tr Jupiter Images; 103cl Ron Chapple Stock/Alamy; 105l Getty Images; 105r Jupiter Images; 110 Mark Lewis/Getty Images; 113bkgd Scott Hales/Shutterstock; 113bl Thomas M. Perkins/Shutterstock; 116 Photos To Go/Photolibrary; 117 Blend Images/Image Source; 120b Image100; 121tr Image100; 122bkgd Randall Stevens/Shutterstock; 122inset Marjorie Kamys Cotera/Bob Daemmrich Photography/Alamy; 126 Zhitsov Alexandr/Shutterstock; 127b Fotosearch/Getty Images; 128b Tomislav Forgo/Shutterstock; 128t Sascha Burkard/Shutterstock; 129 Getty Images; 130b Getty Images; 130c Getty Images; 130t Craig Tuttle/Corbis; 132 Dave King/DK Images; 133t Ruth Jenkinson/DK Images; 134 Rolf Nussbaumer/AGE Fotostock; 136 cantor pannatto/Fotolia; 138b Datacraft Hana/Alamy; 139 Ruta Saulyte/Fotolia; 139t Christophe Testi/Shutterstock; 140b Getty Images; 140t Chesapeake Images/Shutterstock; 141 Robert Ginn/PhotoEdit, Inc.; 142bkgd xymm/Fotolia; 142cr EugenP/Shutterstock; 144 Stock Connection Blue/Alamy Images; 147 A. Ramey/PhotoEdit, Inc.; 148b Jupiter Images; 148t Jupiter Images; 149 Photos To Go/PhotoLibrary; 150bkgd Dreamframer/fotolia; 152 Mike.Irwin/Shutterstock; 153b Getty Images; 153t Andraz Cerar/Shutterstock; 154t Photos to Go/Photolibrary; 158b Yeko Photo Studio/Shutterstock; 158t Photo and Co./Getty Images; 159 Helder Almeida/Fotolia; 159bl Dan Thornberg/Shutterstock; 159br OJO Images, Ltd./Alamy; 159c Inc/Shutterstock; 159t Don Emmert/Newscom; 160bl DK Images; 160br Michelle D. Bridwell/PhotoEdit; 160tl Jupiter Images; 161bl Bonnie Kamin/PhotoEdit; 161br Tetra Images/SuperStock; 161tr Photos To Go/Photolibrary; 162 Corbis; 163 DK Images; 166bkgd Doug James/Shutterstock; 169BL Sascha Burkard/Shutterstock; 169CL Image100; 169CR Blend Images/Image Source; 169tl Image100; 169TR Photos To Go/Photolibrary; 171 Christophe Testi/Shutterstock; 171BC Caroline Woodham/Stock Connection Blue/Alamy; 171BL Tetra Images/SuperStock; 171BR Dave King/DK Images; 171C Caroline Woodham/Stock Connection Blue/Alamy; 171CL Mike Irwin/Shutterstock; 171CR Getty Images; 171TC Chesapeake Images/Shutterstock; 173L Image100; 173R Image100; 174 cappuccina/Fotolia; 178 Bill Barksdale/AgStock Images, Inc. /Alamy; 184Bkgd Tom Baker/Shutterstock; 186Bkgd Chris Howes/Wild Places Photography/Alamy; 189Bkgd Zastolskiy Victor/Shutterstock; 192 Radius/SuperStock; 192cr Jeff Randall/Lifesize/Getty Images; 193 Bill Hatcher/National Geographic/Getty Images; 194tr Gary moss photography/Botanica/Getty images.; 195Bkgd Peter Hulme/ Ecoscene/Corbis; 196tl Jeff Greenberg/Alamy; 198Bkgd InterNetwork Media/Digital Vision/Getty Images; 198cr Goddard Space Center/NASA; 199b Photos.com/Jupiterimages.; 199Bkgd Jupiterimages; 200Bkgd Scott T. Smith/Danita Delimont Photography/Newscom; 202b Rolf Nussbaumer/Image Broker/Agefotostock; 203br Keepics/Alamy; 203tr Jim Parkin/Fotolia; 206tr Don Hammond/Design Pics Inc./Alamy; 207 Stocktrek/Getty images; 210bl Steve Gorton/DK Images; 210br Kirill Livshitskiy/Fotolia; 210cr Patric Schmid/SHUTTERSTOCK; 210cr robag/shutterstock; 211B Laurent Renault/Fotolia; 211Bkgd Iakov Kalinin/shutterstock; 211br Laurent Renault /Fotolia; 211tr SkillUp/shutterstock; 212l maksimum/sutterstock; 213Bkgd Bill Barksdale/AgStock Images, Inc./Alamy; 214cr Howard Ande/AgStock Images, Inc./Alamy; 214tr ERproductions Ltd/

Toma nota

Este espacio es tuyo. Es fantástico para hacer diagramas y tomar notas.

Este libro es tuyo. Puedes escribir en él.

Este libro es tuyo. Puedes escribir en él.

Este libro es tuyo. Puedes escribir en él.

Este libro es tuyo. Puedes escribir en él.

Este libro es tuyo. Puedes escribir en él.

Este libro es tuyo. Puedes escribir en él.

Este libro es tuyo. Puedes escribir en él.